U0858383

超好看
25

超好看
25

戏诸侯

把历史活成段子的春秋狂人们

闫达◎著

中国友谊出版公司

目录

CONTENTS

烽火

东周，一个漫长而又极端混乱的年代，数百小国纷争不休，有时一个国家的命运还不如一只待宰的鸡。而这混乱年代的诞生，仅始于一出中二少年追女仔的荒唐闹剧。主角呢，当然就是大名鼎鼎的周幽王。不过这个小浑蛋的人生其实很简单，经过剪辑，可看的也无非是几个片段而已……

① 生死劫

公元前795年某日傍晚，时任周天子的宣王从后宫急匆匆地来到前殿，嘴唇紧绷额纹沟深，如临大敌。他身后一名侍人垂头躬身碎步，手捧王冕紧紧跟随。在雕满云雾与奇兽的长案后坐稳后，他开始在侍人的帮助下佩戴王冕。算上旒珠和其他配饰，整个王冕重达十几斤，且前后形状不对称，能把这玩意儿顶住戴稳，绝对是个技术活儿。

夕阳的余晖斜射进来，落在周宣王的脸上，半明半暗，就像他此时的心情。随着门口水钟的滴答作响，光明开始被从角落爬出的黑暗逼迫，慢慢向殿外退去。侍从们赶忙掌灯，很快，殿内又亮了起来。灯影摇曳间，不停有大臣由外而入。他们的影子都被拉得老长，互相碰撞重叠，但与人们一样悄无声息。每个人都很紧张，因为这么着急忙慌地召开御前会议向来都是有大事发生。

难道……又是戎狄之族入侵？有人在心里嘀咕。近几十年来，周王室势衰，在与境外游牧蛮族的争斗中屡尝败绩。是不是又有人要倒霉呢？也有人在这样想。周宣王刚上位时英明神武，曾有复兴王族的迹象，但好景不长，随着年龄的增长，他开始现出老年痴呆的症状，顽固易怒又不通情理，经常有大臣被以莫名其妙的理由干掉，而其中绝不乏贤良之辈。随着进来人数的增加，想法也越来越多，但都没什么好的预期。

咳！

周宣王咳了一声。声音不大，但回荡在一片肃杀的宫殿里却震人心神。他接着开口："这么急着叫大家来，是因为有件关乎国运的大事突现，本王需要听听你们的意见。"顿了一顿，继续又说，"王后刚刚诞下一子……"可话到这儿就戛然而止，没了下文。

当官嘛，考验的就是反应速度。最先搭茬的是那些条件反射式拍马屁的大臣们："哎呀，这可是普天同庆的大喜事啊！应该好好操办一下！"但吵吵闹闹了一会儿，见周宣王不说话，就又都尴尬地静了下去。然后出声的就是有点头脑的了："按日子算，好像不足月吧！难道王后是早产？"这回周宣王才有了反应："没错。我想知道的是，这事是吉还是凶？"

迷信是"立国之本"，所以遇异事问凶吉很正常，尤其在年光不好的时候，就更得小心谨慎了。跟蛮族干架都没让周宣王这么紧张过——这是上天给出的预兆吗？于我王族又是何种指示呢？若是吉兆，是否能改变王室这一天不如一天的局面！

问题到这儿，就不是随便拉来一人就能解答的了，解读“天机”需要专业人士。专业人士就是大祭司，学名叫大宗伯。

大宗伯是礼官的首领，也算是学者，每天就是研究如何解读各种超自然现象。当然了，没那么多超自然的事，所以拿着正常事瞎掰也是他的强项。反正他是专家，说啥都没人反驳。但可别小瞧瞎掰，这也是需要技术的：“早产这事……嗯。如果孩子生有残疾，那就是大吉；但若生得健全，就可能会亡国！”他尽量挑好听的讲，毕竟是早产，不健全的概率更大一点。但危言耸听也是必要的，这才能显出他的重要。

没人能看清周宣王的脸色，因为他的面目被王冕上垂下的12根冕旒给遮住了，但大宗伯的语音刚落，冕旒出现的颤抖碰撞，却让众人明白了王在此时的激动。良久，冷森的声音从再次稳住的冕旒后传出：“孩子健全。我……是不是该把他丢去山里喂狼？”大宗伯当场尴尬，不知该如何作答。

在这会儿能说话也敢说话的，就不是一般人了，绝对得是当朝首屈一指的宠臣。他叫仲山甫，是生意人出身，所以身带两大技能：权衡与说道。这不，开始了：“这事儿您得两面看，大宗伯也只是说可能亡国而已。但老来得子不易，或许这娃就是您唯一的儿子，若是将他弃掉，王位就再无继承人，那岂不是必然亡国了吗？所以说两害权衡取其轻，这孩子还是先养养看吧。”

周宣王沉吟片刻后，双手一合：“爱卿言之有理！”声音中透出笑意。他当然不想扔掉来之不易的儿子，但若没人给个台阶下，就免不了得高风亮节。（《太平御览·皇王部十》引《琐语》：宣王之元妃后，献不恒期月而生……天子弗弃之。）

就这样，早产儿险险地躲过了一场生死劫。很快，他有了自己的名字：姬宫涅[①]。一朵闪耀千年的奇葩即将盛开……

② 追女仔

时间向前走到了公元前778年，地点还是在周王宫的大殿，但王位上的人已经变了。

三年前，年老体衰的周宣王一命呜呼，姬宫湦作为唯一的儿子，理所当然地继承了王位。说实话，临死前周宣王都在担心这会不会真是个败家子。这些年来，他对儿子一直都有些没来由的提防，总是尽力避免让姬宫湦接触政事。想来，或许是怕这小扫把星把晦气带给国家吧。而也正是因此，可说姬宫湦在成王前，错过了所有必要的岗前培训。

因为不懂行，所以在上位之初，姬宫湦还是很兴奋的，但没多久他就开始烦了：咋成天这么多破事呢！就比如今天，蔡国地震了来要救济，陈国发洪水了来求帮助，甚至齐国和鲁国吵架也来找裁判——这都什么跟什么啊，我究竟是老板还是打杂的？！姬宫湦愤愤不已。

其实他之前也有挺长时间没来上班了，最近天天到岗倒不是什么心血来潮，而是另有除工作之外的目的。事情是这样的——

去年虢司徒又去各地组织了一次巡回选美大赛。虢司徒名叫石父，司徒是他的官职，掌管周王朝的所有国税地税，这职位就像他的身材一样，肥得流油。同时也能看出，他在姬宫湦这儿是有多得宠。当然了，一切都是人家“奋斗”得来的。他总是满足姬宫湦的种种无理要求，比如之前姬宫湦要效仿古人造九个青铜巨鼎以示英明神武，可国库里的钱又根本不够败的，难题立刻丢给虢司徒。而虢司徒呢，仅用了三个月就完成了任务。至于南边某小国多出上万难民什么的，姬宫湦才懒得管。

继续说选美。这属于拍领导马屁的常规节目，虢司徒动不动就会搞一次。但哪次都没有去年那次合姬宫湦的心意，因为自打那儿起，选美活动就被叫停了。这完全是因为那个叫褒姒的妞。

她简直堪称后宫奇迹，从宫女升级到王后仅用了一年多时间。这种火箭式升级速度让所有人都惊讶不已，包括她的推荐导师虢司徒。

和褒姒同期的学员有两百多人，她的姿色算是出挑的，但不招人待见。虢司徒对她的印象就是这姑娘脸真臭。要不是因为当期学员数量不够，虢司徒早把褒姒踢出去了。可戏剧性的是，凑数的褒姒居然就用臭脸打败了所有对手，也终结了虢司徒对口周天子的拉皮条生意。除了褒姒，姬宫涅谁都不想理，甚至把对他找小三儿颇有微词的申王后也赶回了娘家。

关于这事，虢司徒也仔细想过原因。天子嘛，是被全天下的人敬畏着，哪怕谁死了妈，到了天子面前也得笑。照平常人看，这当然是个好事，见笑脸必舒心嘛，但在姬宫涅眼里或许就不同了。记着他之前就抱怨过："人咋都这么听话呢，我让干啥就干啥。就说那次我平白无故宰的那侍人吧，临死了，他居然还说自己该死。真没劲，就不能反抗我一下吗！"

虢司徒当然没法对姬宫涅的困扰感同身受，毕竟这种奢华的"不开心"也只有天子才遇得到。但以此来解释褒姒为何受宠，还是很靠谱的。她进宫后就没个笑模样，对姬宫涅也是爱答不理，在旁人看来，这简直就是作死级的高冷。可逗的是，姬宫涅专吃这套。

巴结别人对天子来讲绝对是稀罕事，姬宫涅近乎病态地迷恋这种低三下四的感觉。褒姒越没好脸色，他就越爱；越爱，就越想逗她开心。但无奈的是，把能想到的招儿都试过一遍后，却毫无效果。送奢侈品？不屑一顾；豪华旅游？一脸无聊。甚至连荣登王后之位，都不能让这妹子开怀一笑。真是太不好伺候了。（《史记·周本纪》：当幽王三年，王之后宫见而爱之，生子伯服，竟废申后及太子，以褒姒为后，伯服为太子。）

故此，姬宫涅在上个月向周王朝全境发布了悬赏通告：寻创意，凡能博王后一笑者，赏千金！

此金并非黄金，只是当时流通的货币而已，但数目之巨也足以让人为之疯狂。按照当时的物价表，这笔钱足够买百八十个奴隶了。所以出谋划策者络绎不绝，若是住得远，就写信参与，总之是响应者众多。姬宫涅最近上班这么勤快的原因也在此，他每天都要察看各地汇总来的新点子。就像此刻，他从成堆的竹简里抽出一卷，瞄一眼就扔出去，在地上摔出“啪”的一声脆响。

都是重复的无用的破点子！天下人的智商都被狗吃了吗！——姬宫涅恶狠狠地怒骂。然后是一脚踹翻了面前的桌案，竹简、青铜油灯纷纷掉落。灯座在地上滚动，油灯漫在毛毯上，火一下蹿了起来。离得最近的侍人赶紧飞身压灭火苗，又灰头土脸地卷好毛毯，迅速退了出去。

眼看姬宫涅要发癫，嗜血的目光在宫殿里来回扫荡，思量着杀哪个侍人用以泄愤。就在此时，“虢司徒求见！”门口的卫兵大声通报。在得到姬宫涅的应允后，一个身材臃肿的白胖子走进了宫殿，这当然就是虢司徒。殿内的情况他早已见怪不怪，痴肥的脸上现出媚笑：“臣下昼夜苦思，终想出能博王后一笑的法子！”

有屁快放！姬宫涅一瞪眼，烦躁的他即使面对宠臣也毫无耐心。

“点燃烽火台！”虢司徒高声讲。姬宫涅皱起眉，他虽说不学无术、没文化，但基本常识还是懂的。烽火代表了不祥，那是召集诸侯抗击蛮族入侵的标志。故此，他说：“可并未有战事！”虢司徒一拍大腿：“妙就妙在这儿！什么事最好笑？看人出丑嘛。而若让千万人一起被耍，其中还包括各家诸侯，那岂不是好笑到爆！”

姬宫涅浑身一震，脸上的烦闷顷刻消弭：“还是爱卿智商高啊！就这么办。”王权大，还是规矩大？在姬宫涅看来，当然是前者。规矩？哪能及得上美人一笑！

③ 玩火

时隔不久，姬宫涅与褒姒一同乘坐华丽的辇车来到骊山，也是烽火台的所在地。高效率的虢司徒已让这个皇家御用风景区变成了盛大的嘉年华会场。漫山遍野金光闪闪，乐队的钟磬和仪仗队的铠甲擦得比铜镜还亮，随便哪个悬崖断壁上都有拖着流云袖的女艺人在风中起舞。

姬宫涅瞟了一眼小跑过来的虢司徒，点点头表示满意，坐在他身边的褒王后则一眼都没理她曾经的导师。

站在山顶行宫的观景台上，姬宫涅指着下方巨大的烽火台，问："这玩意儿具体是怎么个玩法？"虢司徒谄媚答曰："规格不同，效果不同。随便用杂草树枝点把小火，表明是小事；而用木柴把火烧得旺些，就是大事了；如果再擂响战鼓，就代表了十万火急。"姬宫涅扬起下巴："玩，当然要玩大的！"

于是在虢司徒的安排下，烽火台上很快搭起了高高的木柴堆，其中还掺杂了大量的动物稀屎，用以制造浓烟。然后姬宫涅一声令下，火把应声飞入，很快，烽火台上烟火开始升腾。片刻后，突然爆出巨响，浓烟裹挟着被气浪掀飞的碎木，直冲云霄！多年不见的烽火，再次现世了。

烽火台互相间隔六七里，换算一下，相当于现在的三公里左右，在没有电子科技的年代这就是最牛的通信方式。而第一个收到信息的诸侯国，就是距离骊山最近的晋国。

消息传来，晋国朝野震动。在紧张的同时，晋侯也很纳闷儿，因为晋国与王都相邻，倘若蛮族入侵，自己总不该毫无察觉吧。但在这节骨眼儿上也想不了太多，毕竟勤王要紧，故此晋军倾巢而出，直往骊山赶去。

连近水楼台的晋国都没怀疑，其他诸侯国就更不会多想，个个奋勇当先，率领军队浩浩荡荡地向着骊山急速前进。在烽火点燃后的第三天，骊山脚下就聚集了数万兵马，大家你看我我看你，心里怀着共同的疑惑——对手在哪儿?

这是一个很简单也很重要的问题，但却没人能回答。直至姬宫涅带着褒姒出现在了行宫门口："大家辛苦了！"诸侯们答曰："不辛苦！臣等都已做好了战斗准备，只不知敌人隐藏在何处？"姬宫涅戏谑地看着众人，挥挥手："逗你们啦，有个屁敌人啊！"

啥？啥！

诸侯们简直不敢相信自己的耳朵，茫然相顾完全不知如何是好。“哈哈哈……”清脆的女子娇笑突然响起，只见褒姒指着诸侯们笑得花枝乱颤，上气不接下气，转头回顾姬宫湦：“这些人好傻啊！真笑死人了！”终见美人笑脸的姬宫湦瞬间如登云端，浑身都是那么舒坦，他向山下随手一挥：“去去去，都散了吧！”然后搂着还在笑个不停的褒姒开心地回了宫殿。

诸侯们大怒，这也能玩？！大家的爱国热情有那么好玩吗！有些消息灵通的诸侯很快就搞清楚了事情的原委：竟然就为逗一臭丫头开心？！

但再不乐意，诸侯们也是敢怒不敢言，因为他们从小的信仰就是，天子的意志神圣不可违逆。不过，在这次闹剧之后，很多人的信仰开始动摇了。

按说这事到此为止也就完了，但姬宫湦却有点不识好歹，居然三天两头就要搞一次这个低级恶作剧，而褒姒的笑点也是够奇葩，居然每次都乐得前仰后合。当然，也有好心的大臣提醒：“把规矩玩坏就不好啦！”可得到的却是姬宫湦的呵斥：“天子还没有规矩大吗！斩了！”然后就再没人敢出来絮叨了。

不过诸侯们也不是傻子，他们开始质疑——天子真有那么神圣吗？久而久之，坚持去骊山打卡的人越来越少，就是姬宫湦再发脾气也没用。人们心中历经百年构建起的价值观，竟然被姬宫湦三两下就给玩了个稀巴烂……（《史记·周本纪》：褒姒不好笑，幽王欲其笑万方，故不笑……其后不信，诸侯益亦不至。）

现在把画面稍微快进一下，我们就能看到姬宫湦最后一次去骊山玩烽火的情形——

这次来的人史无前例地少，只有一伙人到场，粗略估计不到一千。褒姒一点儿也笑不出来了，姬宫湦也觉得太无聊了，转身就回了京都。他不会知道，寒冬腊月，瑟瑟寒风中这伙人像标枪一样站了很久。我们把镜头拉近，再加一点儿强光，对这伙人特写一下，你会知道他们的坚毅将在未来改变这个世界。

他们都姓嬴。

④ 屠城

时间很快到了公元前771年的秋天，这是姬宫涅即位的第十一年，但京都已变成了人间地狱。

出来混总是要还的，之前被姬宫涅撵走的申王后回来了！她的父亲申侯联合了曾经被姬宫涅他爸揍过的蛮族——西戎，杀了过来！

申王后是有政治头脑的女人。她杀回来可不是为了出气，而是想干掉这个败类后，让自己的儿子名正言顺地即位。她知道姬宫涅此时的名声已臭到了极致，诸侯们都对其心怀不满，此时搞政变，去攻打王都可说是最佳时机。

守卫王都的军队数量并不多，且战斗力极渣，面对本就生猛狂野的蛮族大军，根本不堪一击，瞬间被揍得落花流水。姬宫涅在兵临城下前就已被吓尿，到处呼喊寻找“大忠臣”虢司徒不果后，只好带着褒美人仓皇出逃。虢司徒呢？这货消息太灵通，早逃之夭夭了。

慌不择路，姬宫涅拉着褒姒跑得昏天暗地，猛一抬头时不禁大喜——天助我也！居然跑到了骊山，巨大的烽火台就在眼前。他转头安慰已被吓得精神恍惚的褒姒：“宝贝儿，我们有救啦！我这就去燃起烽火擂起战鼓，让诸侯们立刻赶来救援。回头非干死这帮蛮族不可！”但褒姒好像什么都没听到，依然目光迷离地哭个不停。

烽火台上，姬宫涅不断搬扛，终将木柴高高堆起。从小到大他也没干过这种活儿，手掌肩膀的皮肉都被戳磨得破烂，满是血污，也耗尽了浑身的气力。当他最后拿起点燃的火把时，手已在不受控地狂抖。

嘭！

烽火燃起了。

抱着美人，姬宫涅靠在角落里，望着冲天的火光与黑烟，眼中尽是期盼。突然，他像是想起了什么，猛地推开了褒姒，踉跄着在烽火台上搜寻，直到弯腰在地上捡起了一对鼓槌。要敲鼓，才是十万火急啊！拼出最后一丝力气，姬宫涅抡起了鼓槌——

咚咚咚……无力的鼓声在山风中飘荡。

唉，这孩子的智力水平真是让人头疼。先不说被骗过多次的诸侯们会不会来，只单纯讲距离，就没有诸侯比正在王都肆虐的蛮族离骊山更近。所以姬宫涅没等来救兵，反而让蛮族更方便地找到了他。一代天子，就这样命断烽火台。至于褒姒呢，人长得美确实有好处，连蛮族都没舍得杀她，但却沦为了蛮族首领的床笫玩物。想必，是再不能高贵冷艳了吧。（《史记·周本纪》：遂杀幽王骊山下，虏褒姒，尽取周赂而去。）

故事到这儿，是不是觉着当年大宗伯的胡扯居然应验了？其实并不然，事情是这样的——

申王后本想利用蛮族干掉姬宫涅后，就打发人家滚蛋，可这如意算盘没打成。游牧民族虽然干架厉害，但物质生活却一直没啥保障，总得战天斗地地挣命，所以眼见了周王都的繁华，是真的不想走。所以本是队友的双方最终矛盾激化，大打出手。申侯的部队当然不是蛮族的对手，被揍得节节败退，眼看就要被团灭。倘若事情这样发展下去，那大宗伯才真是蒙对了，但在关键时刻，因为姬宫涅之前发出了求救信号，居然真有一伙人赶来了——

是那群姓嬴的人！

这是群疯狂的战士，勇猛得让蛮族都心生骇惧，而且嬴族与申侯的人马加在一起，就占据了绝对的数量优势。所以，觉着胜算不大的蛮族终于决定撤走，返回了属于他们的荒蛮之地。

战斗结束后，申王后的儿子宜臼因为在血统上绝对地根正苗红，顺理成章地继承了王位。也就是历史上的周平王。

嬴氏一族当然也没白拼命，本无名分的他们，用勇气与坚持换来了立国的机会。周平王将王朝西部的一块土地赐给了他们，并封国为秦！（《史记·秦本纪》：平王封襄公为诸侯……与誓，封爵之。襄公于是始国，与诸侯通使聘享之礼。）

之后，周平王为与蛮族保持一定的安全距离，且经历战乱的王都已破败不堪，故将之东迁至洛邑。从此，周王朝开启了一个新的时代，史称东周。

不过，虽然周王朝得以存续，但经此劫难后，已再难复往昔的辉煌，尤其是规矩被姬宫涅玩坏了。到了此时，王大还是规矩大，已是不言而喻。而所谓礼崩乐坏，也将随着时间的推移，愈演愈烈，直至彻底灰飞烟灭。

乱世，来了！

作者按：

所谓的蛮族，一直都是周王朝的大敌。因为游牧生活完全是靠天吃饭，一场大风就可能摧毁畜群，难以积累财富，而人烟稠密的农耕地区则相对要富裕太多，所以可说是贫富差距导致了双方持续不断的军事冲突。但导致王朝崩塌的根本原因却并非是来自外部的冲击，而是源于内部价值体系的崩溃。天子？王权？都不过是“规矩”的一部分罢了。所以姬宫涅算是在无意间，把自己的产业带入了万劫不复的深渊。

---

①姬宫涅也被写作姬宫湦。《史记会注考证校补》：除绍本、游本，各本湦字作涅。另，《汉书》中为宫湦。《史记》流传千年，各朝各代的版本众多，如今中华书局版本用的是湦。

我叫难产

你绝对想不到，会有哪个霸主的名字叫“难产”，这简直是比狗剩、傻蛋难听一万倍的名字。

偏偏郑庄公就拥有这样一个奇葩名字。

很久以前，西周被周幽王搞倒闭后，周平王成立了新公司——东周，很多人在心里对新公司和新总裁不屑一顾，但还没人直接与周王室叫板，王族对各国国君还有深远、不可动摇的威慑力。就在这时（公元前757年），郑庄公姬难产出生了。

郑国是一个疯狂的国家，地盘不大，人口不多，却都信奉并且严格执行一个原则——不服就死磕。但凡不相信这条伟大原则的国家都被郑国干掉了，主事人就是姬难产的老爹——国君郑武公。这个铁打的汉子听着寝殿里面传出的一声声号叫，烦躁地踱着步，飞速思考着——到底是保大人还是保孩子？

撕心裂肺地喊着要死要活的人就是他媳妇儿武姜，毫不意外地，她难产了。

考虑的时间拖得太久，稳婆忍不住从寝殿冲了出来，喊着大人哪，再不下决定可就大人孩子都保不住了，逼着郑武公终于下定了决心。

那个时代的逻辑是，孩子比女人重要多了，郑武公如此犹豫，可见他很爱他媳妇儿。而武姜生命力旺盛，抱着自强不息的信念居然活了下来。孩子当然也没死，而且是个男孩儿。郑武公抱着儿子稀罕了好一阵才想起媳妇儿，赶紧过去安抚："夫人，今天你可是为国家立下大功了啊。快给孩子起个名吧，这是你应得的荣誉。"

夫人愤恨地看着郑武公抱着的孩子问："我说了算吗？"见郑武公点头，她咬牙切齿地又说，"那就叫难产[①]吧，叫姬难产。"（郑国也是周王族的一股分支，同样姓姬。）郑武公瞬间就满头黑线，这叫什么名字啊！但是作为一国元首，说话一定要算话，所以未来郑庄公的名字就这样定了下来。

只是姬难产同志在出生时给他老娘造成了太大的心理伤害，所以他和武姜的母子关系一直很不好，尤其是年少时，难产的生活是极度悲惨。

同期的郑国有两位国君继承人，一个是难产，还有一个是他小弟，叫姬段。人如其名，姬段这孩子做人特别极端，经常仗着母亲撑腰去欺负哥哥，诬陷、殴打这类事是常有的，对自己哥哥的态度是"一天不抽丫，吃饭都不香"。而难产被欺负是不能向父亲告状的，否则，若母亲知道了，他的下场会更惨，可以让他怀疑一万次他是不是亲生的。（《春秋左氏传·隐公元年》：初，郑武公娶于申，曰武姜，生庄公及共叔段。庄公寤生，惊姜氏，故名曰"寤生"，遂恶之。爱共叔段，欲立之。）

说起来，一个母亲会对亲生儿子如此怨恨，就只是因为生下他时难产而已，这实在是太奇葩了，也许这代表了整个周王朝正在走向衰亡，人伦在这个时代已经逐渐丧失，是重新洗牌的时候了。

每天被虐千万遍的难产比同龄人早熟很多，化憋屈为力量是他的人生格言，这为他在多年后成为绝世猛人打下了良好的基础。他人生的第一次转折出现在13岁那年，他爸郑武公病入膏肓将要离世。

他媳妇儿武姜狂躁地要求着把姬段立为太子，郑武公已经不行了，随时可能挂掉，而郑国太子人选还一直没有确定。对武姜来说，她绝对不想让讨厌的难产登上国君宝座，但如果郑武公不表态，长子难产成为国君就是理所当然的事。

目光已经呆滞的郑武公轻轻地摇摇头，也不知道他有没有听懂媳妇儿说的话。

“哼！”武姜猛踹了床一脚，愤愤地离去。

武姜的要求没被采纳，郑武公从头到尾只是轻轻地摇头摇头摇头，最后武姜什么承诺也没拿到。

不是郑武公不给媳妇儿面子，周朝是一个极其讲究长幼礼仪的时代，长子继任国君是心照不宣的规则，就像不能在马路上大小便一样，如果随意废长立幼，会让整个国家都受到天下人的唾弃和耻笑。这些问题武姜完全不去考虑，她就是个不学无术的欧巴桑而已，能让自己大儿子痛苦才是她的人生目标。

一个月后，郑武公终于一命呜呼，难产正式成为郑国新一代国君——郑庄公。他虽然有了别的名号，但私下里还会有人嘲笑他的本名，可他并不在意。十几年都这么过来了，再忍忍也没什么大不了的。

成为元首后，难产的生活还是很不顺心，他那个奇葩的妈张罗着给姬段要一块自立为王的地盘。这个地盘地理位置绝佳，打个比方，如果郑国首都是北京，那他们要的就是上海。郑庄公当然不能同意这种可笑、无理的要求，但还是给了弟弟一块不算坏的地盘，那地方叫“京”。对这件事，很多充满爱国情怀的大臣都表示不能理解，私下都议论自己的老板是不是有点儿太懦弱。也有个别嘴欠的直接到难产耳边说三道四，都被骂了回去。（《史记·郑世家》：庄公元年，封弟段于京，号太叔。）

这些大臣自以为正直，也不想想，这个叫难产的人如果真是个废物，又怎么能活到当上国君呢。看他不爽的人可不是什么屁民，而是他妈——国母武姜啊。

所以，难产有自己的计划，并且早就这么想了。“难产”是什么意思？就是让你千辛万苦怀胎十月之后，接着再痛不欲生。

就这样，姬段在京发展了起来，短短几年就拥有了自己的军队，并且吞并了相邻的两个城市，最后还建造了一个比郑庄公的宫殿还要大的宫殿。这就不得了了，是绝不被允许的，属于违章搭建，怎么强拆都不过分。而且到了这时候，是个人就能看出来姬段造反只是时间问题，而郑庄公又对此完全不闻不问，这就让人憋不住了。

很快，一个姓吕的大官跑去进谏了："大人，如果您再这么放任姬段发展下去，那他肯定会造反的啊，他就是一白眼狼啊！难道您看不出来吗？"

郑庄公回答他："那我又能怎么办呢？他总归是我弟弟嘛。"

吕大官气得一跺脚，头也不回就走了。他没有看见此时挂在郑庄公脸上的冷笑。竹简上是郑国本年度的财政预算，军费开销已经比难产刚当上国君那年翻了四倍不止。现在的姬难产，状态就叫求开战。

多聪明的难产啊，大臣们对他的态度急得够呛，郑国人民却无比拥护他，都觉得自己的国君真是个讲情义的大好人。一个古人这么懂得制造舆论和塑造形象，难产真是天生的政治明星。

公元前744年，姬段那二货终于造反了，他先给自己老哥下了封战书，大概的意思是你丫是想挨抽呢，还是赶紧给老子挪地方？郑庄公看完战书就笑了，笑得如释重负（等也是个辛苦活儿啊），只说了两个字："来吧。"

姬段率先挑起战事，让本来就爱戴郑庄公的郑国百姓更加不满，他们游行示威，支持大好人郑庄公勇敢还击。不动声色拥有了恐怖武装实力的姬难产，不费吹灰之力打败了姬段，面对逃往相邻的卫国寻求政治避难的弟弟，姬难产又阻止手下赶尽杀绝，赢得了大把的掌声和赞扬，成功扮演情义大哥，获得奥斯卡小金人，愚千万人如探囊取物。（《史记·郑世家》：二十二年，段果袭郑，武姜为内应。庄公发兵伐段，段走……鄢溃，段出奔共。）

现在没人再去嘲笑难产的名字，他已经不再是那个任人欺凌的小孩，但离成为绝世猛人还有些距离。在搞定家事后不久，他就搞了份兼职——给周平王当正部级干部。他需要一个更大舞台去展示自己，证明叫难产这事儿真的不可笑。

正部级干部只是个名义上的说法而已，说白了就是保镖。当时周王室的实力已经大不如前，必须依靠强势的诸侯国帮忙才能撑得住面子，原本最好的选择是老牌劲旅晋国，可晋国正在内乱，自顾尚且不暇，所以只好退而求其次，选择了南边的新生力量郑国。没人会白出力，更何况老谋深算的郑庄公，他作为首席保镖，很快就掌握了周朝实际上的政治话语权。

或许是压抑得太久，也可能是他性格本来就这样，只不过一直隐藏起来了而已，郑庄公的不可一世开始逐渐显现。越到后期，国家大事的办理越不和周平王打招呼，难产还不断地利用职务之便扩充自家的军备和地盘。长此以往，很多诸侯都不开心了，但又没办法，毕竟人家是打着周天子的名号在办事，而且这时的郑国又那么强，强到没人敢去指手画脚。

不服就死磕，可不是说着玩儿的。

作为东周总裁的周平王也从开始的有些不满，过渡到很快认清了局势。毕竟他也是经过大世面的人（烽火戏诸侯事件亲历者），知道该如何取舍。他知道以当下的局势而言，能保证整个周王室的安全就已经足够了，不能奢求太多。所以，为了笼络郑庄公，他让自己的儿子姬狐去郑国留学，并且邀请郑庄公的儿子来首都洛邑进修，以示友好和信任。

公元前720年，心力交瘁的周平王终于驾崩了，太子姬狐也是个孝子，一点儿都没埋怨老爸为了家族事业把他抵押出去，闻讯立刻痛哭流涕地从郑国往家里赶。只是更悲惨的是，这个大孝子因为伤心过度死在了回家的路上，连洛邑的城门都没踏进去。

一号和二号首脑先后去世，只好由第三顺位的人顶上周天子这个岗位，这个人叫姬林，是太子姬狐的儿子，史称周桓王。

周桓王不同于他的父辈，这小子没见过什么大世面，也没吃过什么苦，是个养尊处优的帝三代。他上台之后立刻就做了一件前人不敢做的事——给政治强人郑庄公找不痛快（作死的路子）。他又雇用了一个正部级干部，来分郑庄公一把抓的权。被雇的人叫虢公，是搞垮西周的虢司徒的后代。这个真让人有点儿纳闷儿了，周朝的二货皇帝怎么都喜欢姓虢的人呢？吃一堑长一智不懂吗？

但周桓王就是不懂。郑庄公也立刻表达了他的不爽了，他做了一件很不给周桓王面子的事，这也是第一次有人去挑战王族的权威。

周王室有一个皇家专属种植区，那里都是上好的小麦和水稻，相当于现在的特供物资。在一个月黑风高的晚上，郑庄公带着手下连夜抢攻，把这些好东西一网打尽。相对那时还不发达的生产力来说，粮食是特别特别重要的物资，谁的粮食被抢了，那可比现在我们丢了工作要严重得多，就是真正的丢饭碗砸饭碗。（《史记·郑世家》：郑侵周地，取禾。）

这绝对是挑事的节奏，姬难产这个政治强人已经升级成政治狂人了。

周桓王第二天听说这事后，立马就怒了，因为这不光是丢了饭碗，而且还丢了面子。老子的饭碗你也敢抢，真是把你惯出毛病了。很快，某天晨会上，周桓王笑眯眯地问郑庄公："爱卿啊，本王有件事想请教你一下，可否？"

"大王有话请讲。"

"昨天我养的一只畜生难产死了，可小畜生却活了下来，爱卿感觉我给它取个什么名字好呢？就叫难产怎么样？"

这话说得太毒了，把娘儿俩都给骂了。郑庄公瞬间变得面色铁青，他最讨厌别人拿他的名字开玩笑，而且武姜再不是东西也是自己的妈。他怒哼了一声，拂袖而去，身后周桓王的笑声无比刺耳。离开皇宫后，郑庄公直接回了郑国，他早就不想再忍任何人，也没那个必要。同时难产也知道，他人生里最大的机会和挑战就要来了。

对于郑庄公的不辞而别，周桓王勃然大怒，他认为这个人简直太不识抬举了，必须教训一下，不然以后自己还怎么当老大。他找来了几个这些年被郑国欺负过的诸侯，陈、蔡、卫、虢等，在酒桌上，这些人起草了恐吓郑庄公的联合声明：识相的话，就赶紧来赔礼道歉，并且以后夹起尾巴做人，否则我们可就要大嘴巴抽你了。

郑庄公知道这事就笑了，再次说出了他最喜欢的那两个字："来吧。"他那不服就死磕的郑国传统基因已经被完全激发。

两方军队在一个叫“繻葛”的地方展开混战（战争画面请自行脑补，想象力可以随意发挥，多惨烈都不过分）。最后，疯狂且强势的郑国人几经鏖战，终于击败了多国联军。在追击侵略者的过程中，郑庄公看见了前面疲于奔命的周桓王，对身边的弓箭手说出了一句让所有人震惊的话：“干掉他！”（《史记·郑世家》：庄公与祭仲、高渠弥发兵自救，王师大败。祝聸射中王臂[②]。）

在秦始皇出现之前，难产是第一个也是唯一敢对周天子说出这三个字的人。郑人的疯狂被他诠释得淋漓尽致。

只是周桓王命大，奔着他脖子去的必杀一箭射在了肩膀上，让他逃过了一劫。但从此以后，他再也不敢也没有能力去和诸侯们较量了。

我叫难产，可怕不可笑！在凯旋的路上，郑庄公看着远方的云海翻涌，如是说。

这就是一个绝世猛人的奋斗成长史，他在历史上被称为春秋小霸，之所以没有与后来出现的春秋五霸并列，其一是因为当时郑国的声势确实与后来的超级大国还有一定差距；其二是每个霸主都持有周天子颁发的营业执照，这是狠抽了周王族一嘴巴的郑庄公不可能拿得到的。

“君君，臣臣，父父，子子。”

——《论语·颜渊》

周是崇礼的时代，讲究君臣父子每个角色都要有自己该有的样子，不能乱了规矩，只是一切都因为郑庄公那一箭而改变了。世间将不再有伦理和法度，弑父、杀君的情况开始不断上演，黑暗与血色吞噬了大地。

---

①郑庄公本名为寤生，翻译成现代汉语即难产。此处为戏称。

②《史记》之后记载了郑庄公阻止手下追杀周桓王，本人认为这是司马迁刻意的道德美化。因为以当时人们的观念思维，若非出于郑庄公的授意，其手下于之前就绝不会也不敢向周桓王出手。

错爱

春秋初期，齐国有位美貌的公主非常出名，她叫文姜。其实姜才是她的姓，“文”只是大家给她取的外号，意思是有才华。才貌双全又有钱的少女在什么时代都很受追捧，所以在当时的贵族圈里，不论单身还是已婚的男士都在打着文姜的主意。对于这事，文姜她爸（齐僖公）特别高兴，在他看来，找个有前途的女婿比什么都强。这时的齐僖公已经在众多候选者里相中了一个有为青年——郑国的姬忽。郑国是当时的军事强国，而姬忽是下一任国君的有力竞争者，绝对的潜力股。在一次家族晚宴上，齐僖公向家族成员们宣布了他的决定：“我要把文姜嫁到郑国去。”（《春秋左氏传·桓公六年》：公之未昏于齐也，齐侯欲以文姜妻郑大子忽。）

可这话没人接，掉到地上就摔没了，搞得齐僖公很尴尬。他原本以为会有掌声的，却没想到所有人都沉默了，包括公孙无知。公孙无知是齐僖公的侄子，一个标准的马屁精，平时最喜欢附和齐僖公的决定，但现在的他却偷偷地看了堂哥姜诸儿一眼，什么也没敢说，低头专心啃排骨。（《管子·大匡》：

僖公之母弟夷仲年生公孙无知，有宠于僖公，衣服札秩如適。）

“我不同意。”文姜大叫，美艳的脸庞涨得通红。

“这事就这么定了。”本就气不顺的齐僖公怒喝一声，都没问女儿不同意的理由就拂袖而去。家族晚宴不欢而散。

文姜是个孝顺的姑娘，平时从来不跟父亲顶嘴，这次她是真的急了——要是嫁到国外去，那我和哥哥可怎么办？

齐僖公有三个儿子，分别叫姜诸儿、姜纠和姜小白。作为亲兄妹，姜诸儿与文姜已经相恋多年，这事除了齐僖公还被蒙在鼓里，家里其他人都知道。所以公孙无知刚才一声都没敢吱，他可不想惹本就看他不顺眼的堂哥。乱伦这种事在什么时代都为人所不齿，所以别说齐僖公没问女儿不同意出嫁的理由，就是问了，文姜也不敢说实话。

在齐僖公看来，女儿的反对无非是青春期的叛逆，根本用不着理会。他已经自顾自地开始给文姜准备嫁妆，这场婚礼看起来已经势在必行。

面对父亲逼婚的压力，文姜每日以泪洗面。而作为哥哥兼男友的姜诸儿对此也束手无策，他无力去反抗身为国君的父亲，也就是从这时候开始，他真正感觉到了成为国君是多么重要——权力才是自由的前提。这件事造成的心理阴影将笼罩姜诸儿一生。

在压力面前，女人有时要比男人坚强很多，随着出嫁的日期日益临近，文姜知道如果自己再不做点什么，就真的要与心爱的哥哥分开了。在经过几个不眠之夜的思考后，她终于想出了一个拼死一搏的办法——将自己乱伦的事告诉未婚夫姬忽。她相信年轻气盛的姬忽在知道自己的丑事后，肯定会主动毁掉婚约，但自己乱伦的事也可能就此被传扬出去。可她这时已顾不得这么多，只要能留下来，能每天见到哥哥就够了。

文姜给姬忽写了一封感情真挚的亲笔信，在信中说明了自己的苦衷和歉意，封好后，她找到了姜诸儿。那年月没有快递，想安全又迅速地把信送到遥远的郑国可不是一件容易的事，至少文姜没有这个能力。弄清楚情况的姜诸儿极力反对妹妹的做法，因为丑事被传出的风险实在太大了，谁知道姬忽会不会恼羞成怒呢。但最后他还是妥协了，毕竟除此之外根本想不到别的办法，他也不想与妹妹分开。

为了确保万无一失，姜诸儿派出了他的金牌保镖——彭生。这是个绝对的猛人，齐国出了名的大力士，能轻松抬起一辆马车（当时马车的重量接近500公斤）。姜诸儿可不想这么重要的一封信落到不相干的人手上，那可就要命了，所以必须由武林高手护送。

在彭生送信的日子里，文姜想尽了一切办法拖延自己出嫁的时间，但每一天都是煎熬。

一个月后，齐僖公收到了姬忽提出取消婚约的书面文件，并且没有说明原因（做事还真挺讲究）。不明所以的齐僖公勃然大怒，他认为姬忽这小兔崽子简直太不识抬举。不娶就不娶，我女儿还愁没人要吗？不知是否出于赌气的心理，没隔几天，齐僖公就把文姜和早已准备好的嫁妆一起送往了鲁国。作为一国之主的鲁桓公要不是因为年纪大点，也不至于沦为第二候选人，现在突然美梦成真可把他给乐坏了，高高兴兴把文姜娶回了家。（《春秋左氏传·桓公三年》：会于嬴，成昏于齐也。）

就这样，文姜的计划虽然成功了，但最终也没能改变自己出国嫁人的命运，计划总是没有变化快。如果故事到这里就结束，华夏历史一定会走上不同的道路，当时谁也不会想到一个女子的嫁娶会对一切产生那么深远的影响。

带着哭湿的手帕，文姜远嫁他乡，离开了深爱着的哥哥。本来开朗善良的姜诸儿也从此黑化，变得愈加暴躁狠毒，只要有一点儿不顺心的事发生（比如饭吃撑了，这一点儿没夸张）就会拿手下人撒气，经常有侍从被他活活打死。但欺负下人不足以发泄他对父亲的不满，所以他的目光就瞄准了堂弟公孙无知。

人如其名，公孙无知确实是个不学无术的人，但是没文化不等于没心眼儿，这家伙拍马屁的功力简直是登峰造极了。周是一个讲究等级礼仪的朝代，以公孙无知的身份能混个小康生活就算不错了，可他现在的地位却仅次于大公子姜诸儿，谁叫齐僖公看见这个侄子就高兴呢。本来姜诸儿就很讨厌堂弟成天溜须拍马的那一套，现在更是气不打一处来——我想那老家伙快点儿死都来不及呢，你还天天哄他高兴，是不是欠揍啊！所以，作为齐国的三号人物，公孙无知却经常鼻青脸肿，这也算是列国时代一道独特的风景了。

公元前698年，在大儿子每天的诅咒中，齐僖公终于死了。姜诸儿正式上位，史称齐襄公。上台后，姜诸儿做的第一件事就是撵走两个亲弟弟，他得确保自己的地位万无一失，毕竟这年代血统是第一竞争力。

不要因为姜诸儿的感情问题就戴着有色眼镜看他，其实他是一个很有才华的人。从他上位开始，齐国开疆拓土经济腾飞，发展得相当不错。但事业的成功远不能弥补他在爱情上所受的创伤，每当夜深人静时他就会想起远方的妹妹。两个人已经很多年没再见过面了，唯一的联系方式就是写信，而充当信使的还是那个猛人彭生。这时的彭生已是姜诸儿的绝对心腹。

思念是一种病，尤其在没有视频，也没有微信的年代，更容易让人病得变态。情书对兄妹俩来讲毫无浪漫可言，有的只是日复一日的煎熬。

到了公元前695年，相爱的兄妹俩已经十五年没见面，但他们终于等到了一个再相逢的机会——鲁桓公要去齐国进行政治访问。这种事在当时来讲是不能带夫人前往的，不合乎礼节，但在文姜的强烈要求下，鲁桓公还是无视了大臣们的劝阻。从结婚开始，鲁桓公一直都对文姜言听计从，确实是个好男人，但在文姜眼里，他却是最可恶的人——就是你害得我和哥哥分开！文姜每天都这样想。（《春秋左氏传·桓公十八年》，春，公将有行，遂与姜氏如齐。申繻曰：“女有家，男有室，无相渎也，谓之有礼。易此，必败。”）

来到齐国，看着姜诸儿准备的盛大的欢迎庆典，鲁桓公感觉自己倍儿有面子，其实他不知道人家只是在欢迎分离多年的情人而已。

这次出访进行了两个月都没有结束，其间鲁桓公不止一次提出想要回国，但总被姜诸儿盛情挽留。久而久之，他开始感觉有点儿不对劲了。虽然是亲戚，可自己和姜诸儿也没什么私交啊，未免有点儿太热情了吧？而且我怎么总觉得他跟我媳妇儿眉来眼去的呢。应该是我想多了，怎么说他们也是兄妹啊。

怀疑这事只要开始，就没法轻易结束。很快，事事留心观察的鲁桓公发现了让他无法接受的事实，但是面对强大的齐国，他并不敢直接挑起冲突，所以他决定先忍着，等回去再好好收拾文姜！在鲁桓公的坚持下，找不到理由继续拖延的姜诸儿只好同意了他的辞行。在临行前，齐国王宫里举行了盛大的送行晚宴。觥筹交错间，头戴绿帽子的鲁桓公心情真的是糟糕到了极点，不知不觉就喝大了。酒精让他无比亢奋，对文姜破口大骂。醉眼迷离的鲁桓公没有注意到姜诸儿那狠辣的眼神。

第二天早上，一觉醒来的鲁桓公已不记得昨晚的事，他急冲冲地叫着：“快快出发！”在迈步上车时，宿醉未解的鲁桓公一个趔趄差点儿摔倒，扶住他的是一名魁梧的大汉。大汉笑着说：“大人，还是让小人抱您上车吧，免得再摔到您。”鲁桓公点点头，心想：这奴才还挺有眼色的嘛。他并不知道这个奴才叫彭生。

浩浩荡荡的车队离开了齐国都城，可没走多远，有随从发现鲁桓公已经没有了呼吸，鲁国的队伍瞬间大乱。齐国的急救队来得奇快，不到五分钟就出现了，速度可以完爆现在的120。经过仔细的检查，医疗队长吁了一口气，向坐在另一辆车上的文姜汇报：“肋骨断了三根，已经死透透的了。”文姜立刻号啕大哭，悲伤过度的她无法进行长途旅行，只好让侍从们将丈夫的尸体运回鲁国，自己则返回娘家调理身心。文姜对丈夫的感情真是太深了，不知内情的人都这样认为。（《史记·齐太公世家》：四年，鲁桓公与夫人如齐……桓公下车则死矣。）

肋骨断了这种事怎么看都是人为造成的，所以鲁国要求齐国必须给出一个说法。迫于无奈，姜诸儿只好让彭生去当这个替罪羊，把他捆好送给了鲁国。可怜的彭生，一辈子对主人任劳任怨忠心耿耿，没想到最后落得被乱刀砍死的下场。按理说这事本不该如此简单地了结，毕竟死的是一国元首，但新上任的鲁庄公也有自己的无奈。他并非不想为父报仇，但首先是因为母亲不让，其次是他真的没有实力去找舅舅死磕。最后，慢慢发现端倪的鲁庄公也默认了母亲与舅舅的关系。

姜诸儿终于可以和妹妹在一起了，为了这一天，他等了足足十五年！这么多年，帮过我的人只有姬忽，一定要报答人家，他这样想。这是多么可笑的逻辑啊，他居然忘了那个被他害死的彭生！但不管怎么样，这人还知道报恩，多少也算有点儿人性，可此时的姬忽已在郑国争夺国君的斗争中被人害死。一心想着报恩的姜诸儿把害死姬忽的人抓到了齐国，并将他们五马分尸。之后，感觉生无所求的他彻底对工作失去了兴趣，也不再回家，成天只和妹妹混在一起。几十年了，他终于得到了自己想要的自由。可这一切却让一个叫连乘的人愤怒到了极点，这人有两个身份：一是驻守边境的大将军，二是姜诸儿的大舅哥（他妹妹只是一个妾，非正妻）。

连乘是个小心眼儿的人，姜诸儿没让他妹妹当齐国第一夫人这事就已经让他很不高兴。去年他又向姜诸儿提出了调换工作的申请，当时姜诸儿答应一年后就给他换个好工作，不用再去边疆吃苦，可现在沉醉在温柔乡里的姜诸儿早把这事忘到了九霄云外。所以越想越生气的连乘就带着自己的副手（名叫管至父）一起找到了公孙无知，想撺掇这个倒霉蛋一起造反。（《管子·大匡》，襄公立后，绌无知，无知怒。公令连称、管至父戍葵丘曰："瓜时而往，及瓜时而来。"期戍，公问不至，请代，不许，故二人因公孙无知以作乱。）

此时的公孙无知已经惨得不能再惨，想当年的齐国三号人物早已风光不再，在堂哥无情的打压下，他的生活水准一直在温饱线上徘徊。当连乘他们找来时，公孙无知还以为堂哥终于要对他下手了呢，吓得涕泪横流。听连乘解释了一上午，他才相信这不是堂哥给他下的套儿。这货立马破涕为笑，大声叫好，还答应只要自己当上国君就给连乘换个好工作，也会让连乘的妹妹成为齐国第一夫人。他丝毫不在乎自己娶一个已婚妇女，也好像忘了那本是他的嫂子。

这就是乱世，满地的节操却没有底线。现在我们快进剧情直接到高潮部分，公元前686年10月的一天中午，姜诸儿正在宫殿里暴揍一个侍从，这个倒霉蛋名叫阿费。事情的起因是这样的：早上姜诸儿去了城外打猎，本想锻炼下身体，可没想到却被一只野猪给吓到了，因为他把野猪看成了彭生。没错，就是那个被他出卖了的彭生，这就是做了亏心事的下场——白日见鬼。被吓得屁滚尿流地跑回家后，姜诸儿发现自己丢了一只鞋，他气急败坏地非说是阿费偷的。这就是有病嘛，谁偷鞋就偷一只啊。

暴打了阿费半个小时，累了的姜诸儿大吼：滚出去给我找鞋，找不到还揍你！

可怜的阿费只好一瘸一拐地走了出去，但他很快就又回来了，而且手里多了把鬼头刀。看着有点儿蒙的姜诸儿，他擦了擦头上的汗说："公孙无知带着连乘他们造反啦，现在就在大门外面。我暂时稳住了他们，您快跑吧！我会帮您抵挡一会儿的！"

姜诸儿当然不相信，他以为阿费是在吓唬他，所以气得他又过去猛踹了阿费几脚，直到听见外面的喊杀声，他才知道阿费说的是真的。但这时再想跑就来不及了，阿费把慌张的姜诸儿推到了床下，自己堵在屋门口战斗到了最后一秒。多悲哀的时代，居然只有奴才有节操。姜诸儿真的是吓坏了，躲在床下一动也不敢动，却没注意到自己的长袍还拖在外面，这被兴奋的公孙无知进屋就发现了，他把堂哥拽出来，砍成了肉泥。消息很快传到了文姜那里，她号啕大哭，跑回鲁国想让儿子给姜诸儿报仇。那当然是不可能的，听说舅舅死了，鲁庄公高兴还来不及呢。（《史记·齐太公世家》：冬十二月，襄公游姑棼，遂猎沛丘。见彘，从者曰"彭生"……反而鞭主屦者茀三百……或见人足于户闲，发视，乃襄公，遂弑之，而无知自立为齐君。）

夕阳下，心碎的文姜泪流满面，她本想自杀殉情，却被另一个想法阻止。遥望着齐国的方向，她相信自己可以看到仇人被杀的那天，不然死不瞑目。她确实没有等太久，九年后，齐国再次爆发动乱，公孙无知像堂哥一样，被人砍成了肉泥。频发的政权争斗让齐国迅速地上了列国头条，但又很快被淹没在了各种奇葩事件中。这时没人会想到就在短短的几年后，齐国将再次吸引所有人的目光，因为下一任的齐国国君将会创造历史，成为列国时代的第一位霸主！他就是三公子姜小白，史称齐桓公。

在公孙无知被杀后的第三年，生无所求的文姜才平静地离开了这个纷乱的世界，无疾而终。

有女同车，颜如舜华。有女同行，颜如舜英。

——《诗经·有女同车》

一个美貌被传说了千年的女子却在错误的时间和地点，爱上了一个错误的人，整整四十年。

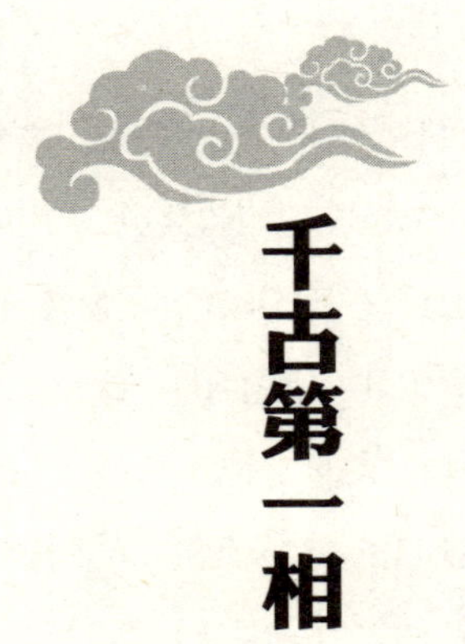

千古第一相

① 屌丝逆袭

每行每业都有自己的祖师爷，比如很牛×的关二爷之于黑帮，高大上的孔夫子在教育界，但在孔夫子出生的五十年前，却有个妓院的祖师爷，风头正劲，屡屡刷爆头条，堪称那个时代的传说。

他的名字叫管仲。

公元前725年，管仲在安徽省颍上县出生。他小时候那穷得很，偷包子捡菜叶的事儿没少干，好不容易活到了二十多岁，生活依然黯淡无光，直到他遇见了鲍叔牙。鲍叔牙是个地道的富二代，史料上记载他有两大嗜好：一是吃鲍鱼，二是喝玉玲珑。（这是什么生活水准！）在鲍叔牙的带领下，管仲开始学着做生意，很快就发了。屌丝和富二代是怎么成为铁哥们儿的，我们已经无从知晓，能知道的只是管仲这家伙没事儿就坑鲍叔牙的钱，但鲍叔牙从不当回事儿。管仲有三大爱好：读书、思考和占便宜，和前两项一比，鲍叔牙认为贪点儿财不算什么大事——这哥们儿就是穷怕了嘛，再说咱也不差钱！（《史记·管晏列传》：管仲贫困，常欺鲍叔，鲍叔终善遇之，不以为言。）

一转眼，而立之年的鲍叔牙已是齐国政治圈里响当当的人物，在他的帮助下，管仲也完成了从特困户到商人再到政客的三级跳。当时的齐国政治圈帮派林立，鲍叔牙跟三公子姜小白是一伙的，他本想让管仲也加入这个阵营，管仲却婉言谢绝，反而加入了与之对立的二公子姜纠的帮派。其实长年笼罩在高富帅的阴影下，管仲心里一直很憋屈，在他眼里，鲍叔牙的无私帮助如同怜悯，让他感到窒息——我比你有才华有能力，为什么要受你的接济？

朋友间的好意有时候就这样成了友情的羁绊，敏感的管仲从此走上了与好兄弟竞争的道路，他对二公子姜纠并没有多看好，只是与鲍叔牙赌一口气而已。

齐国那时的局势，其实不论是姜纠或是姜小白都离国君的位子还很远，此时在位的是他们的父亲齐僖公，第一继承人是大公子姜诸儿。姜诸儿的人缘相当不好，这如果在太平年间根本不是什么问题，可那时是乱世，乱世什么都有可能发生。

公元前698年，齐僖公因病离世；公元前686年，齐襄公姜诸儿被造反的公孙无知杀死；公元前685年，篡位不到一年的公孙无知在旅游时，被人乱刀砍死。至此，齐国的权力出现了真空，有资格继承国君宝座的两位公子几年前全被齐襄公撵走了，当时姜纠在鲁国，而姜小白在莒国。事到如今，已不是一二三报数的规则了，而是谁先回到齐国，谁就是国君！

管仲把这当成了他与鲍叔牙的第一次能力对决，可以说是竭尽了全力，可惜那年月最牛×的交通工具就是马车，这玩意儿谁都有，而且速度也差不太多，所以取胜的关键就是距离。路程上管仲他们要比对手多四十公里，所以怎么努力都白搭，还没等他们赶回齐国，鲍叔牙就已经辅佐姜小白登上了国君的宝座，史称齐桓公。管仲和姜纠连齐国都城的大门都没摸到，就灰头土脸地回到了鲁国。（《春秋左氏传·庄公九年》：夏，公伐齐，纳子纠。桓公自莒先入。）

姜纠当然无法接受这个结果，不甘心的他还想再搏一下，他要向鲁国借兵，杀回齐国。一个人的能力就是在关键时刻表现出来的，管仲对姜纠的想法立刻投了反对票。管仲认为：首先，鲁国的军事能力远不如齐国，很难说服鲁国出手相助；其次，姜小白的即位完全合法，而且这小子平时的人缘特好，大臣们都拥护他，想打他个措手不及是没戏的。但气昏了头的姜纠根本就听不进去，他大吼："如果鲍叔牙是我的第一谋士，绝不会说这么泄气的话！"

这话说得多气人，管仲心里也窝着一股火呢，想打架是吧？那就打，谁怕谁啊！管仲立刻去了鲁国，向国君发表了慷慨激昂的演讲，非凡的雄辩赢得了鲁庄公的绝对认可，鲁庄公立刻就答应了借兵的请求，并决定全力支持姜纠去夺回国君宝座。这就是人才啊，能把一扯淡的事儿讲得头头是道让人信服！鲁国向齐国开战完全就是开玩笑嘛，管仲心里比谁都清楚，但他却另有打算。

几天后，姜纠带着借来的军队赶到了乾时。这地方离齐国非常近，是双方约好的干架地点。

我们来比较一下两边的情况。齐国：实力爆表的传统强国，又在家门口打架，以逸待劳，占尽天时地利；鲁国：列国时代的二流角色，长途跋涉而来，并且背负着侵略者的骂名。所以，战斗刚一开始就进入了尾声，鲁军被打得落花流水。这时的姜纠吓得都没脉搏了，让他更加惊悚的是——管仲居然没有随着败退的人流逃走，却单人匹马向齐军冲了过去！

这就是胆气！临来之前，管仲就已预料到了眼前的一切，而他现在要做的就是只手定乾坤。飞扬的尘土和混乱的人群都不能阻碍管仲那如炬的目光，他死死地盯着已能看清眉目的齐桓公，毫不犹豫地射出了一箭。[①]只要他死了，现在败了又何妨，国君的位子还得姜纠坐！

那支箭带着必杀的决心正中齐桓公的小腹。接着，让管仲极度困惑的一幕出现了——战车上的齐桓公屹立不倒，而箭，却掉在了地上。这是什么情况？管仲目瞪口呆，却没有时间思考，赶紧掉转马头逃之夭夭。

乾时之战以齐国完胜告终，姜小白彻底坐稳了国君的宝座。想来，如果管仲的那箭不是射在了他镶满铜片的腰带上，那结局就是天壤之别了。

疲于奔命的管仲绝对想不到——一封齐国的外交信连夜送往了鲁国，内容大概是这样的：“如果不服，我们可以再战。要是怕了，就得答应两个条件——首先，立刻把姜纠宰了，我们可不想他再惹出什么麻烦；其次，把管仲捆好了送过来，我们老板要亲自处理他，以解心头之恨，那一箭可不是白射的。”信的后半段是鲍叔牙私自加上去的，他不想自己的好兄弟出什么意外，死在异国他乡。（《史记・齐太公世家》，齐遗鲁书曰：“子纠兄弟，弗忍诛，请鲁自杀之。召忽、管仲雠也，请得而甘心醢之。不然，将围鲁。”）

胆战心惊的鲁庄公一心想着求和，所以他二话不说就砍了姜纠的脑袋，连同管仲一起，打包送到了齐国。

再次见到管仲，齐桓公恨不得把他千刀万剐后再五马分尸，要不是鲍叔牙阻拦，或许这个盖世奇才真就这么挂了。而之后，鲍叔牙提出的建议更是让桓公万万没想到。

“他上次差点儿弄死我！”桓公无法接受让管仲当宰相这个提议，“而且为什么啊？齐国有您就足够了。”

鲍叔牙一笑：“若治齐国，有我足矣。若霸天下，非管仲不可。你我君臣在外漂泊多年，不就是在等一个机会去改变这世界吗？”（《国语・齐语》，桓公自莒反于齐，使鲍叔为宰，辞曰：“臣，君之庸臣也。君加惠于臣……使百姓皆加勇焉，弗若也。”）

桓公没再说话，陷入了深深的思索。次日清晨，身着华服的桓公来到了管仲的茅草屋前，静静等候。屋里屋外的人此刻都不知道，这世界将被他们震撼。

很多年后，功成名就的管仲出了本叫《管子》的书，在书中他评价了桓公——小白之为人，无小智，惕而有大虑。意思就是：“姜小白这人不小肚鸡肠，并且目光远大。”这是成大事者的必备素质，如果桓公因为管仲射他的那一箭而否掉鲍叔牙的建议，那在历史的洪流中，他就只是一粒普通的砂石，而非名传千古的英雄了。但最让人感慨的还是鲍叔牙，在举荐成功后，他又自愿成为一名给管仲打下手的小参谋。这不仅是因为他对管仲才学的推崇与信赖，也是为了防止兄弟间再生芥蒂，那就对国家太不利了，毕竟如今已非年少时。

对朋友对国家，鲍叔牙竟然可以做到如此无私！

孔子说过一句话：“管仲之器小哉。”可与鲍叔牙相比，谁的器量不小呢？更何况一个自尊心强到爆棚的穷光蛋。但追根究底，在管仲心里，鲍叔牙一直是他最好的兄弟，所以才有了那句“生我者父母，知我者鲍叔也”。

就这样，管仲的名相之路起程了。

2 国之大妓

经过两年的磨合，桓公已被管仲的才华深深折服，因为两人相差二十岁，所以平日里桓公都尊称管仲为“仲父”，并告诉大家有事要先和管仲商量，然后再向自己汇报。他敢有这个魄力，主要是相信自己的眼光。做君主，有眼光有魄力就足够了，至于其他，那都是手下人的事。

虽然成了齐国的二号人物，可管仲仍然无法忘记他年少时吃过的苦，在他眼中，钱依然非常重要。只不过钱对于如今的管仲而言，代表的却是另一种概念——经济。他认为一个国家强盛的根本不该是军事能力，而应是经济实力。这种思维方式可以说超出了时代的局限性，不被大众理解。当时人们普遍认为强国三要素是：吃饱、穿暖、有砍刀。所以当管仲提出经济治国的方针理念，立刻就遭到了大臣们的反对，大家都认为这就是胡言乱语嘛，应该送去治病。但这个思路却因为得到了桓公的认可（虽然他也不明白管仲要干吗）而得以推行，不过管仲接下来的举动让桓公也是目瞪口呆。

管仲提出发展经济的第一步竟然是开妓院！

妓院这东西在古代虽然不违法，但也算不上什么正经营生，可管仲不光要大力推广，而且要进行政府扶植，说白了就是让妓院都成为国企。这事把包括桓公在内的所有人都雷得外焦里嫩，实在憋不住的桓公找到管仲，问道：“请问仲父，我国正在进行的‘妓院变国有’到底是一种什么样的策略呢？”

“穷人赚钱是为了生存，商人赚钱是为了享受。主公请想，一个在我国赚了钱的商人，上缴少量税款后却跑到了别的国家消费，那我们岂不是很吃亏？所以，让他们把赚来的钱都花在我们这里，才是最划算的。年轻时我也做过商人，深知这帮人是有多喜欢妓院。现在我们把妓院变为国有，就相当于通过商人的手，去赚天下的钱！”

“高！”桓公竖起了大拇指，满脸的敬仰与钦佩。

生活中的磨难都是上天给予的财富，如果没有早年的困顿与辛苦，管仲绝想不出这么牛×又奇葩的招数。就这样，大力发展妓院产业就成了齐国的基本国策，短短两三年，妓院就在齐国遍地开花。据不完全统计，在桓公称霸列国前，齐国已有七百余家国有妓院。管仲也就此被称为妓院的鼻祖，一直到民国年间，很多妓院里还供着他的雕像，祈求生意兴隆财源广进。（《战国策·东周策》：齐桓公宫中女市七，女闾七百。）

妓院产业给齐国带来的好处也是显而易见的，因为商人们的长期逗留，齐国很快就成了当时的贸易中心。大量的税收和国企上缴的利润让齐国国库的大门都关不上了，真是太有钱了！有钱了要干吗？当然是发展军备。

我们都知道古代人口很少，所以每当发生战争，军队的人数往往就是决定胜败的关键。但增加军人的数量可远比赚钱要困难得多，因为一个人从出生到长大需要十几年，时间太长。所以，管仲的超级大脑很快又冒出了一个新的概念——预备役。农民和军人的区别是什么？训练和兵器嘛，这都是花钱可以办到的。对于现在的齐国来说，只要是钱能办到的事，那就全都不叫事儿。

齐国宪法规定：凡成年男子都要参加定期的军事培训，培训期间有工资，平时除了训练别无要求，但当国家遭遇战争，政府将配给预备役人员武器，保家卫国义不容辞。另，战争期间，工资乘四。

这条政策得到了齐国广大百姓的拥护——爱国本就是应该的嘛，现在居然还有钱拿，真是太棒了！至此，齐国全体老少爷们儿都像打了鸡血似的想跟人干架，太吓人了，周边的邻国一看见齐人脑袋就疼。（《国语·齐语》，管子对曰：“作内政而寄军令焉。”）

站在高高的城楼上，看着日益强盛的国家，桓公与管仲相视一笑，他们都很清楚：接下来，该是我们的时代了！机会只留给有准备的人，而这对黄金搭档已经准备好了。

公元前682年，当时统治全天下的周庄王（其实根本没人听他的）死了，大家都该吃吃该喝喝，没人当回事，除了管仲。他火急火燎地找到桓公大喊：“老板，我们的机会来啦！”

管仲当然不是在瞎激动，作为一个拥有超前思维的人，他深知想出名就要靠炒作，现在桓公缺的就是曝光度。但炒作这种事需要渠道，拿着大喇叭乱喊是没有用的，想营销形象就要上主流媒体——此刻的周王族虽然已衰败到了极点，但仍享受着超高的关注度。所以，齐国出巨资为周庄王策划了一场极为隆重的丧礼，这可把即将即位的周釐王感动坏了——多少年了，就没人正眼看我们家！但按照管仲的策划，这还不算完，既然要做，那就往大了做，反正咱不怕花钱。接下来，齐国又给周釐王举办了土豪级的加冕仪式，并且邀请到了几个小国的元首。周釐王从小到大就没这么有面子过，所以在晚宴上，他激动地宣布：“从今以后，桓公就代表我！”

把这句话抻开来讲就是：齐桓公代表了至高无上（纯扯淡）的王权，想干吗都合法。虽然这话本身屁用没有，但加上齐国超强的实力，那就不一样了。这一刻，列国的聚光灯全部打在了桓公的身上，本次抢头条行动圆满成功。在此之后，大家都认为桓公为没落王族所做的一切真的很仗义，在这个满地节操的时代，他成为了道德的楷模。

在回国的路上，桓公再次提起了那个一直没有答案的问题：“还要多久，我才可以称霸列国？”

“从今天开始！”管仲终于给出了答案。始于妓院产业的称霸之路正式开始了。

3 雄霸天下

东周的诸侯国大大小小有几十个，大家谁都不服谁，所以霸主这东西就从来没出现过。这不，桓公打着周天子的旗号召集诸侯们开大会，结果只来了四家，差点儿没把他气死。“这会还怎么开！太丢人了。”桓公怒吼。

“如果自己都说话不算话，那别人怎么会拿我们当回事？而且算上我们自己就是五家诸侯，也不算太少了。”管仲认为信用要比面子重要得多。就这样，东周第一次诸侯代表大会如期召开，在四票赞成一票弃权的情况下，桓公当选为第一任霸主，并向全天下发表了一份声明：首先，所有人都要尊重周王族（客套话而已）；其次，不管是谁挨打了或者缺钱了都可以来找我，有求必应。多有气势啊，潜台词就是——你们来不来无所谓，反正我是你们的大哥了，有事绝对罩得住。这当然都是由管仲策划的，可这还不算完，因为想靠这么两句话就震住所有人是不可能的。散会后，齐国立刻发兵灭了没来参加会议的遂国，这只是个三流角色，在立威的同时也是让桓公撒撒气。如此暴躁的举动确实取得了立竿见影的效果，很多国家马上表示臣服，为了进一步渲染恐怖气氛，齐国又发兵狂殴了郑国和鲁国一顿（这两家不光没来，而且本就跟他有仇）。至此，再没人敢当桓公说的话是开玩笑了。

公元前679年，第二次诸侯大会在鄄地召开。这次来的人非常多，票选机制也相当正规，大家一致认可了桓公的霸主地位，名传千古的春秋第一霸诞生了！（《史记·齐太公世家》：七年，诸侯会桓公于鄄，而桓公于是始霸焉。）

霸主好当吗？当然不。如果桓公只能跟诸侯们耍耍横，那就没什么意思了，也白瞎了管仲的才华。

整个周王朝的地盘并不十分辽阔，在黄河北岸只有两个小小的诸侯国存在，它们是邢和卫，这对难兄难弟特别惨，经常被西北边的狄族欺负。狄族是游牧民族，常年颠沛流离，对周王朝的富庶充满了渴望，但狄族人没有耐性更没有条件去改变自身，他们喜欢既简单又高收益的方式——打劫。

狄族人成天生活在马背上，可以说每个人都是战士，而近期从欧洲引进的炼铁技术又让他们的武器不再匮乏，所以本就弱小的邢和卫随时都有灭亡的危险。做大哥，就要有大哥的样子，桓公此时以天下为己任，当然不会看着自己的小弟被人欺负。公元前660年，当狄族再次攻打邢国时，得知消息的桓公立刻前往救援。别看狄族人在精神文明建设上不咋的，可他们的军事策略那是相当有一套，此时就领悟了游击战的精髓——“敌进我退，敌驻我扰”。所以在齐军赶到后，狄族人掉头就跑，完全不考虑面子问题。等他们发现齐军并没有追上来时，掉头又向旁边的卫国杀了过去。防不胜防啊！卫国都城很快就被击破，据事后统计，全国只逃出了五千多人，太惨了。

再然后，狄族人故技重施，等齐军赶到了就又不战而逃——咱就是速度快，一会儿把邢国再灭了，气死你！

神一样的管仲怎么会让他们再得逞，他早已在邢国布下了天罗地网。所以狄族人这次没跑成，被迫应战的他们被齐军一举击溃，大败而逃。最后虽然齐国胜了，但这样的结果让桓公很不满意——卫的城邦破败，几乎亡国；而邢久经战火，难民成群。管仲看出了桓公的顾虑：“主公一定是担心我们走后，狄族人再来欺负邢和卫。”桓公点头道：“是啊，毕竟我们没法长期驻扎在这里，总是要回国的。仲父有何良策？”

管仲当然不会让桓公失望，几天后，桓公召集所有人宣布了一件事：为了不再发生这样的惨剧，邢和卫集体搬家到黄河南岸（诸侯国都集中在那边），所有的搬运与安家费用，由齐国全部承担。这不是说说而已，事后齐国真的为每个人都报销了花费。（《史记·齐太公世家》：二十八年，卫文公有狄乱，告急于齐。齐率诸侯城楚丘而立卫君。）

把北方搞定了，是不是就没事儿了？当然不，因为任何时候肯定都有不服的。

提一个国家的名字肯定谁都知道——楚，这个国家最出名的人是谁呢？项羽！他可以说是不服的代名词了。当然，此时距离项羽出生还有好几百年，但不服的传统却早已养成。楚国位于周王朝的最南端，已接近长江流域，这在当时来看是很不好的地段（错得离谱），由此可以看出楚人并不招周王族的待见（地盘最早都是王族封的）。备受歧视的楚人自强不息，经过几代人的不懈努力，终于把国家壮大了起来。有着如此历史的国家，总想自立为王也就不足为奇了。早在西周年间，它就经常闹着要独立，但每次都会被还很牛×的王族干趴下。如今，看着齐国日益坐大，楚国当然不爽，它又一次称王了。反正现在王族屁都不是，你当霸主我称王，大家各玩各的吧。

楚国是没当回事儿，可齐国是真急了，因为第一次诸侯代表大会上桓公就提出了“所有人都要尊重王族”。这要不处理，以后别人还不得拿我说话当放屁啊！桓公大怒。管仲这次没有阻止桓公的决定——倾全国之力摆平这事。由于楚国的实力确实非同凡响，管仲又代表桓公去召集了宋、鲁、卫、郑、陈、曹、许七个国家，号称八国联军直逼楚国都城。（《春秋左氏传·僖公四年》：春，齐侯以诸侯之师侵蔡。蔡溃。遂伐楚。）

称王那哥们儿给自己起的名叫楚成王，这也是个猛人，真就敢带着部队冲出去，但在看了八国联军的阵势后，他知道这次必须得认——单挑还可以，群殴必被灭，好汉不吃眼前亏。楚国当即表示以后会按时向王族朝贡，并且保持低调（纯扯淡，之后的几百年楚国也没老实过）。

桓公原本真不想就这么算了，毕竟折腾一圈也挺费劲的，不干一下怎么都不痛快。但管仲一句话就让桓公冷静了下来：“真要打起来，主力部队还得是我们，而楚国的实力并不差我们太多。灭了它没问题，可我们也会损失惨重，不值得啊！”

这就是智者，永远都在冷眼看世界。

就这样，北御狄族南制楚王，横扫天下的齐桓公登上了人生的顶点。而缔造这一切的管仲，也以“千古第一相”的身份被永远标记在了华夏历史当中。

管仲既用，任政于齐，齐桓公以霸，九合诸侯，一匡天下，管仲之谋也。

——《史记·管晏列传》

公元前645年，80岁的管仲离开了人世，齐国全民举哀，麻服遍地。穿过千年的时光我们知道，和管仲一起离开这个世界的，还有齐国的霸业。两年后，已在诸侯间失去了威望的桓公也失落地走了，这场热血的称霸大戏彻底落下了帷幕。

作者按：

管仲振兴齐国的策略有很多，本文所述仅是冰山一角，比如他还开创了对“盐铁”的国家专营制度，且至今仍存；或者是他将民众以职业划分为“士农工商”四个阶层，分而管之。职业的分工有助于社会经济的发展，根据《考工记》的记载，齐国手工业当时已远超别国。而最让本人敬佩的是，管仲提出了以消费拉动GDP增长的思路②。而对这些超越时代的治国招数，除了“天才”二字，或许也只能用“穿越”来解释了……

---

①关于管仲射齐桓公与齐桓公即位的先后问题，《史记》与《春秋左氏传》的记载有出入，本文以《春秋左氏传》为准。

②《管子·侈靡》：俭则金贱，金贱则事不成，故伤事；兴时化，若何？曰，莫善于侈靡。

喜剧之王

阳光从窗帘的缝隙间跳了进来，轻盈地落在宋兹甫那已泛起死灰色的脸上。刚过卯时，宫女与宦官们还都沉浸在睡梦中没有醒来，没人发现他们的国君已到了生命的最后关头。这个奄奄一息的人闪回了从小到大的时光，然后就特想骂自己：时间都去哪儿了？难道都用来逗乐了吗！

没错，他就是春秋时代著名的宋襄公。

五年前（公元前642年）的春天，是宋兹甫第一次在历史的舞台上亮相，演出地点是在齐国的首都临淄城。在那之前的几十年，没人敢在临淄城的大门前抄家伙，因为城里住的是整个东周的扛把子——齐桓公，但就在那天，规矩被宋兹甫打破了。不要以为这是他胆儿有多肥，虽然齐桓公去年就挂了，但他手里要是没捏着邀请函，那就是再借他个胆儿，也不敢在临淄城门前耀武扬威。这邀请函是齐国太子姜昭亲自送去的。

别看齐桓公英雄了一辈子，可却处理不好家事。他刚死，家里就乱套了。五个儿子你给我个嘴巴，我踹你一脚，把齐国闹得是鸡飞狗跳。作为太子的姜昭受到其他几个兄弟的排挤，被赶出了齐国，迫于无奈，他只得向平时关系不错的宋襄公求助。那时的宋兹甫虽已当了十几年的国君，但每天说“有事启奏，无事退朝”就是全部工作，闲得很，所以当堂堂的齐国太子亲自求上门，可真把他给兴奋坏了。故此，他全然不理会大司马目夷“小国勿理大国事”的劝告，跟姜昭还没聊上三句话，就大包大揽地把事给答应了下来。（《春秋左氏传·僖公十七年》：孝公奔宋。）

不过到了晚上，等他稍微冷静下来，想到要去临淄城叫嚣，还真有点儿打怵。可大话已经说出去了，总不能出尔反尔，所以为了壮胆儿，他连夜给几乎所有的诸侯写了一封信，内容大致是这样的：“多年来，你我都受过桓公的照顾，如今他家中有事，我们怎能坐视不理呢？所以，望大家在困难面前都能施以援手，而我作为发起人会承担一切风险。此致，敬礼。”这不就是扯淡吗，你一个小国的君主能承担个屁风险啊，当人家都是傻子吗？但宋兹甫却自我感觉良好，甚至有了一丝发自内心的荣耀感——我这不就是在号令群雄嘛！

到了信上约定的那天，宋兹甫身着盛装早早去了会盟地点，可等到天黑也只来了三个小国，而且都比宋国还要小。他们平时都是遇事随风倒的角色，这次也只是来观望一下形势而已。要说事情到了这地步，知难而退也就完了，谁一辈子还没有点糗事呢？可宋兹甫却不这么想——当年齐桓公第一次会盟诸侯也就来了四家而已，看我现在也挺不错的嘛！就这样，他生拉硬拽带着曹、邾、卫三国直接向临淄城杀了过去，那三家诸侯叫苦不迭又后悔不已，不过，他们的担心是多余的。

齐国虽然曾经超级牛×，但经过几个败家子折腾后，国内已是经济萧条加人心涣散。所以这纸老虎一看到山寨版的多国联军，立马就吓尿了。人们合力将带头闹事的三个大臣砍了脑袋，打包送到城外去乞求和平，而公子们则从后门溜之大吉。一切发生得太过迅速，把宋兹甫弄得都有点儿迷茫。但他很快就搞清楚了情况：做扛把子真是太爽了，看咱就往这儿一站，丫就尿啦！

这家伙的第一次亮相算是没演砸。但要说这运气好吧，有时还真就不是什么好事。

自我膨胀到极点的宋兹甫在两个月后，再次与齐国的公子们开战，气势如虹的他正面击溃了那群虾兵蟹将，帮助太子姜昭坐稳了国君的宝座，一时间在春秋诸侯中声名鹊起。按理说，乱世中的小国能有如此声势，也就该知足了，可这几个月的顺利让他忘乎所以，在某天吃撑后，他决定把一直以来的想法付诸实践——正式会盟诸侯。也就是召开诸侯会议选老大，这是成为扛把子的最后也是唯一的程序，开创规矩的就是已经挂掉的齐桓公。在宋兹甫看来，前任霸主的家事自己都管得了，那这第二任霸主还舍我其谁呢！（《春秋左氏传·僖公十八年》：夏五月，宋败齐师于甗，立孝公而还。）

看宋兹甫异想天开，大司马目夷紧急求见："小国争盟，祸也！"他不光是大司马，还是宋兹甫的异母兄，现在也就他说话还能有点用，毕竟宋兹甫从小就崇拜这个大哥。可几番口舌之后，一意孤行的宋兹甫只做出了一点点让步——代表大会还得开，不过可以先弄个小规模的，试试水，看诸侯们有什么反应。

诸侯们当然没什么反应，因为齐桓公死后，东周就进入了混乱模式——北边的邢和卫一言不合打了起来、西边的犬戎蠢蠢欲动又想搞侵略、东边几个小国粮食产量出了严重问题等这诸多难题目前没人管，大家正盼着能再出现一位带头大哥呢。在这种大环境下，只要能负起责任，谁当霸主不重要，况且宋兹甫总共只找了两家诸侯来试水——曹和邾，所以一切都进行得相当顺利。山寨版的东周霸主就此诞生了！

新官上任三把火。这扛把子可不是白当的，必须有政绩才行。宋兹甫决定立刻处理东边的粮食问题，以彰显自己的超凡能力。按照正常人的逻辑，人斗不过天，想解决这个事无外乎就是两个办法：经济支持或者粮食援助。但宋国要钱没钱、要粮没粮，可咋办?

别急，这可难不倒宋兹甫。让我们来看看这个"天才"到底有何高招——

首先，他带着军队跑到东边灭了一个少数民族的小国（不属于东周），然后得意扬扬地押着小国君主来到饥荒最严重的邾国，让大家等着瞧好儿。所有人都纳闷儿了，这到底是要干吗呢？答案既简单又雷人：祭天！

宋兹甫在一片稻田里咔嚓一刀宰了小国君主后，向邾国人民宣布：你们的苦难日子结束啦！然后就拍拍屁股走人。全世界都为之哗然——这就完了？（《春秋左氏传·僖公十九年》：夏，宋公使邾文公用鄫子于次睢之社，欲以属东夷。）

做完如此壮举的宋兹甫感觉全世界都在为他歌唱，所以他再也等不及了，要立刻举行最大规模的诸侯会盟。这次连目夷都劝不住了，只能无奈地感叹："祸其在此乎？君欲已甚，何以堪之！"没错，这就是利欲熏心不知死啊。

公元前639年，宋襄公在一个叫鹿上的地方会盟诸侯，还真就别说，人基本都到齐了。他如此有号召力？怎么可能呢。大部分人只是想来看看这朵奇葩有多雷而已，比如一贯桀骜不驯且实力超群的楚国。闻名不如见面啊——楚成王对宋兹甫嗤之以鼻，一点都瞧不起。

要说瞧不起人家，你不搭理就完了呗。不行！楚人才不是这性格。两个月后，当闲得慌的宋兹甫又找诸侯们开party时，楚成王去了，而且带了不少手下，到那儿就把宋兹甫给擒了。然后押着他跑到宋国都城下面叫嚣：赶紧全国投降，要不就把你们国君宰了！

要说这事办得相当不地道，大家怎么说也都是有头有脸的人物，咋好意思这么下黑手呢？况且楚国的如意算盘也打错了，没用半个时辰，大司马目夷就出现在城楼上，朝下面耸耸肩："无所谓啊，大不了我们再选一个呗。"这可不是目夷在眼馋国君的位子，确是经过朝廷大员们集体商议的。你说一个领导，咋能混成这人缘呢！

本来想恐吓勒索一下，可怎么也想不到会是如此局面，还真把楚国弄得进退两难了。好在此时有几个得知消息的国家赶来调停，楚国才就坡下驴，放了宋兹甫。毕竟这么个无用的玩意儿，宰了没必要，留着还浪费粮食。这真的太有戏剧性了，纵观历史，这种桥段也算凤毛麟角。（《史记·宋微子世家》：

于是楚执宋襄公以伐宋。冬，会于亳，以释宋公。）

看着狼狈而归的国君，有大臣偷着问目夷："你说，他这回该老实了吧？"目夷嗤笑一声："祸犹未也。"到底是一家人，他太了解这个弟弟了，没什么都行，就不能没面子。这么连惊带吓，宋兹甫回来就大病了一场，不过他倒没有对众人不顾他安危的行为做出什么惩罚，甚至没再提起过。不过这事也只能装糊涂，要真闹起来，以他的人缘，被大家革了命也正常。别忘了，这可是人伦丧失的乱世！

不过目夷对他的评价没错，暗气暗憋可不是宋兹甫的性格。

一年后（公元前638年）的夏天，憋屈了许久无处发泄怒火的宋兹甫，向郑国无理由开战。这是为什么？找邪火呗！没人愿意跟楚国单挑——哪怕是智障——那可是东周数一数二的传统强国。但宋兹甫每天吃不香也睡不好，抓心挠肝地想报复。郑国特爱拍楚国的马屁，真他娘的欠揍！还有就是，到如今他还以东周的扛把子自居呢。在他看来一切天经地义：老子心情不好，揍个马仔怎么啦！可重点在于他就没想想，这马仔是跟您混的吗？（《春秋左氏传·僖公二十二年》：夏，宋公伐郑。）

战争就这样打响了。论实力，宋国当然要比郑国强，但还不至于秒杀。所以夏去秋来又到冬，经过大半年的鏖战，宋国才取得了绝对性的优势。当胜利就在眼前的时候，楚国终于出手了。这也是正常的，不然以后在小弟面前还怎么吆五喝六啊。但想救郑国也不容易，因为在路线上，楚国必须要渡过一条名为"泓"的大河，才能与宋国正面交锋。所以，在这寒冬腊月天，从南方奔袭而来的楚人将面临最严峻的挑战。

说实话，这只是一场很平常的战役，但因为宋兹甫是主角之一，"泓水之战"就注定要载入史册。现在我们把镜头接入疯癫的战场——

楚军终于下水了！

过肩的冰冷河水让楚人前进艰难，经常有被冻僵的士兵缓缓地沉入河中，再也没有上来。不过此时最吸引人眼球的却不是楚军，而是那些雕塑一样立在对岸的宋兵。他们居然没有趁这天赐良机给敌人以痛击！虽然楚国的实力远超宋国，但泓水拦路，失去了地利。这次迫于无奈的发兵，他们早已做好了失败的打算。可面对此时眼前的一切，一直忐忑不安的楚成王也迷茫了，这宋兹甫……到底在耍什么阴谋？！

宋兹甫哪里有什么阴谋啊。楚军刚下河的时候，目夷就激动地说："彼众我寡，及其未济击之。"没错，楚国是牛，但在冰冷河水里也不堪一击，只要一轮弓箭下去就解决了。但宋兹甫却摆出了一副高深莫测的样子，轻轻地摇了摇头。就这样，最好的时机溜走了，楚军接二连三地爬上了岸，浑身麻痹的他们行动依然极为迟缓，折腾了半天都没能摆好阵势。这回目夷是真的急了，他冲着弟弟大吼："可击！"

但宋兹甫依然摇了摇头，说出的话差点儿没把目夷气死："待其已陈。"目夷怎么也想不明白，弟弟为什么要等人家排好阵形再动手，但他知道，大势绝对已去了。

虽然楚军对这荒诞的一切也很纳闷儿，可在战场上，哪有时间去考虑这些有的没的啊。缓过神儿的楚军号叫着向宋军冲了过去。此时的宋兹甫才喊出了众人期待已久的那个词：进攻！但没几秒他又接着喊出了：撤退！

请注意，这并非什么战略转移，而是彻底的完败。因为双方实力相差太过悬殊，仅仅用了一轮冲锋，楚军就彻底击溃了宋军，战场上瞬间就布满了宋军的尸体，惨烈非常。丢盔卸甲的宋兵们不光身上流着血，眼里也含着泪，他们太想搞清楚了——这是为什么！为什么要这样打？难道我们的领导是他娘的卧底吗！

溃败如洪流的宋军一路向北，而败军之中的宋兹甫更是被吓得抱头鼠窜，再也没有了曾经的淡定。按常理来讲，以他的地位，就算在败军中也不该受到损伤，可他已失人心，再没人愿意去保护他的安危了。在疯狂奔命中，他的大腿中了一箭，疼得他嗷嗷直叫，可也一刻不敢停歇，总算捡了条命回宋国。（《春秋左氏传·僖公二十二年》：冬十一月己巳朔，宋公及楚人战于泓……

公伤股，门官歼焉。）

一个月后，躺在床上的宋兹甫接见了目夷。他伤得很重，回国以来就没上过朝，面色苍白得毫无血色。因为那场战役打得太过诡异，所以这次目夷是代表了所有人来提问——我们相信你不可能一人分饰“主公”和“内奸”两个角色，但你总该给大家一个解释！

面对目夷的质问，宋兹甫给出一个让人哭笑不得的答案：“连这你们都不懂？咱是君子好吗，怎么能不等人家准备好就动手呢。那也太掉价了吧！”经过几秒的呆若木鸡，目夷大吼：“打仗是以胜利为目的的好吗！你脑子被驴踢了吧！要你那么说，直接给人家当孙子去就得了，还打个屁！”这就是所谓白天不懂夜的黑吧，宋兹甫的世界，真的没人能懂。（《史记·宋微子世家》，公曰：“君子不困人于厄，不鼓不成列。”子鱼曰：“兵以胜为功，何常言与！必如公言，即奴事之耳，又何战为？”）

或许是觉得世人都顽冥不化，永远也无法企及自己的高度吧，感叹着“高处不胜寒”的宋兹甫就此进入了抑郁模式。因为心情的原因，他的伤口也久久难以愈合，随着时间的推移，日益严重……

> 古之伐国，不杀黄口，不获二毛，于古为义，于今为笑。
>
> ——《淮南子·齐俗训》

打仗就是打仗，和人家讲“仁义”的同时，怎么不去想想自己手下枉死的弟兄们呢？游戏人间无所谓，坑了一国人就不好了。遇上宋兹甫这样的领导人，真是一个国家的悲哀。

我们把镜头再次拉回故事的开头，这是“泓水之战”后第二年，初夏的一个清晨。闪回了自己一生的喜剧之王，慢慢地闭上了双眼。不知他离开人世的一瞬间，是潇洒还是遗憾？但不管怎样，宋国确实因他从此一蹶不振。

作者按：

有些史书把宋襄公也算作春秋五霸之一，比如《史记》和《汉书》，究其原因或许是因为司马迁与班固都受儒家思想的影响，也或许是因为宋襄公的血统问题。宋氏是殷商遗民，而中华向来重视文明的传承，所以这应该帮宋襄公加分不少。当然，这仅是本人愚见。

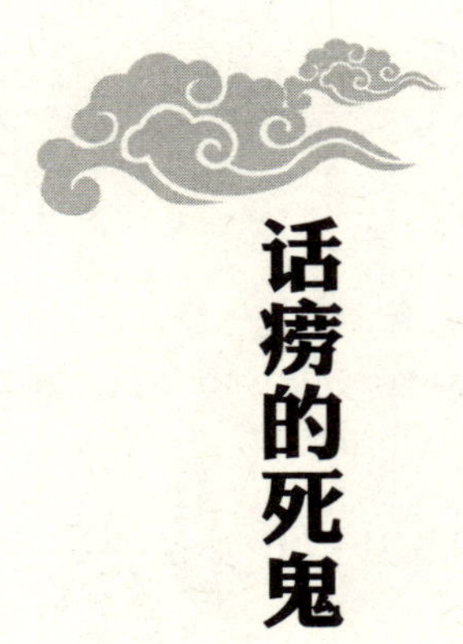

话痨的死鬼

总有人问我到底有没有职业道德，真是笑死了，我这职业本身就没道德好吗！想想看啊，干我这行最出名的是谁？荆轲！这孩子出道那会儿，我死了都快四百年了，还真就没看见他一曲“风萧萧”唱红大江南北的风骚样儿。咱说他有道德吗？这货也就是赶上好时候了，要放到你们二十一世纪，丫不就是一恐怖分子吗。

是不是感觉我在这儿抬杠呢？还真不是，要是抬杠，咱就说自己是反恐精英了。不信听我给你掰扯一下——

先来简单介绍一下我自己。

名字：阿披

性别：男

国籍：春秋时代晋国人

职业：寺人，也就是宦官。是不是有人开始鄙视了？心说你丫都是宦官了，还分什么性别。唉，天大的误会啊！在我们那年代，宦官不是必须阉割的！伺候国君的都叫宦官，也包括我这种大内侍卫。

目前状态：已死

历史评价：最没职业道德的杀手（得差评，我自豪！）

别嫌我话痨。一切啊，都得从那一年开始说……

1 大事件与美人关

我刚认识献公那会儿，他还是一挺牛的人，按当时的东周人气榜来讲，怎么也能排进前三强——最猛的肯定是齐桓公啦，千古一霸嘛。然后就是南边的楚成王，听说也挺不含糊的。但除了他俩，就没人能跟献公比了。所以在应聘成功后，我那是真心愉悦啊，当时就一个想法：社团强，大哥猛，称霸世界在眼前（别笑话我，谁的青春没傻过呢）。

刚参加工作嘛，每天都像打了鸡血那么亢奋，尤其是成天混在国君身边，日子真是精彩绝伦啊。记得是公元前669年的冬天，我上班后的第三个月，晋国发生了一件足以影响后世的大事件，很荣幸，我也参与其中了。要知道，当时的我只是个名不见经传的合同工，相信是这身好武功为我争到的机会。祁士𫇭交代我的任务很简单，只要保护好献公就行了。

嗯，这个祁士𫇭可是我的偶像，他是特有文化的一人。他是献公的第一谋士，就像管仲之于齐桓公一样，虽然目前官还未至极品，但成为上卿那就是分分钟的事。这个大事件就是由他一手策划的。

要说论资排辈，晋国绝对算是周朝的骨灰级会员，早在几百年前的周成王时代就已经是会员了，所以可以说是时间锻造了晋国的强大。可凡事都有两面性，贵族圈经过几百年的滋养，到了如今，就像一颗恶性肿瘤，阻碍着国家的发展。

所谓的贵族圈，就是些献公的远房亲戚，都由他祖宗的七大姑八大姨繁衍而来，只说献公的同辈兄弟吧，这时都得有几百人了。按说这帮人无限享受着皇亲国戚的待遇，是不是就该知足了？可人就是不能惯，不然一吃撑了就想出点幺蛾子。你说几百个哥们儿，上哪儿分得清谁是谁啊，有的人献公都不知道他长个什么模样，但这并不妨碍他们嘚瑟，一天到晚谁都想要点政治话语权。

要说国家政治这玩意儿，咱没什么文化，也说不清楚，但怎么也不该整天你一言我一语的吧。你就看看这些人那个小肚鸡肠的样儿，逮住个屁事都能吵俩礼拜，其实还不都是为了自己那点利益争风吃醋，以至于他们有时都会忘了，这个国家的一号首脑是晋献公！

祁士芳当然不能对这么严重的问题视而不见。作为智囊团的头牌，就是得不光有用，而且得顶用。这事儿要按我说，利落地把那些不要脸的给剁了不就完了，还策划什么呀。所以说，有文化跟没文化就是不一样，祁士芳的套路是——先动口，再动手。在我没入职之前，他就没怎么正经上过班，每天的工作就是在贵族圈里胡混，靠着惊人的聊天技能，迅速得到了贵族们的欢迎。

然后，贵族圈里就开始内讧不断，不是甲找人群殴了乙，就是丙拉着丁干掉了戊。经过两年的折腾，贵族们是元气大伤，再也没有与献公抗衡的能力了。别看搬弄是非、挑拨离间是损招儿，但是真有用啊！这还不算完，看着贵族们已是苟延残喘，他又从国家财政里申请了一笔款项，在一个叫“聚”的地方建了个新城。说实话，这就是一豆腐渣工程。如果祁士芳活在你们的年代，要不去干个房屋中介什么的，那真是白瞎了——就凭着一条三寸不烂之舌，他愣是把那群没脑的富N代们给说服了，集体欢呼着搬进了新城。至此，大事件的铺垫工作，全部完毕。

这是我第一次参与国家军事活动，而且不是演习。在一个月黑风高的夜晚，屠城开始了，完全是一勺烩的节奏。

在新城对面的小山坡上，我陪着献公看热闹。这么危险的事，国家一号元首本应该离得远远的，可这些年献公被贵族们真是气坏了，不亲眼看着他们灰飞烟灭，绝难解心头之恨。可别以为我的工作很轻松，风险也是大大的哟，贵族们的私人武装进行了奋力的反抗，有些不要命的还真就杀到了献公眼前。要不是咱神勇无比，历史可能就是另一个样了。

经过几天的鏖战，正规军彻底剿灭了这群反政府武装，晋国上下是普天同庆。胜者王侯败者贼嘛。（《春秋左氏传·庄公二十五年》：冬，晋侯围聚，尽杀群公子。）

战斗胜利，之后就是犒赏三军。祁士蒍被提拔为大司空，在你们的年代应该叫住建部部长，肥缺啊！我作为一小人物，倒没得着什么可观的奖赏，但工作总算是转正了，咱也是体制内成员啦。嗯，更重要的是，献公从此注意到了我的存在。（《春秋左氏传·庄公二十六年》：春，晋士蒍为大司空。）

从这儿开始，晋国就算是把称霸的地基给夯实了。不过称霸可不是说起来那么容易，“天时地利人和”三大要素缺一不可，晋国还有很长的路要走。此时的东周局势已经很明了：强国并立，尤其齐桓公在管仲的辅佐下是如日中天，所以“天时”肯定没戏了；其次是“地利”，晋国经过几百年的发展，地盘倒是挺大，但周边有太多不服不忿的小团伙，比如虢国——大事件后，残余的反政府势力都流窜到了那里，让人愤慨的是，虢国居然无视国际反恐条例，不仅对这些人予以保护，更支持他们反攻晋国；当然，相对于前两项，“人和”才是老大难问题。为什么？哎呀，献公呢，肯定算个英雄，所以自然难过美人关。

我见过骊姬不止一面，用你们的话讲那就是女神，忒漂亮了！听说这妞是前些年献公去剿匪给剿回来的。当时晋国附近有个少数民族团体——骊戎，这帮人纯是闲的，没事就喜欢捣乱，最后惹急了献公，就作死了。而骊姬就是骊戎的大公主，她还有个妹妹叫少姬，这姐妹俩一起沦为了献公的床上玩物。（《史记·晋世家》：五年，伐骊戎，得骊姬、骊姬弟，俱爱幸之。）

本来就好看，又是异域风情，所以献公很快就被搞得五迷三道。是不是有人想说：这骊姬怎么还有心思跟仇家上床呢？这事啊，得这么想——都已经家破国亡了，难不成还去自杀啊？面对死亡威胁、糖衣炮弹，你还想让一姑娘怎么着呢？尤其是公元前666年，当她怀上了献公的孩子，想法就更不同了——晋灭了我的国，但如果我的儿子又统治了晋呢？那最后胜的不还是我们骊戎！

这想法多幼稚啊，就算你儿子登上了国君之位，他还敢更改国旗国歌吗？更何况，儿子是夫妻两个人的产物好吗！或许，骊姬也懂这些道理，但精神无所寄托的她，只当这是个无聊的游戏吧。

晋国，就在骊姬阴毒的目光和甜美的笑容间，缓缓前行。

② 狗血的宫心计

算上骊姬和少姬贡献的两个，献公共有八个儿子，申生是长子，也是太子。周是崇礼的时代，但到了这年月，礼教连屁都不是，然而还有一些人会为了它不顾性命，就像申生。我无法理解，但深表钦佩。

有妈的孩子像个宝，没妈的孩子像根草，这就是奚齐与申生的差别。奚齐是骊姬的儿子，关于这小子的来历，一直都有风言风语。要是在当年，我可不敢拿这种禁忌八卦当谈资，但现在就不同了，已经是个死鬼了，谁还能把咱怎么的。有人说，奚齐是阿施的孩子！阿施是个艺人，在我那年代可红了，红到只给国家元首演出。我是个粗人，看不懂那些扭扭捏捏的玩意儿，但献公喜欢，所以阿施就被留在了宫里。

其实我觉得这事有谱。骊姬被虏来那年还是个花季少女，而献公已是糟糠大叔。咱先别说长得帅不帅，单那一身老男人的体臭，就够骊姬受的。又有哪个少女不怀春呢？宫里倒也有别的男人，比如我这样的，但成天拎把片刀的大老粗，人家怎么能看得上。所以，她跟阿施那个“娘炮”就理所当然地搞上了。骊姬叫阿施去她宫里演出过上百次，你说奚齐这小子有多少概率是献公的种呢？往多了讲，也就五成吧。（《国语・晋语》：公之优曰施，通于骊姬。）

可能骊姬都不清楚这孩子是谁的，反正只要是自己生的，就行呗。为了这个儿子，她对搞死申生的事可是煞费苦心，就比如说公元前661年那次。

霍国、卫国、耿国是三个不入流的社团，别看实力不行，可事儿还不少，动不动就跟晋国叫板。在搞定贵族圈，又休养生息几年后，晋国已到了不抽人就闹心的地步，所以献公毅然决然地开战了！不过按说这种事，怎么也不该让太子去冒险吧，那可是未来的国君，刀枪无眼啊。但没办法，谁让后妈看他不爽呢?

对此时的献公而言，骊姬只要发嗲，就无往不利。别说他儿子，就是他老子也不管用了。

肯定有人想说：这骊姬怎么就知道申生打仗会挂呢？难道她安插了内奸，准备下黑手？一听这就是不爱看宫斗戏的。深宫之内，玩的是心计！

骊姬本是不想让申生去的，因为以晋国的实力，去打那三个货色是必胜无疑。虽然有一定的伤亡风险，但相比于立功的概率，实在是不划算。可与阿施的一番对话却让她思绪顿转。

“就是要他立功啊！立功之后还得奖励他呢，得让他当大官。”

“你有病吧？”（不用想也知道骊姬是这反应）

“非也！你想啊，官再大，不也是臣嘛！见过一国之君当官的吗？一日为臣，就终身为臣咯！”

看人家这逻辑玩的，有一手吧。申生就这么被下了套儿。是不有人感觉我在这儿胡咧咧呢，说人家小情侣唠嗑你怎么知道的？八卦嘛，那么认真干吗！

阿施这两下子吧，在我看来是挺有智商，但要放祁士蔿面前，那就什么都不是了。可他虽然早就看穿了一切，却什么也没说，直到申生凯旋，真的被封为大夫了，他才找申生谈了谈心——

“相信你现在也明白了吧，当初骊姬支持你出征，是动机不纯啊。”

“您扯这马后炮有意思吗？”

“你这孩子怎么说话呢，我这不是要给你支着儿的嘛！”

“得啦！当不当国君能怎么的，只要我爸高兴就行了。”

这就是我最佩服祁士蔿的地方，看着申生油水不进，就多一句废话都没有，转身就走了。人嘛，别总想着助人为乐，在乱世中重要的是明哲保身！就这样，申生坦然接受了虽为太子却不能即位的现实，不过息事宁人对他来说，或许只是个梦。因为他不死，骊姬就寝食难安。这不，第二招紧接着就来了——

其实这剧情有点儿狗血。夏日炎炎，骊姬组织了一次皇家游园会，但通知大家的到场时间却各不相同，比如她告诉申生的时间是早上九点，却告诉献公九点半，而其他人就更晚了。不说别的，光听这顺序就知道里面有猫腻儿，但申生并不清楚别人的到场时间，毫无防备。所以当他发现只有自己来得早时，也没多想什么。他唯一感觉有点儿怪的就是后妈的表情——满脸的笑容可却僵硬得很，尤其偶尔趁人不注意，还挤眉弄眼的，丑态毕露。

申生是个守规矩的人，他想等老爸来一起玩，但骊姬却一脸焦躁，半刻都等不及。没办法，申生只好顺着她的意思，然后就出事了——从两个人进入花园开始，所过之处的蜜蜂都疯狂了，不停地往骊姬脑袋上涌，弄得她花容失色，惊叫连连：“申儿，救我！”

紧急情况下，申生也慌了。这要是没把后妈保护好，自己还不得挨老爹骂啊。顾不上多想，他扬起宽大的袖子就在骊姬的头上挥舞，驱赶蜂群。可就在这时，一声大吼从身后传来：“臭小子，你干吗呢！”献公适时地出场了。

骊姬哭号着冲进献公的怀里，凄然道：“你这是什么儿子啊！他打我！”

申生呆若木鸡，可来不及搞清楚情况就疲于奔命了，因为献公气得要当场宰了他，谁都劝不住。直到一路逃回自己的属地，申生才反应过来，又上套了！有人劝他去找献公解释清楚，不能就这么算了。可申生想了想，还是决定再忍一次，理由如下：首先，我爹根本不可能信我的话，骊姬天天给他洗脑，他早就看我不顺眼了；其次，他万一真信了，发现自己心爱的女人那么坏，得多伤心啊。所以还算了吧，只要我爸高兴就好。

骊姬这也算值了，往脑袋上扣一碗蜂蜜，就换来父子彻底反目。但申生还是没死，她得秉着锲而不舍的精神，继续出黑手。

狗血剧情千篇一律，实在懒得再说。简而言之吧，最后骊姬给献公下了次毒，当然，没毒死，然后又老生常谈地诬陷是申生干的。是不是挺无聊的？我当时就在事发现场，实在看不下去了，可咱能说点什么啊？又没活腻。献公对骊姬的话一点儿怀疑都没有，不知道是不是老年痴呆了，而申生对这事的反应更让人尴尬——看来这屎盆子肯定是摘不下去了，得啦，我不活了行不！

公元前656年某日，申生在自己的屋里弄了根绳，上吊了。唉，瞅这点出息！肯定有人不耐烦了吧，说：扯了半天，也没你丫什么戏份啊。别急啊，不得铺垫一下嘛，本大爷这就要出场啦。（《史记·晋世家》：十二月戊申，申生自杀于新城。）

③ 无良杀手三连击

终于搞死了申生，骊姬算是轻松了一半，还有那一半的烦恼来自于重耳和夷吾，这哥儿俩也是献公的儿子。论名声，他们仅次于大哥申生；论人缘，也都有过之而无不及（很少有人愿意跟着榆木脑袋混）；论长幼，反正排即位顺序的话，肯定都比奚齐靠前。所以，都该死！

骊姬也没什么新花样，无非就是诬陷、诽谤、造谣这三件套，不停地对重耳和夷吾放招。申生都逃不过，那他俩中招也是必然的。况且献公对这两个儿子是早有猜忌，因为他们的势力过大，占据了太多政治话语权。几年前祁士芀就偷着说过一句话：晋，是一国三君。某日，对儿子们忍无可忍的献公终于爆发了——杀杀杀！统统给我杀了！

重耳和夷吾此刻都不在首都，他们几年前就被撵出去了，分别在蒲城和屈城驻守。所以，为了杀儿子，献公派出了两支特种部队，我有幸成为其中一队的首领，去杀重耳。上班十几年，这是我第一次出外勤，还被委以重任，那心情真是太激动了。任务期限是三天赶到蒲城，干掉重耳。但机会实在难得，我太想表现自己了，所以根本不顾手下们的怨言，不分昼夜地急行军，只用了一天，就杀到了蒲城。

谁能想到亲爹会对自己下手呢，所以杀进重耳的老窝不费吹灰之力。当看见重耳的那一瞬，我感动得都要哭了——此刻这货在我眼里，那就是个宝啊！抡着片刀我就冲了过去，口中狂喊：别动！你可千万别动！

人哪，千万不要得意忘形，不然会追悔莫及——以我的武功，几十步的路程居然会摔了两跤！所以等我追到重耳近前时，这家伙已经蹿上了墙头，就没见过贵族公子的身手有如此矫健的！这时墙外传来他手下焦急的呼喊，我知道，这最后的机会将转瞬即逝。

咔嚓！

在三级跳后，我疯狂地抡出了片刀。刀刃将重耳的袖子深深地嵌入墙内，但可惜，我还是失手了。时至今日这仍是个谜——那么一大截袖子里，怎么会没一点儿胳膊！冒着被群殴的风险，我翻出墙外，但重耳的敢死队已将他团团围住，再不能被碰到一根汗毛。好在我武功高，得以安全撤退，但杀手生涯首秀，就这样失败了。而且因为我的行动太过提前，信息迅速地传到了屈城，让夷吾早早地做好了准备，致使另一支队伍也无功而返。（《春秋左氏传·僖公五年》：逾垣而走。披斩其祛，遂出奔翟。）

作为行动失败的主要责任人，我被撵出了宫殿，不能再待在献公身边，从此远离了宫廷是非。听说献公之后又受到骊姬的蛊惑，对两个儿子进行追杀，逼得儿子们远走他乡。据有关方面统计，献公一生灭掉了大小55个国家，这个伐国无数的强人，名声却坏在了女人的手里。公元前651年9月的某日，疯癫的献公因老年病逝世。记得我那天还掉了几滴眼泪，不管怎么讲，这也是我跟过的第一个大哥。献公死后，骊姬如愿以偿地让儿子奚齐即了位。可这个傻女人根本不明白，政治谋略与后宫算计是完全不同的概念，所以两个月都还没到，这娘俩就被造反的大臣杀死了。算计一生转头空啊！（《春秋左氏传·僖公九年》：冬十月，里克杀奚齐于次。）

当然了，这些权力争斗都跟我没什么关系，直到有人请我重出江湖。那是公元前650年，夷吾回国即位，号称晋惠公。他在任上的作为，我不大了解，也不感兴趣，但当他找到我，并许以重金，让我去杀重耳时，我也没有拒绝。谁不爱钱呢？更何况要是惹怒了一国之主，我这拖家带口的，也没法出国逃难啊。

与上次的大张旗鼓不同，这次是长途跋涉去别国搞暗杀，此时的重耳正在狄国进行政治避难。难度系数倍增，而我又上了点年纪，已不复当年之勇，所以结果可想而知。但不管怎样，这回又把重耳吓得够呛，连狄国都不敢待了，马不停蹄地去投靠了齐桓公。大树底下好乘凉，在千古一霸的庇护下，还真没人敢去找他麻烦。

虽然行动失败，但鉴于我没有功劳也有苦劳，所以回来后晋惠公也没把我怎么样，只是一定要我退还之前给付的钱款，连差旅费都不给报销。这人的小家子气可见一斑，听说他在大国政治上也经常弄些小算计，为此得罪了不少人，尤其是秦国。

公元前637年，小气的晋惠公嗝屁了，因为对他完全无感，所以国丧那天也没耽误我吃喝玩乐。但在心里，我却有着深深的隐忧——下一位国君会是谁？！正常来讲，当然是惠公的儿子，但已在外隐忍近十九年的重耳，会错过这个机会吗？

没错，这时如果说谁最不想看到重耳上位，那肯定是我。毕竟以我曾经的所作所为，他怎么报复都不为过。但事情的发展速度远快过我的想象。怕什么就来什么，重耳果然在秦国的帮助下杀了回来，他轻松地干掉了侄子晋怀公，成功上位。或许是事务繁忙吧，我担心了许久，重耳也没来报复。就在我不知何去何从时，两个惠公的脑残粉找上了我。吕省和郤芮是惠公手下的正部级干部，不知死活的家伙们想让我第三次去刺杀重耳。

这不是纯扯淡吗！别说我现在年近五十，已是老胳膊老腿，就是连续两次刺杀失败的心理阴影，也足以让我对重耳望而却步。被我婉言谢绝后，吕省叹了口气，说：看来只能执行B计划了——烧死重耳（我居然是A计划……满头黑线啊）！

B计划的具体内容我并不清楚，但知道他们准备用火攻，也就足够了。人不为己天诛地灭，以我的情况，也只能置之死地而后生了。第二天，我去了国君的宫殿，费了几多口舌，重耳才同意见我。想来，他肯定是好奇我为什么自投罗网。走进重耳宫殿的那一刻，我的心提到了嗓子眼儿，因为现在就是以命相搏啊！

“其实，我是来告密的。”看着他一脸的不屑，我开始慷慨陈词，“当年我去杀你，是因为我得忠于领导和职责，那时的你可以说是国家的敌人，难道我的做法有错吗？你历经多年艰辛才走到今天，要是连点胸襟都没有，那真的是浪费了上天对你的眷顾！但不论你怎么想，我都是一个忠于国家的人，所以此刻才会站在这里！”其实激动之下，我具体说了什么，已记不清了。但这绝对是一次成功的演说，因为我活着走出了宫殿。而就在三天后，一场突然的大火将宫殿烧成了一堆瓦砾，重耳毫发未伤，因为他早就在几百里之外了。纵火案当然轻松告破，在外援秦国的帮助下，重耳将反对势力彻底击溃，晋国终于彻底结束了动荡。一代霸主，将就此起程！而我，也得到了一个没有案底的公民身份，从此过上了安稳的生活。（《春秋左氏传·僖公二十四年》：吕、郤畏逼，将焚公宫而弑晋侯。寺人披请见，公使让之，且辞焉……秦伯送卫于晋三千人，实纪纲之仆。）

故事讲完了，就说我是搞反恐的嘛，现在你们信了吗？唉，无所谓啦，反正我只是个死鬼而已，哈哈。

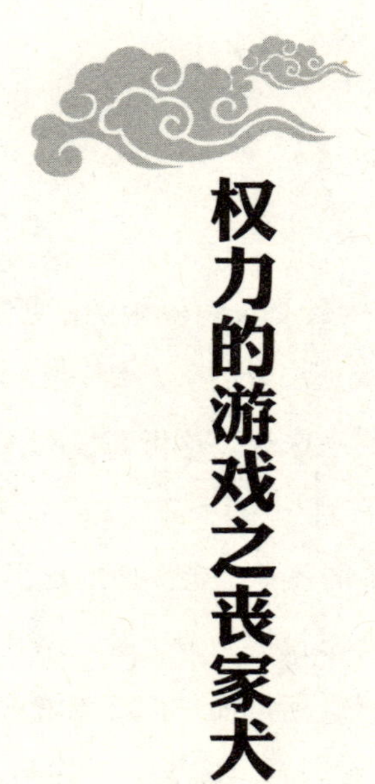

权力的游戏之丧家犬

要说晋国的宫斗戏码，应该算是春秋时期比较出名的了。献公的小老婆骊姬是个极品bitch，在给老公戴绿帽子的同时，还绞尽脑汁地去残害其他非亲生的公子，目的当然是为亲生儿子谋福利。这个既会楚楚可怜，又会娇嗲可人的妞，把献公迷得神魂颠倒，不仅对她言听计从，还只认她是知心爱人——所谓美人心计，婊子作为。

摊上这么个后妈，绝对是人生的一大挑战。像太子申生就是禁不住无尽模式的宫心计，被迫上了吊，沦为了权力之争的炮灰。而另两位公子——重耳和夷吾，就知趣多了，见势不妙后，他们选择了撒腿就跑。

大家都是流亡，但相比之下，重耳实在是惨透了。

1 回他妈家

其实他不怎么恨后妈，因为若是没有骊姬的瞎折腾，那他的一生或许都是一潭死水，无聊到能把人给腻死。说白了，太子被搞死，而且又不是被自己搞死的，真是太妙了。对王孙世族来讲，这世间根本就没有感情，有的只是权力。只要有太子在前面站着，那自己一辈子都只是个贵族公子而已！

公元前656年，被亲爹追杀的重耳，仓皇地逃出了晋国。此时，这倒霉孩子才十七岁，正是花样年华，却被搞得灰头土脸。遇到委屈就想起妈，这是孩子们都有的习惯，重耳也不例外，所以他想都没想就跑到了翟国——他娘的老家。（关于重耳的年龄，《史记·晋世家》与《左传·昭公十三年》记载有差，本文以《左传》为准）

一毛头小子遭遇如此变故，按说只要没被吓抽，那就算挺牛的了。就说我们随便一个人吧，要是被人撵得跟火燎屁股似的，谁还会惦记着在活命之后，能剩下多少脑残粉呢？但在重耳看来，这却是非常重要的一件事。丢命与掉粉，都是完全不能接受的！这个少年很清楚，在乱世，最值钱的除了血统，就是人才。所以在逃命的路上，他并没有隐藏自己的行踪，冒着被干掉的风险，大肆宣传着自己的目的地，就是翟国！

哪怕有一个人跟来，也是好的！少年回望来路。（这就叫魄力！）

史料上并没有记载重耳的相貌，但想来应该是不错的，毕竟人家也是个混血（其母狐季姬是少数民族），况且如果长得其貌不扬，估计就不会有那么多人舍命跟着他了（古人可是相当重视外表）。我们来看看重耳到了翟国后，水都没顾上喝一口，就开始点名的结果：

赵衰——军人世家出身，谋略型人才；

先轸、魏武子——俩粗人，特别能打，干架型人才；

狐偃——重耳的舅舅，官场老手，阅历型人才；

胥臣——晋国司空，大学者，明显是个人才；

……

这可都是些官路亨通的人，却为一个毛头小子成了叛国者，如果不知道结局，还真会当他们是帮脑残。合上点名册，重耳的嘴边泛起了笑意——我还没有失去未来！（《春秋左氏传·僖公二十三年》：遂奔狄。从者狐偃、赵衰、颠颉、魏武子、司空季子。）

不幸中的万幸是，晋献公没有继续对儿子进行追杀，让这伙人得以在翟国安定了下来。待遇也算不错，买房置地都不在话下，都是翟国财政给报销。毕竟这孩子跟国君也沾点儿亲，但最重要的还是怕得罪晋国。

重耳是晋国知名度极高的权贵，就算被撵了出来，他的一切也关乎着国家形象。要是弄出翟国瞧不起晋人的舆论就不好了。况且现在晋献公取消了追杀令，谁又能预测到这爷儿俩过几天会不会和好呢。小国难当啊！

重耳是个醉心于权力的人，沦为丧家犬确实是他从没想过的事，所以刚在翟国稳定下来时，他对未来还充满了希望，每天都在关注晋国的新闻。这倒不是幻想老爹会叫他回去，而是在等待晋献公驾崩的消息。

骊姬虽然成功地逼死了太子，又赶走了重耳和夷吾，但她在国内的名声实在糟糕，有点政治常识的人都看得出，只要献公一死，晋国十有八九会有一场大乱。时局一乱，机会就出来了。

可惜的是，之后的两年里，一点儿都看不出献公有日薄西山的意思，甚至还带着兵马大杀四方，剿灭了诸多晋国周边不服不忿的小国家。看着老爹生龙活虎，重耳是愈加丧气，久而久之，对政治风向的兴趣也大打折扣，由每日关注变成了偶尔看看。

真的还有希望吗？——人生第一次，他对未来产生了怀疑。倒也不能说重耳多没耐性，毕竟此时的他，也还没满二十岁。

其实在翟国的那些年，最消磨重耳锐气的，还得说是家庭。

翟国很弱小，但偶尔也会去欺负人，比如对一些零散的游牧民族部落。那年月打仗的战利品除了财物和牲畜之外，就是女人。在一次“剿匪”归来，翟国国君搞到了两名戎族美少女，是亲姐妹，但他没有给自己留着，却屁颠颠地给重耳送了过来。此时重耳在翟国已有不短的时间，没人认为他在政治上还会有什么转机（除了脑残粉们），那翟国国君如此好心，就显得有点可疑了。

当然了，翟国国君也可能是个极品好人，但居高位者怎会如此善良！从阴谋论的角度去看的话，一切或许都与骊姬有关。作为一个无良后妈，突然良心发现的可能性是断然不存在的，所以绝不会是出于关心——她应该只是想保证重耳不再是威胁。

想确保这点，最靠谱的办法就是杀了他，但这不可能，因为献公早已对杀儿子失去了兴趣。故此，她只能选择退而求其次——让他自己不想再回来。

如果重耳在翟国结婚生子，那就算是彻底移民了，安逸幸福的生活很可能会消磨掉他的雄心壮志，也会让他在做任何决定时，更多一点儿顾虑。所以说，这绝对是不着痕迹的妙棋。

不管翟国国君出于什么样的动机，客观事实是，重耳坦然笑纳了这两名美少女。不过他并没有把两个都娶了，而是将其中一名赐予了赵衰。

看来失意并没有影响重耳的判断力，要不然，跟着他流亡的人那么多，为啥就非要帮赵衰娶媳妇呢？难道是因为两人关系好？这或许是原因之一，但最重要的还得是——赵衰既不是粗人，也不是亲戚！

对粗人来讲，个人崇拜就可以搞定一切，因为他们是热血的，喜欢动手多过动脑。但像赵衰这种聪明人，想确保他的立场坚定，就必须要跟他扯上点儿亲戚关系。这也是一般古代盟国之间都会通婚的道理。两个戎族少女是姐妹，那重耳和赵衰各娶一个的话，他们也就是连襟了。这样就给了赵衰一个死心塌地跟着重耳的充分理由。

权力的游戏，都是步步为营！

让重耳没想到的是，他刚结婚没多久，晋国就传来了献公驾崩的消息。此时是公元前651年，他二十岁了。

没出意外，晋国在献公死后立刻陷入了混乱，自以为手段了得的骊姬被起义的大臣们给革了命，一起被干掉的还有她的两个儿子。晋国的权力圈瞬间处在了真空状态，重耳曾日夜企盼的机会出现了！但此时的他却犹豫了，哪怕是晋国的造反派们特意派人来请他回去主持大局。

倒不是说重耳舍不得安稳舒适的生活（跟媳妇刚结婚不久，没什么感情可言），这是经过流亡团伙集体讨论后的结果，大家一致认为这不是一个很好的上位机会。现在国内形势一片混乱，任何人都是不可信的，静观其变才是上策。但重耳回绝造反派的言辞，必然是经过仔细的考量——

“大家能对我有如此的信任，我很感动，但却不能接受这个请求。因为大哥申生死后，我就是最年长的儿子，但父亲去世时，我却没在身边，这是大不孝啊！所以我没有资格继承晋国最高统帅的位置。”（《史记·晋世家》，重耳谢曰：“负父之命出奔，父死不得修人子之礼侍丧，重耳何敢入！大夫其更立他子。”）

这明显就是扯淡嘛，但“孝”永远都是华夏民族最重视的品德，哪怕是在乱世。所以这套言辞一出，在很多人看来，重耳就成了能抵抗巨大诱惑的道德楷模。

这真是绝佳的形象营销策略啊！

② 穷游天下

国家不能长期没有君主，既然重耳不愿意回去，造反派们只能再找别人。最后，在强悍的国外势力（秦国）干预下，另一位流亡公子——夷吾，成为了新一任的晋国国君，史称晋惠公。这是个急功近利又小肚鸡肠的人物，所以秦国扶植他的原因是不单纯的——没人希望比邻的强国君主拥有雄才大略。

经过这场风波后，重耳的生活再次回归了平静。时隔不久，戎族美少女季隗给他生了两个儿子——伯鲦和叔刘，而几乎是前后脚，她姐姐叔隗也给赵衰生了个男孩，取名为赵盾。此时没人会想到，这个叫赵盾的小家伙在几十年后会威震天下！（《春秋左氏传·僖公二十三年》，狄人伐啬咎如，获其二女：叔隗、季隗，纳诸公子。公子取季隗，生伯儵、叔刘，以叔隗妻赵衰，生盾。）

自从有了孩子，重耳的心态确实发生了很大变化——这么平平淡淡的也不错嘛（宫心计防不胜防啊）。

看着老大在“自甘堕落”，流亡集团的成员们只能无能为力地干瞪眼。无法想象，如果他真就这么过一辈子，华夏的历史会走向何方。

而就在这个关键时刻，晋惠公出手了！

政治与江湖一样，想金盆洗手是不可能的，没人可以全身而退。虽然重耳正在慢慢忘却理想，可晋惠公却不能忽略了这位哥哥——他永远是个潜在的威胁！

作为一国之君，想对付一个失势多年的贵族真是太简单了，暗杀集团都闻风而动，疯狂涌向了翟国。在经历了几个惊魂之夜后，重耳真是怕了。公元前644年，也就是他定居翟国的12年后，他只能无奈地选择了再次开始流亡。

流亡的生活是艰险的，不能带着妇女和儿童。站在城门口，季隗带着孩子们与丈夫分别。心痛是必然的，但女人也是坚强的，看着男人落寞的脸庞，她只说了一句：等你回来接我！她从没见过自己丈夫叱咤风云时的样子，可看着那走在朝阳中的背影，她相信，那是希望！

这将是一段既精彩又痛苦的旅程。

经过长途跋涉，重耳到达了第一站——齐国。这是在出发前就计划好的，此时齐国名相管仲刚去世不久，可悲痛中的齐桓公并没有亏待重耳，立刻给他们这帮人安排了住所。齐国最大的特点就是有钱，所以这都不算事儿。只是千古一霸的头脑可不是用来逗乐的，他也看出了重耳绝非池中物，所以与秦国的想法一样——最好别让这小子回去上位。

为达目的，桓公使出的是一箭双雕的经典招式：把自己的一个远房侄女齐姜嫁给了重耳。这样一来，无论重耳会不会留下，对齐国都是没有坏处的。权谋大师就是出手不凡。

或许流亡的艰辛让重耳愈加怀念曾经安逸的生活，所以婚后的乐不思蜀就成了必然，以至于他完全无视了团队其他成员的督促与劝告。在之后千年的历史评价中，人们对重耳的团队都有着颇高的评价，但大家却忽略了一件事，在重耳多舛的命运中，卓尔不凡的女人们才是他真正的幸运星。

看着丈夫终日不思进取，齐姜做了一个艰难的决定——送走重耳！她很清楚，在齐国这么耗下去，对重耳没有丁点儿好处，因为桓公是不会用任何实际行动去支持重耳复国的。而随着时间的流逝，重耳早晚会沦为无理想、无雄心、无魄力的三无人员。

好吧，就付出我的伤心与思念，来成就你的人生！

某日，齐姜与团队成员们合谋灌醉了重耳，然后将他抬上马车，奔出了齐国。又一个女人看着重耳离去的背影，为他祈祷！（《史记·晋世家》：乃与赵衰等谋……醉重耳，载以行。）

大醉初醒的重耳愤慨难当——我想活简单点儿就不行吗？！可等他折腾累了，冷静下来后，他也清楚，弱肉强食才是唯一规则。只要自己活着，就永远是每个晋国当权者的心病。除非，掌权的人是自己！

下一站，曹国！

曹国此时的君主叫曹共公，这人啊，就是一朵娇艳的奇葩！重耳一进曹国就受到了热烈的欢迎，这让他受宠若惊，但没几天他就发现不对劲——曹共公喜欢偷看他洗澡！

丫的！重耳发现这件事后，不禁一阵恶心。不过经过暗中打听，这曹共公对他的色相倒是没什么企图，只是出于猎奇的心理而已。不知道是哪个缺德东西造的谣，说重耳的肋骨不是一根根的，而是像搓衣板那样，左右各两大块。这不就是胡诌吗，长成那样还能活吗？可这曹共公却本着探索未知的变态心理，对重耳进行锲而不舍的偷窥——好恶心。（《左传·僖公二十三年》：及曹，曹共公闻其骈胁。欲观其裸。浴，薄而观之。）

大老爷们谁还不好点儿面子呢。得！这地儿没法待就走人吧。前方目的地，宋国！

宋襄公的为人绝对是不错的，但他此时的状态不是很好，因为刚跟楚国干架输了，还受了伤。所以趴在床上哼哼唧唧的他，很爽快地送了重耳四十匹马，但没有做什么挽留。这就算不错了，要知道这帮人从齐国跑出来时，因为怕齐桓公阻拦，仓促间基本什么都没带，而在曹国又搞得很不愉快，也没得到什么经济赞助，现在惨得跟乞丐毫无分别。

此处不留爷，爷还得跑路（晋惠公的追杀是不会停止的）。谢过宋襄公后，重耳再次出发了。这次他带着团队来到了郑国。在郑国的经历是非常简单的，郑文公就送了一个字给他们：滚！

乱世中的流亡贵族实在太多，三天两头地接待这些人，郑文公都要被烦死了。所以就算有识之士提醒他这个重耳并不一般，也没用。

太他娘丢人了！重耳心里深深地记恨着曹国和郑国。但这时饿得连饭都吃不上了，根本没工夫演内心戏，必须得赶快找下家。中原诸侯的表现让重耳非常失望，所以他决定去南方试试运气。

楚国地处长江中游，远离中原地带，是实力极为强悍的大国。

楚成王对重耳的到来表示欢迎，摆下国宴进行招待。从这点足以看出，一贯狂傲不羁的他，还是比较重视重耳的。席间微醺，成王笑着问了重耳一个问题：今天哥对你算挺不错的吧？那要是有一天你牛了，还会记得今日吗？

哦……重耳没有立刻答话。

此时的他与刚离开齐国时，心态有了很大的不同。几经磨难后，被深藏着的那颗雄心已再次破茧而出。如今，虽然仍旧一无所有，但他对未来却有着澎湃的信心！

片刻，他笑了：好吧，如果日后你我两国交战，晋军会退让九十里，以谢大哥今日之情。

本来楚成王只是玩笑之言，但言语中也难掩居高临下之意，可所有人都没想到重耳竟会有如此回答，以至于让楚国第一猛人子玉在餐后特意去找了成王：这个重耳绝不能留！瞧他现在混成这个熊样儿了，都如此嚣张，要是哪天真牛了，那还不得是我们楚国的劲敌！

子玉的担心虽然看似搞笑，但并非没有道理，无奈却没有引起成王的足够重视：算了，你看他那个落魄样儿，要是宰了他，丢人的是我！再说了，连齐桓公我都不惧，他还能翻了天吗？（《春秋左氏传·僖公二十三年》：及楚，楚之飨之……子玉请杀之……乃送诸秦。）

成大事者，必然有着绝佳的运气，重耳就这么险险地躲过了一劫。他也清楚楚国并非久留之地，待了几天就向成王辞行，一路向西而去。

游历列国的艰辛彻底洗去了重耳少时的青涩与软弱，久经风霜的脸庞，让他看起来比实际年龄要苍老很多。这一年，他35岁了，脚下的步伐愈加坚定、有力。

③ 王者归来

秦，这个在东周之初才建立的国家，只用百余年的时间，就站在了列国的巅峰。当世的四大强国就是齐、楚、秦、晋，重耳离开楚国后的目的地就是秦国。此时的他还不知道，这将是他归家前的最后一站。

在秦国，重耳受到了最高规格的礼遇，但如今他早已宠辱不惊。秦晋是几乎接壤的两个大国，所以秦穆公要比任何人都更关心晋国的政治动向。多年前，他扶植了以小气著称的晋惠公，本以为在这种烂人的领导下，晋国的威胁度会大幅度下降，但最后还是让秦国吃了点儿苦。如今，晋国已传来惠公病入膏肓的消息，那晋国的大乱是在所难免的了，这时候要不插上一脚的话，实在不像秦穆公的性格。

曾经秦穆公因为重耳太有潜力，而抵制他上位，可一转眼十几年过去了，秦穆公的想法也有了天壤之别——与其抵制，不如结交！

相比于齐桓公的做法，秦穆公更舍得下血本，当然，招式依然是经典的联姻，不过他给重耳娶的媳妇可不止一个，而是五个！其中一个还是他的亲生女儿——文嬴。（《春秋左氏传·僖公二十三年》：秦伯纳女五人，怀嬴与焉。）

这个文嬴的情况……其实有点复杂，因为她是二婚。文嬴的第一任老公是晋惠公的儿子公子圉，也就是说，她是重耳的侄媳妇。

公子圉前些年一直在秦国留学，前段时间听说老爸要挂，就偷偷摸摸地回了国。跟老丈人连个招呼都不打，确实不大地道，这可把秦穆公给气得够呛。所以现在将文嬴转而嫁给重耳，也说明了秦穆公想要帮重耳上位的决心——毕竟不论公子圉对文嬴有没有感情，这事都够打自家脸的，两家的关系绝对是掰了。

这个事，重耳初时当然是有些忸怩。这很正常，除了心理变态，谁遇到这事都会感觉尴尬。但成大事者不拘小节，在这个节骨眼儿上，哪里还会考虑这些杂七杂八的顾虑。所以，重耳毅然决然地向文嬴表示：我们结婚吧！

而就在重耳尽揽美女的时候，晋惠公驾崩了！公子圉顺利上位，成为了晋怀公，这就是一彪货。

不大清楚晋怀公是出于对大伯的畏惧，还是对媳妇被撬的恼怒，在上位后，他立刻在晋国大开杀戒，干掉了不少赵衰等人还在晋国的亲朋好友。你说这有意思吗？要知道，从登上高位的那一刻起，一切个人情感就都该束之高阁。就算偶尔难以克制，那也绝不该在局势如此混乱的时候，故此——

晋怀公既残暴又弱智的举动在国内引起了轩然大波，舆论优势顷刻间完全倒向了重耳。还记得多年前，重耳为自己做的形象营销吗？效果这时就出来了，民众的呼声是——我们错过了一位仁慈的君主好多年啊！

曾经的那些不可能，那些不敢想象，突然都不见了，所有的一切都变得顺理成章。重耳知道，十九年的流亡之苦即刻就将结束。

晋国啊，看我王者归来！

在岳父秦穆公的武力支持下，重耳以碾压之态摧毁了侄子晋怀公的防线，长驱直入地杀进了晋都。

自知必死的晋怀公叫来自己的两个心腹——吕省与郤芮，做了临终嘱托：你们不惜一切代价，也要给我搞死重耳！这种彻骨的怨恨也可以理解，虽然那是他大伯，但也是毁了他爱情和事业的可恶男人。（《史记·晋世家》：于是秦穆公乃发兵与重耳归晋。晋闻秦兵来，亦发兵拒之。然皆阴知公子重耳入也。唯惠公之故贵臣吕、郤之属不欲立重耳。）

就这样，晋怀公身死，重耳上位，史称晋文公！

虽然功成，但危机依然存在。只是，吕省和郤芮那种宵小又怎么能抵挡历史车轮的前行呢！

公元前636年，他们策划在宫殿放火，烧死重耳，可怎奈有内部人士反水，向重耳泄了密。小心谨慎的重耳并没有声张，而是偷偷地跑去了秦国寻求保护，然后在宫殿被焚毁后，才带着从秦国借来的兵马（此时还无法分辨国内军队的忠诚度）杀回了晋国。正在狂欢，自以为坏事得逞的乱党们就这样被一网打尽。

至此，重耳算是彻底坐稳了国君的宝座，站上了晋国的权力之巅。做了十九年的丧家犬啊，坐在朝堂之上的他感慨万千，可眼神却遥望着殿外的世界。权力的欲望并没有被磨难所消减，反而愈加狂燃。

此时兴奋难抑的重耳却忘了在他生命中那两个最重要的女人——季隗和齐姜。某日，当翟国来人，将伯鲦和叔刘送回来时，他才幡然醒悟，赶紧叫人分别前往翟和齐，接回来那两个曾与他共患难的妻子。但因为政治因素，她们在排位上是无法高过文嬴的，可甘愿为夫奉献的她们，又怎会计较呢。

人生起起落落，历经无数坎坷，晋文公终于抓到了他所钟爱的权力。但尔虞我诈、钩心斗角的大戏才刚刚开始——楚国当年的所谓恩情还不还？曹、郑的侮辱报不报？与秦国的关系又该何去何从？这一切都是他向巅峰迈进的途中，所要面对的难题。

当然了，这些也都不算什么。权力的游戏，又怎会简单！

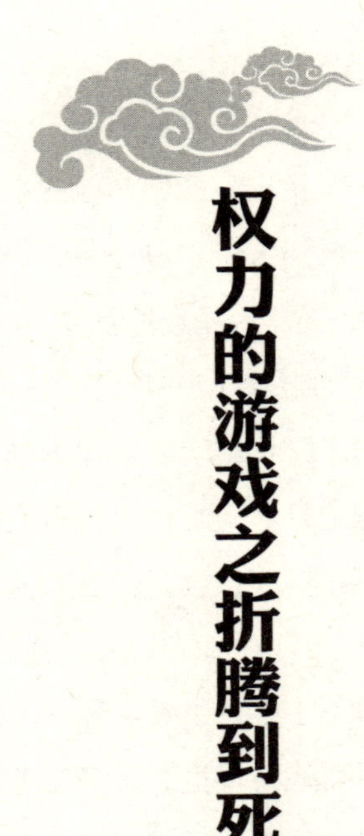

权力的游戏之折腾到死

春秋，是个传奇辈出的时代，不过很多时候，传奇与奇葩也只是一线之差，比如现在要说的这个叫姬带的家伙。

在很久很久以前，姬带的祖宗姬宫涅（周幽王）把家族产业给败了个精光，迫于无奈，他的另一位祖宗姬宜臼（周平王）只好把王都从镐京搬到了洛邑，一切重新开始。算起来，他出生的那年也是蛮巧的，正好是迁都一百周年（公元前672年）。古人多迷信，这货该是觉得自己的生日代表了什么牛的预兆，不然也不会一直亢奋地折腾个没够，不死不休——

这是公元前635年4月的某天傍晚，晋国军队里三层外三层地包围了一处宫殿，看那建筑的制式，完全是山寨王都洛邑的版本。穿过厚厚的人墙，我们就可以看见殿内的情形——昏暗的环境里，姬带正踩着小板凳准备上吊。这当然不是自愿的，站在他对面的是晋文公，正慢条斯理地等着收尸。

不管怎么讲，姬带也是正儿八经的王族子弟，虽说这年月礼教沦丧，但大家明面上还得给王室点面子。晋文公这么干，是因为他只是个雇佣兵的角色，雇佣者是姬带的大哥——姬郑（不是一个妈生的），一般都叫他周襄王。不要以为这是周襄王心狠，毕竟自打姬带出生开始，他的生存难度被迫升级成了地狱模式。他想宰了姬带也不是一天两天了，只是苦于一直没有机会。而让这兄弟俩如此对掐的原因，究其根源，还得说是家庭教育问题。

一切得从40年前说起，当时的姬郑还没有成为周襄王，只是个太子。太子这个职位都是娘胎里带的，跟是不是学霸、长得帅不帅都没有关系，只要他妈时任天子的王后就行了。但倒霉的是，姬郑他妈死得太早，没熬到儿子上位就挂了。而王后这个岗位从来空不了多久，没几天就有人顶了上来，那就是姬带他妈——陈氏。

作为一个后妈，陈氏当然看不上姬郑，看哪儿都不顺眼，尤其是在她有了自己的儿子后。在有史以来的后宫戏桥段里，儿子与老爹情妇的战争是从来占不到优势的，所以姬郑那几年过得特惨，稍有不慎就会被陈氏痛哭流涕地向周惠王举报："太子真的好黄好暴力啊""他根本不想给你养老，只想给你送终啦"之类。这都是些经典的招数，而且没人能架得住昼夜不休的洗脑，所以随着时光的流逝，时任天子的周惠王是越看姬郑越不顺眼。（《史记·十二诸侯年表》：惠王五年，惠后生叔带。）

姬带就在这种问题家庭中长大，因为从小就被灌输大哥是讨厌的傻×这种思想，所以他打心底就看不起姬郑。公元前656年，十六岁的姬带进入了青春期，荷尔蒙的激增让他对一切都充满了欲望，包括权力。在他看来，太子这么光荣的称号居然被姬郑给占了，简直就是暴殄天物啊。别看他平时飞扬跋扈，但在周惠王面前，这小子也是溜须拍马的好手，因为成天在天子面前逗乐卖萌秀聪明，他的受宠指数是直线上升。要不是周朝明文规定继承家族产业的必须是嫡长子，恐怕他早就取代姬郑成为太子了。但规定是死的，尤其在已有老年痴呆先兆的周惠王眼里，小儿子偶尔落寞的神情和宝贝媳妇儿那成天哀怨的样子，真的是比啥都重要了。

我也要富有四海！——还没当上太子的姬带，已经开始意淫起了自己成为天子后的景象。在他看来，这都是分分钟的事了。

某日清晨，他安插在姬郑身边的细作跑来汇报：太子已向周惠王提出了公派旅游的申请，想去参加齐桓公在首止举行的party。这真是蠢啊！姬带忍不住爆粗，都什么时候了，还能想着去参加party，也不怕我趁他不在抢了他的位置？近日以来，周惠王话里话外带出了想换太子的企图，但遭到了一些太子拥护者的极力阻挠，朝堂上的党派之争已趋于白热化。而姬郑选择在这么个节骨眼儿上离开王宫，是让姬带无法理解的。

周惠王几乎是秒回了姬郑的申请，脸上厌恶的表情摆明了他的态度：赶紧滚！就这样，太子姬郑在家人们一致的欢呼声中，离开了纸醉金迷的王都洛邑。而那些为他在朝堂上据理力争的太子党，瞬间像霜打了的茄子一样，蔫了。在王都所有人的眼里，姬郑这就算是宣布了战败。

事实真是这样吗？当然不，历史可是最有戏剧性的玩意儿。不过此时的姬郑也并不清楚去参加party的意义何在，只算是死马当活马医地孤注一掷。他在几个月前曾给齐桓公写过信，毕竟他妈姜氏跟齐桓公也算是八竿子打不着的远亲，很希望齐国能在自己嗝屁前，拉自己一把。但信发出去就石沉大海了，直到前几天，一封“首止之会”的邀请函被齐国间谍秘密派送了过来，发信人是管仲。这可是当时风头最劲的人物，人气甚至在他辅佐的霸主齐桓公之上，是列国政治局势的幕后操纵者。姬郑相信这么牛的人物，不会无聊到拿自己逗闷子，所以才在关键时刻离开王宫。（参考《东周列国志》，此为野史）

姬带当然不清楚齐国与太子暗中的勾当，还当一切都在自己掌控之中，就等着选个良辰吉日去升官大吉了，所谓得意忘形就是这个德行。就在姬带紧锣密鼓地筹备自己的上位庆典的同时，姬郑来到了首止。这是个地处卫、郑两国边界的鸟不拉屎的小地方，但因为这次party，就足以让它载入史册了。在齐桓公的带领下，同时出来迎接姬郑的还有鲁、宋、陈、卫、郑、许、曹等七国元首，这个阵容可是相当震撼，算是这个时代的顶级接待规格了，而在宫里习惯了受气的姬郑，此时简直是受宠若惊，他隐隐约约猜到了什么。

果然，在大会开始后，齐桓公直接进入了主题——八国君主与姬郑歃血为盟，宣誓一起恪守和保卫周的光荣传统：大儿子拥有家族产业的绝对继承权！并立刻昭告天下。

从头到尾姬郑都有种身在梦中的感觉，要知道，在这个王道衰微的年代，周王室几乎对一切事务都谈不上影响力。而现在强悍的霸主齐桓公站出来公开支持太子，还抬出了“遵从古训”这个在理论上无敌的概念，可以说姬郑这个过去成天受气的倒霉蛋，算是瞬间翻盘了。至于那些让姬带自鸣得意的宫斗戏……呵呵，在绝对实力面前，简直太小儿科了。（《春秋左氏传·僖公五年》：会于首止，会王大子郑，谋宁周也。）

太子与八国结盟的消息很快就传回了王都洛邑，这可把周惠王给气得够呛（这也太不给我面子了），不过早已毫无锐气的他，想做的只有息事宁人。他的想法很简单，大不了等姬郑回来，找借口弄死这个不孝子就完了。但猖狂惯了的姬带可咽不下这口气（还能让姬郑这个傻×给算计了？！），所以他跟母亲陈氏略一商议后，决定继续使用常规战术——忽悠。从此，昼夜不休的情感攻势又开始了——“齐桓公算什么啊，诸侯不过是我们家养的看门狗，咱就被狗欺负了？”“我是王后，可王到底是谁啊？！”

之前说了，周惠王这时候有点老年痴呆，加上姬郑一直不回家（谁都知道回去没个好），还在跟齐桓公混在一起，实在是可气。所以，这位周天子终于决定要给诸侯们一点儿颜色瞧瞧，他首先派人去郑国，把参与了“首止之会”的郑文公给叫了过来。郑国也够倒霉的，被单点出来只是因为它离周王室的地盘最近。周惠王本来就憋了一肚子气，加上姬带一直在旁边煽风点火，所以郑文公一进王宫就被骂了个狗血淋头。

拿我这个跟屁虫撒什么气啊！——郑文公很不爽，但也不敢说啥。最后迫于周惠王的威逼，他只好宣布退出八国联盟。

周惠王意图很直白，只要自己能拆散齐桓公的联盟，就可以向天下证明，现在说了算的还是自己。但他也清楚，挑事得有实力，所以又去找了一直跟齐桓公不对付的楚成王帮忙。嗯，想法是不错的，只是结局很可笑——郑国被震怒的齐桓公暴扁了一顿，而楚成王呢，一看势头不对是扭头就跑回了家，世界瞬间就清静了。这也算是杀鸡儆猴，周惠王被吓得再不敢出什么幺蛾子，不论姬带跟陈氏再怎么忽悠……（《春秋左氏传·僖公六年》：夏，诸侯伐郑，以其逃首止之盟故也……秋，楚子围许以救郑，诸侯救许，乃还。）

因为靠山太给力，太子姬郑也大摇大摆地回了家——谁敢动我？！

看着太子的意气风发，姬带心里暗骂：谁笑到最后还不一定呢！但他确实受不了姬郑每天在眼前晃悠，所以决定出去散散心，不然连吃饭都不香。可让他没想到的是，人家姬郑出去一趟是好运连连，换成他就是倒霉透顶了。

公元前653年冬，周惠王在洛邑突然驾崩。说实在的，这事多少有点蹊跷，怎么就正巧赶上姬带不在家呢？不过到底有没有猫腻，就是个永远的谜了。国丧并没有立刻举行，身在王城的太子一手遮天地把消息压了下来，所以等姬带得到消息，已是第二年的春天，同时知晓的还有另一件事——齐桓公在一个叫洮的地方又开了次party，与会的都是参加过“首止之会”的人，在会上，他宣布姬郑当选东周第六代天子！（同年大事记：宋兹甫在宋国继位，号“宋襄公”。）

姬带几乎要气疯了，朝思暮想了十几年的一切就这么没了——我要报复！我要报复！

气急败坏的姬带再也没有心思玩耍，但也没有赶回王都洛邑，而是回了自己的属地——温。在他看来，反正一切都已成了定局，而葬礼那玩意儿参不参加都没意义。到了自己的地盘，他先集合军队点了下名——这人也太少了吧！然后又打开金库查看了一下——这是乞丐家的后院吗？！因为一直觉得王位已是掌中之物，所以他对属地几乎从不管理，所以现在想靠自己的力量报复姬郑，那简直就是扯淡。

这口气要是不出，姬带估计得憋死，所以进入癫狂状态的他想出了一个“良策”——找外援。

说实话，就算把南边疯狂扩张的楚国的领土都算上，周王朝的地盘也不算多么巨大，而在王朝之外的，都是来去如风的游牧民族。因为科技水平低下，所以那些游牧民族的生活过得很艰苦，几百年来，一直抱着“发家致富奔小康”的梦想，对周王朝侵扰不断。现在姬带想在周王朝内部找盟友是不可能的，毕竟人家姬郑的上位完全合乎法定程序，都改名叫周襄王了，更何况没有齐国的许可，谁敢乱来！故此，姬带能想到的外援，就是那些自己家的宿敌了。

造反这事吧，评论起来有褒有贬，况且一直也是成王败寇，没什么所谓的。但这种勾结外敌，打自己人的“汉奸”行为就太可耻了，堪称毁三观、破底线。不过姬带却有一套自己的说辞：牛人做事不拘小节！

就这样，公元前649年，在姬带轻车熟路的带领下，突然入侵的戎族人轻而易举地突破了层层防线，攻入了王都洛邑。兴奋得哇哇乱叫的姬带拎着片刀冲进了宫殿，准备把他哥大卸八块，可惜的是，周襄王早已趁乱逃之夭夭。状若癫狂的姬带只好拿周襄王逃走的王都东大门泄愤，一把火给烧了个精光。唉，这事干得多没劲啊！

只要没干掉周襄王，那一切就都是瞎折腾。虽说王室已没啥影响力了，但作为在乱世提升个人威望的道具，很多国家还是很愿意为之出力的。不过这次出手的并不是齐桓公，大家都搞不清楚“策划大师”管仲又在憋什么招，但机会稍纵即逝，没人想错过，所以，实力仅次于齐国的两个狠角色——晋和秦，发兵了。虽然游牧民族的战斗力很生猛，但在策略与装备方面，跟这两个发达国家差距还是太大，再说他们本也没想打持久战，所以略一交锋，这帮人就带着诸多的战利品逃之夭夭了。

因为一时之间联系不到周襄王，所以晋、秦两国并没有为难身为王室成员的姬带，毕竟这两家也不是来见义勇为的，如今在舆论界刷头条的目的已经达到，没人想再管这些有的没的家族纠纷。

不过这事当然不会就这么算了，要不然周天子还怎么混啊。等周襄王缓过一口气来，他立刻调集兵马杀向了温。姬带这货养尊处优惯了，虽然知道跟着戎族一起跑掉是最安全的选择，但因为实在受不了那些野蛮人的苦日子，所以又破罐子破摔地回到了温。当周襄王的正规军杀过来，他那为数不多的杂牌军根本不堪一击，可却帮他赢得了逃跑的时间。不过从温逃出来后，姬带还是走投无路，所谓败类没朋友。就在这个危急时刻，一个让他意想不到的人伸出了援手！

过来吧，我罩着你！——齐桓公如是说。（《春秋左氏传·僖公十二年》：王以戎难故，讨王子带。秋，王子带奔齐。）

求生心切的姬带根本顾不上思考这是为啥，就算是个圈套，他都认了。当然了，牛×的齐桓公根本犯不着去骗这个二货，不用说，这肯定又是管仲的主意。仔细想想的话，就可以发现这招真是太高了。作为明星国家，没谁会嫌曝光率太高，而齐国之所以没插手戎族入侵的事，只是因为这料还不够猛！毕竟与晋、秦一起出兵，根本显不出自己的非同一般，身为霸主，当然要不走寻常路。强横的齐桓公此时已厌倦了作秀，再不想假作乖顺，去低调应对孱弱的周王室，他想要所有人都明白，自己才是现在真正说了算的人——不论天子还是逆贼，生死成败全由我！

就这样，姬带连滚带爬地逃到了齐国，保住了一命。周襄王当然是做梦都想干掉这个讨厌的老弟，但现在就算不爽，也没法再揪着不放了——跟齐桓公掐架？那不是脑子进水嘛。鉴于天子如此识时务，齐桓公在两年后召开了“咸之会”，与大家达成共识，要共同保卫“神圣不可侵犯”的王室，派军队长期驻守王城。（参考《春秋左氏传·僖公十三年》：夏，会于咸，淮夷病杞故，且谋王室也。秋，为戎难故，诸侯戍周，齐仲孙湫致之。）

王室内乱暂时告一段落。

姬带在齐国一住就是11年，这是他有生以来最老实的一段时光，毕竟寄人篱下不比在家嘛。但就算没有了这个折腾狂人，世界也停不下风起云涌，现在简述一下这段时间里，列国间发生的大事：

公元前645年：“千古第一相”管仲去世；还没成为晋文公的重耳，开始穷游列国。

公元前643年：霸主齐桓公去世；宋襄公准备称霸。

公元前638年：著名的宋楚“泓水之战”发生；次年，宋襄公挂了。

公元前636年：流亡多年的重耳在晋国上演王者归来。

同年，姬带再也按捺不住自己那颗骚动的心，决定再次登上历史的舞台。经过N次行贿受贿事件后，在多方的调解劝说下，周襄王终于同意让姬带再次回到王城居住！这人也够呛，就算不计前嫌，也不用让姬带住进自己家吧。难道忘了吗，这姬带可是毁三观、破底线的存在啊！

果然，姬带回家几天就开始上演雷人剧情——跟嫂子偷情。

女人是周襄王前两年刚娶回来的隗氏，她来自北方的少数民族——狄，一颦一笑都是迷人的异域风情。其实这桩婚事在开始，就被很多有识之士所反对，因为狄族与戎族一样，都是周王朝几百年的宿敌，哪有跟敌人攀亲戚的道理。但周襄王却是一意孤行（兄弟俩的DNA怎么说也不会差太多），在他看来，拉拢一个王朝之外的势力，是增强自己实力的上上策。再说了，这妞长得是真不错啊！

隗氏没受过礼教的熏染，行为举止都是很开放的，可无奈深宫之中就周襄王这么一个男人，还不能经常陪自己，空虚寂寞冷是难免的，所以当她在见到年轻帅气又无所事事的姬带后，两个人就理所当然地天雷引动地火了。（《春秋左氏传·僖公二十四年》：昭公奔齐，王复之，又通于隗氏。）

这种事被发现是必然的，不过周襄王的反射弧也确实长了一点儿，过了快一年才察觉出来，不禁龙颜大怒！不过这事他也不好意思弄得大张旗鼓，毕竟闹大了，丢脸的还是自己，所以他将姬带再次撵出了王城，并废黜了隗氏的王后位，但并没有说明原因。这就惹大祸咯！别看人家游牧民族生活水准不咋的，可人家也是要面子的——挺好一大闺女嫁你了，你说离婚就离婚啊？看不抽你丫的！

公元前635年，狄族在职业向导姬带的带领下，大举攻入王城，周襄王第二次被撵得跑丢了鞋。姬带高兴得不知所以，有如神经病发作——哈哈哈！现在知道谁更牛了吧，老子不光睡你的女人，还抢了你的地盘！爽啊！

当然了，这次姬带还是空欢喜一场。上位不久又胸怀大志的晋文公正愁没啥事干呢，听说王都洛邑出了这么大的事，他那个兴奋啊，立刻倾全国之力，昼夜不休地杀了过去。然后就出现了开头的那一幕，晋军浴血奋战击溃了狄族后，又将姬带逼入了老窝温。这回周襄王没有等雇佣兵联系他，而是主动发了急电过去：赶紧把这傻×给我弄死！

脑袋往绳套儿里一伸，脚下把小板凳一踹，让人搞不懂这辈子到底在折腾什么的姬带，就这样折腾死了。享年，37岁。（参考《史记·周本纪》：十七年，襄王告急于晋，晋文公纳王而诛叔带。）

虽然姬带死了，但事还没完。同年四月，周襄王回王城复位，面对劳苦功高的晋文公，他问："爱卿想要点什么奖励呢？"晋文公想了想，决定试试这货的底线："人难免一死，俺也别无他求。就在死后，可否按照天子规格下葬呢？"别以为这是个扯淡的事，要知道，周王室也就剩下这点骄傲的资本了。如果周襄王答应了晋文公，那可以说，从此以后王室的存在就真的是个笑话了，不会再有任何人瞧得起。故此，周襄王答曰："爱卿的要求也不算高，不过我们得尊重古训啊！不然还怎么对得起先祖和百姓呢。"这招他还是跟齐桓公学的，只要抬出"古训"这俩字，就可以在理论界保持无敌状态。

我富有四海，还是奖励爱卿一些地皮吧——周襄王如是说。然后，他将本属于王室的阳樊、温、原、攒茅等四个城邦划归了晋国，至此，周王室拥有的土地已不足方圆一百里。富有四海？这就是一句屁话。（参考《国语·周语》：晋文公既定襄王于郏，王劳之以地，辞，请隧焉……文公遂不敢请，受地而还。）

姬带的故事讲完了，不得不说这货确实生在了一个好时代，与春秋时期诸多牛人打过直接交道，也算是帮忙完成了霸主地位从齐桓公到晋文公的传递，推动了历史进程。可他那光怪陆离的一生，也实在让人难以理解，虽然不停地在造反，但却总像是在胡闹，一点儿正经没有。但不管怎样讲，他最后还是在华夏这段混乱不堪的历史中，留下了浓墨重彩的一笔，这是只有少数人才能做到的。

或许，可以用一句话来概括他的人生吧：你可以鄙视我，但不能无视我。我叫姬带，我为自己代言！

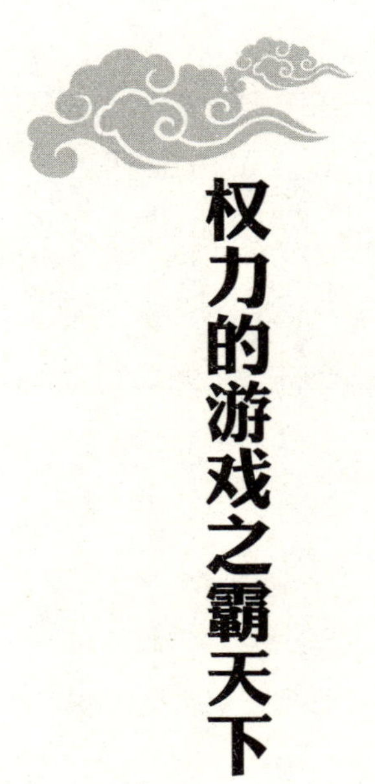

权力的游戏之霸天下

① 好战分子

天下第二是个让人很不爽的头衔，不仅牛的感觉大打折扣，甚至会有点逗乐的意思，太不严肃了。晋文公最近就被这事搞得很烦躁，动不动就在宫殿里一圈圈地暴走，不知道的还以为他是对自己最近的身材不大满意呢。确实，照比前些年悲惨的流浪生活，他现在真是富态了不少。

年少时的经历真是不堪回首啊，这是他经常感慨的。

当年因为对家族产业的归属权问题发生了分歧，晋文公就跟条丧家犬似的，先被亲爸，后被亲弟追杀了十九年。当然了，最后的胜利者还是他。两年前，在岳父大人（秦穆公）的帮助下，晋文公上演了炫酷的王者归来戏码，获得满堂彩。但“自强不息”的他，又怎能忍得了靠女人吃软饭的名声？故此，前段时间他又自力更生地做了件大事——帮助周襄王平乱。这种活儿在那年月有个学名叫“尊王”，是个费力但讨好的差事，因为投入的人力物力巨大，可不是谁都能玩得了的。搞完这件事，晋文公在诸侯间声名大振，取得了“你是牛人”的称号，在诸侯光荣榜上一举超越了岳父秦穆公，荣登历史第二。

排在榜首的当然是号称“千古一霸”的齐桓公，虽然这哥们儿都死好几年了，但其地位却依然不可撼动。

这可该咋整呢？被个死人压一头，真他娘的抑郁！——因为曾经有逃亡时走到哪儿都被人瞧不起的经历，所以晋文公发达后，特别在意“地位”这个概念。故此，他经常会研究齐桓公的霸主成长史。总的来说，在霸道横行王道衰微的年代，一个人成就的高低，看的不是“文治”，而是“武功”。齐桓公最耀眼的战绩就是“北御蛮夷，南战雄楚，九合诸侯”，以这个标准来看，第一项晋文公目前算是办到了，之前助周王室平乱时，对抗的就是北方狄族。但第二项可就难了——晋楚两国不是邻居，平时也少有纠纷，总不能无缘无故地跟人约架吧。况且，当年流浪到楚国时，楚成王对他也算不错，做人厚不厚道无所谓，但被旁观者指手画脚可就不好了。

这时，“狐偃、先轸求见！”站在殿门口的宦官高声通报。

晋文公猛地顿住脚步瞄了眼水钟上的刻盘，本就烦躁不已的他不禁又皱了皱眉。都是快吃晚饭的光景了，要没什么大事，他们俩绝不会在此时结伴前来。这两个人都是晋文公政治班底的骨干成员，位列上卿，尤其狐偃还是晋文公的二舅。不要以为这是裙带关系，二舅可不是一般人，那是学富五车又智力超群的存在哟。至于先轸，该算是当下列国间数一数二的军事谋略高手了。

“让他们进来吧。”晋文公拾阶而上，回到办公桌后面跪坐（椅子这种高科技产品的出现还得经过一千年）。片刻，魁梧的先轸与儒雅的二舅一同走了进来。别看大家一起吃糠咽菜了十九年，可就算是二舅，也不敢对晋文公有丝毫放肆，那叫一个毕恭毕敬。记得当年流亡团伙里有个叫介子推的哥们儿，前段时间没写申请就把官给辞了，然后跑到深山里面去感悟人生，结果成了个冷笑话——感觉丢了面子的晋文公跑到山底下四面放火，让介子推跟大自然永不分离了。（参考《说苑》《新序》，最早的相关记载是《庄子·盗跖》：抱木而燔死。）

“宋国的外交官刚刚进城了，据我方谍报人员的可靠消息，宋国君成公很想与我国达成联盟。”二舅没什么废话，直接开门见山。见身为老板的外甥没什么反应，他瞥了眼旁边的先轸：“这事可得重视啊！”先轸在得到暗号后，立即开口：“宋国可是楚国的盟友，如今转而投靠我们，肯定会引起楚国的不满。您不是总想找借口跟楚国干一架吗？现在机会就在眼前！况且您也无须担心宋国的诚意，它当初与楚结盟本就是迫于无奈，别忘了，宋成公的老爸宋襄公就是被楚国弄死的。”很明显，晋文公这伙人全是好战分子。

先轸说得没错，宋楚之间的仇怨由来已久，但在齐桓公死后，中原诸侯已无力与雄踞南方的楚国抗衡，很多国家只能选择与之交好，宋国也是其中之一。在乱世，想活着就得忍，不然以楚人的破性格，分分钟就能把不服的给灭了。所以当晋文公横空出世，宋国反水也是必然的。“虽说我国之前连年内乱，但国力并没有受到多少损失，尤其这两年在您英明神武的领导下，早已回归了强国的行列。打架，我们是不怕的！”二舅打消了晋文公最后的一丝疑虑。但老板都喜欢摆谱，假装思考一会儿后，内心早就兴奋不已的晋文公才一拍桌子：“言之有理！”

这就是权力的游戏，三五个人聊聊天，涉及万千人生活与生命的大事就算定下来了。第二天，高规格的接待活动后，晋宋同盟顺利达成，并昭告天下。夕阳中，晋文公登上了王城之巅，遥望南方的翻涌云海，他清楚——大战将至！楚国绝不会对这事善罢甘休，否则其他弱小的诸侯国必然会接二连三地向晋国示好。再说了，被宋国背叛这事就像被戴了绿帽子一样，太丢脸了，哪个做大哥的不得有点脾气啊！

果然，一年后（公元前634年冬），楚国的愤怒降临了！

楚国的军事狂人子玉携重兵一路向北，直奔宋国杀去。客观来讲，晋楚两国的实力半斤八两，就算嚣张的楚人也不想直接与晋军遭遇，所以要借着教训宋国的机会，充分地展现一下自己的实力，希望晋国能知难而退，别再与自己死磕。想法是不错的，但你怎能阻止得了一个蓄谋已久的好战分子呢！（《春秋左氏传·僖公二十六年》：宋以其善与晋侯也，叛楚即晋。冬，楚令尹子玉、司马西帅师伐送，围缗。）

而宋国就太倒霉了，本是想换个好大哥而已，却悲剧地成了大国间博弈的棋子。不过就算楚军兵临城下时，宋成公也没有多害怕——毕竟咱之前也与晋国结盟了，现在因为这事要挨揍，晋文公怎么说也不该在一旁看热闹吧。唉，真是个实在人啊！就这样，冬去春来又到秋，一等就是大半年，宋国每天玩了命地跟楚军周旋，可晋国却是一直声息皆无，哪怕一天一封鸡毛信也没屁用。

这是咋回事啊？——在城防保卫战中，被搞得灰头土脸的宋成公是欲哭无泪。

就在宋国眼看就要嗝屁的时候，晋军终于行动了！可让所有人都疑惑不解的是，他们并没有向宋国（东南方向）前进，而是一路向正东而去。得知这个消息，宋成公的血压瞬间飙升：大哥，你到底是要怎样啊！

2 争霸之旅

在出兵前，晋文公向大臣们提出了一个要求：我希望这是一次有百分之百把握的战争。

这个要求也并不罕见，但实在难办，以二舅为首的智囊团是昼夜不休地苦思冥想，头发抓掉几大把也搞不出个万全之策。不过晋文公也不着急——先用宋国来消耗一下楚军的实力还是不错的哟。政治是个无良的玩意儿，可怜宋成公还一直指望着晋国这根救命稻草呢。

直至谍报机构传来宋国眼看就要支撑不住的消息，二舅才火急火燎地找到晋文公：“老板，有办法了！”说着，他把计划书递了上去，内容如下：

“如果实力差不多，那打架这事就得看占不占理，关乎气势。虽然晋宋是同盟，但楚国有恩于您在先，如今也没有直接向晋国宣战，所以最好还是不要立刻与‘恩人’短兵相接。但宋国是一定要救的，故此，上上策是‘攻曹救宋’！我国附近的曹卫两国都是楚国的盟友，既然楚国攻击宋国，那我们也可以去揍它的小弟嘛！况且，我们向曹国开战，可是大有道理的哟。”（《史记·晋世家》，狐偃曰：楚新得曹而初婚于卫，若伐曹、卫，楚必救之，则宋免矣。）

没错，曹国与晋文公的仇怨由来已久。当年晋文公流亡时，在曹国有过很不愉快的经历，曹国君共公曾多次偷窥他洗澡，太恶心了。晋文公一直视这事为人生终极耻辱，现在一看二舅的计划，不禁当场拍板：咱就这么干！

就这样，晋军没去主战场，反而向曹国杀了过去。不过要去曹国，最快也最省力的路线就是从卫国境内穿过，所以晋文公一脸坏笑地提笔给卫国国君写了封信：“能借个道不？”要知道，晋国在这种事上可是有不良记录的，曾经它找虞国借路要打虢国，结果最后顺手把好心帮忙的虞国也给一勺烩了（即“假途灭虢”的典故，发生在晋献公时期）。况且卫与曹同属楚国联盟，当然不会帮着敌对势力，所以卫国国君很干脆：“不借！”

这个结果晋文公一点儿都不惊讶，他的目的本就是没事找事——哟，敢不给我面子，看不抽你丫的！

找到开战借口的晋军立刻分作三路：一队绕路（渡黄河）去打曹国；二队直接与卫国开打；三队则杀向了榖。去榖，是大帅先轸的想法，意图是逼退楚国在那里用来威慑齐国的外派驻军，这不光可以向齐国示好，还能进一步制造紧张气氛。齐国在桓公死后，实力大不如前，近些年更是被楚国压制得备感憋屈，如今一看晋国竟然如此仗义，那是大受感动啊。时隔不久，齐昭公发来热情洋溢的邮件：咱俩结盟吧！至此，晋国终于有了一个强力盟友（瘦死的骆驼比马大）。

曹、卫只是列国中的三流角色，但面对猛若雷霆的晋军却有着不同的反应，先来看看卫国。卫国就是一蛋，在得知晋齐已结盟，而楚国的援助部队又迟迟不能突破晋国的阻截后，立马就反水了，表示要向晋国效忠。晋文公当然不屑这种墙头草的跪舔，反而加强了攻势，然后奇葩的一幕就上演了——卫成公倒霉地被自己的臣民们给撵了出去，大家只是想讨好晋国以求苟活。不是他惹你生气吗，我们让他滚蛋总可以了吧？

反观曹国就不一样了，晋军在这里打得异常艰辛，因为受到了曹国民兵疯狂的阻击。也不知道曹国人是不是有暴力倾向，每天的战斗打完，他们都要在城头进行虐尸表演，看得晋军是胆战心惊。不过这都是螳臂挡车的节奏，曹国大门被碾碎的时间也没比卫国晚多久。在绝对实力面前，一切花哨的玩意儿都是扯淡。（《春秋左氏传·僖公二十八年》：晋侯围曹，门焉，多死，曹人尸诸城上。）

两个马仔被揍扁的消息很快传到了楚国那里，楚成王被气得暴跳如雷，但也无可奈何，谁让人家的小弟更争气呢——此时被揍得鼻青脸肿的宋国依然坚挺不倒！成名已久的江湖大佬自有一套权衡利弊的逻辑，因为实在不想跟旭日东升般的晋国开战，所以楚国派出了外交官，言辞满满的都是人文情怀："杀生多不好啊！咱们都是当大哥，也该为小兄弟们想想是吧。给我个面子，一起从对方的盟国撤军咋样？"对狂惯了的楚人来说，这太不容易了，先提出求和，与战败一样丢脸。只是，蓄势已久的晋国会这么容易被打发吗？

"咋整？！"晋文公又开始了他的绕圈暴走，"如果不同意吧，天下都会感觉我太没爱心，形象分就没了。可这架要是不打，那真得憋死！"二舅又适时地冒了出来："这事好办，咱们暂时不表态，然后先把曹、卫给策反了（轻而易举），再把楚国那外交官给扣下。且看丫能受得了被这么当傻×玩不？"这招挺没下限，但是管用！

楚成王倒是真想忍，毕竟四大强国中另外的秦齐两家，现在明显有点拉偏架的意思，要真闹起来，对自己可没什么好处。但楚国军事狂人子玉却是个暴脾气，他的愤怒值瞬间就爆表了，非要跟晋国干一下不可。一国之君还管不了一个兵哥？那得看这兵哥是谁。子玉属于楚国第一权势家族"若敖氏"，又长期担任三军总司令这一职务，说一不二都习惯了。

行，你家牛是吧？那就带着你家亲戚去打吧！——不爽若敖氏已久的楚成王，终于在这个节骨眼儿上爆发了。一气之下，他带走了十之七八的军队。没怎的就开始内讧了，这仗还有得打吗？

话说磨磨叽叽了这么久，现在总该开打了吧？唉，还早着呢，因为……一直好战的晋文公突然得了“战前恐惧症”。

这事怎么看都有点扯，简而言之，有天晚上晋文公没睡好，做了个噩梦。他梦见自己跟楚成王单挑，结果被轻松放倒，然后楚成王是一声狂吼，抱住他的脑袋就开始啃。剧情简单粗暴，就是一狗血的B级丧尸片而已，但却把晋文公给吓坏了，任凭身为心理学大师的二舅怎么解（hú）梦（chě）都不好使，非得让智囊团再想想，还有什么招能加大胜率。（《春秋左氏传·僖公二十八年》：晋侯梦与楚子搏。楚子伏己而盬其脑，是以惧。）

“那就来个战术撤退吧！”关键时刻全靠二舅，“记得当年楚成王请吃饭（流浪时），你说如果将来两国打起来，晋国一定表示谦让。虽然酒桌上的话不能当真，但这事还真能利用一下。楚军现在满怀愤怒，气势饱满，那我们就先避其锋芒。一鼓作气再而衰嘛，同时，我们在道义上又赢得了加分，一箭双雕的哟！”

“漂亮！”晋文公一拍大腿，立刻下令晋军向后撤退九十里，并向舆论界大肆宣扬自己不忘前恩的高尚节操。至此，晋国彻底占尽了天时地利人和！

公元前632年4月2日，这场做足了前戏的战争终于打响了。

刀光剑影要比钩心斗角干脆得多，从人数到气势都压倒对手的晋军，一个冲锋就击溃了楚军的右翼。其实这也没什么好炫耀的，毕竟右翼都是“伪军”。因为精英部队被楚成王带走了大半，子玉只好让原属陈、蔡两国（早被楚国灭掉）的部队顶上来，乌合之众当然不是晋军的对手。接下来倒霉的就是左翼，由于急于转变局势，面对晋军连喊带叫的夸张佯败，竟然没起任何疑心，很愉快地跳进埋伏圈，被包了饺子。

到了这种地步，子玉就是再牛也无力回天了。他跟着败退的人流一路南逃，最终在连谷城自杀身亡，理由是无颜面对江东父老（这剧情将在四百年后翻拍，主演叫项羽）。

这场发生在“濮城”的经典战役，被晋国以近乎完胜的姿态终结。

3 不二霸业

战罢，晋文公翻开“天下第一”成长手册，在“揍楚国”这项上，心满意足地打了个钩，然后就急不可耐地查看下一步该干点什么。嗯，接下来就是办理行政手续了——领执照。别以为霸主这称号随便就能印在名片上，这必须要到周天子那儿鉴定一下才可以正式挂牌。故此，晋文公开始招摇过市，他带着缴获的大批敌军物资与战俘，直奔王都洛邑而去——自己这么牛，不秀一下怎么行？

不过找政府部门办事，肯定是要打点一下的，所以行至雍丘，晋军停了下来。雍丘离洛邑很近，目前正在搞形象工程——建造周襄王的行宫。这可是个绝佳的溜须拍马的机会，晋文公当然不会错过，他现在最不缺的就是人手。一声令下，三军将士外加众多战俘一秒变民工，搬土打砖奋勇争先，一星期就搞定了几个月的工程量。周襄王得知后大喜，决定在“践土”召开表彰大会，以夸赞晋文公先进的思想觉悟。在东周，别看天子只是个荣誉管理员，但荣誉这种事，还真就得他说的话才最管用。（《史记·晋世家》：晋师还至衡雍，作王宫于践土。）

公元前632年5月，在周襄王的大力支持下，自齐桓公之后，停滞多年的诸侯代表大会再次重启，与会者众多——齐昭公、宋成公、鲁僖公、蔡庄侯、郑文公、卫叔武（卫成公目前还在流亡，这是他老弟），以及莒兹丕公等。这个莒国是东夷强国，并不属于华夏民族，因为诸侯大会一直的口号都是“尊王攘夷”，所以莒国从未获得过参与资格，这还是第一次。大会的邀请名单当然是晋文公定的，周襄王不过是个吉祥物般的摆设而已，能史无前例地让莒国参加，足以见得晋文公的内心已开始骚动难耐。

这些破规矩都是当初齐桓公定的，要是全按他的套路来，还怎么能显得出我！——看着众人面对莒国国君时的尴尬，晋文公难掩嘴角的笑意。

“践土之盟”就在晋文公的随意摆弄之下顺利召开。在会上，周襄王正式授予晋文公“霸主”资格（学名叫“侯伯”），并颁发礼服一套，奖品若干。要知道，在这种极为正式又隆重的场合，诸侯们都是要穿正装的，其实就跟校服差不多，就算再华丽，也是千篇一律。而能搞特立独行的，只有天子与霸主。至于奖品，当然也是些彰显地位的小玩意儿，实用价值不大，但却很合晋文公的胃口。不过他最感兴趣的，还是周襄王接下来的话：“从今天起，晋国有义务做好王室的安保工作，同时享有监管其他诸侯（合法打人）的权力。”这可是要写进周王朝宪法的哟。（《史记·晋世家》：天子使王子虎命晋侯为伯，赐大辂……虎贲三百人。）

至此，东周的第二位正式霸主诞生！（非正式的有过两位：自称霸主的宋襄公；自称天子的狂人楚成王。）

按理说，这地位已是诸侯能到达的极限高度了，晋文公也该知足了吧？不，因为他可不喜欢与别人并列第一。但要想比齐桓公还要威猛，那就只能不走寻常路了。“践土之盟”后不久，晋文公很快又在温举办了一次大型宴会，这个地方离王都洛邑很近，不过是正儿八经的晋国地盘。所以，当收到派对的邀请函时，周襄王不禁皱了皱眉，心里掠过一丝不快。

是不是感觉周襄王这人有点矫情，人家找他玩咋还不乐意呢？其实这事可是大有说道的——周王朝虽然日益衰败，但一直以来仍是个尊崇礼法的社会，所以作为诸侯，就算再牛，在天子面前也是个臣子。就像在学校里，校长亲自组织学生活动是给面子，但学生总不能叫校长来宿舍里陪打牌吧。不过就算再不痛快，周襄王也得忍着，毕竟他这所“学校”的正常运营，还要指望着人家晋国的支持呢。（《史记·晋世家》：孔子读史记至文公，曰“诸侯无召王”“王狩河阳”者，春秋讳之也。）

就这样，晋文公算是把齐桓公定下的规矩给毁了个精光，虽说仍喊着“尊王攘夷”的广告语，但大家都清楚，这就是个彻头彻尾的虚假宣传。尤其是一年后，周襄王在“翟泉”请客吃饭，有头有脸的诸侯基本都到场了，可晋文公却连去都懒得去，只派了二舅代表他出席。够狂吧！这事即使是当年的齐桓公都干不出来，晋国的声势也因此达到了有史以来的最巅峰。

这回咱绝对是天下第一了！——不管别人怎么看，反正晋文公总算是满意了。但绝对的权势却并不能填充他内心的空洞，每当闲下来，他总是会想起曾经到处招人白眼的流亡生活，从而性格也就愈加黑化。先拿谁发泄呢？他阴森的目光慢慢移向了卫国。

卫国最近发生了件大事，之前被臣民们撵走的卫成公回去了，并以叛国罪为名，宰了几个嫌疑犯。犯人的家属们当然表示不服，但投诉无门，所以只能跑到晋国去上访，求晋文公给主持公道。其实这点破事霸主是犯不着管的，但翻了翻小账本后，晋文公二话不说就派兵把卫成公给抓了起来。因为按照记录，当年晋文公流亡到卫国时，卫文公（上一代国君）曾予以鄙视。既然卫文公死得早，那就父债子偿吧。

——这叫什么事啊！

看着卫成公倒霉，郑国国君文公也有点害怕，毕竟他当初对晋文公也不怎么的。要说心虚你就老老实实地别惹事就完了呗，可无奈这货就是朵奇葩，抓耳挠腮了几天后，居然偷偷摸摸地跟楚国取得了联系，准备给人家当间谍。晋国的谍报机构可不是盖的，很快就获取了这个消息。哟，正愁没借口抽你丫呢！——晋文公大乐。

紧急时刻，郑文公终于在大臣的提醒下清醒过来，赶紧派了个超会聊天的家伙去游说秦穆公。最终，在实力不容小觑的岳父大人的干预下，晋文公放了郑国一马。但就算如此，也没人再敢去招惹晋文公了，尤其那些实力弱小的诸侯，更是噤若寒蝉。

子曰：“晋文公谲而不正，齐桓公正而不谲。”

——《论语·宪问篇》

公元前628年冬，在位仅仅九年的晋文公死于绛都（晋国首府）。曾经那十九年的流亡生活，不光扭曲了他的性格，也毁掉了他的身体。从丧家犬到霸天下，晋文公的人生就像是场气势恢宏的交响乐，却戛然而止在高潮迭起时。相较于创世英雄般的齐桓公，他更像是一个受困于心魔的阴鸷枭雄，在鹰视狼顾间，笑傲春秋。

倒霉蛋与乌鸦嘴

哥们儿义气这事如果弄得好，就会被称作“管鲍之交”。但管仲跟鲍叔牙那点事在我看，也没什么了不起的，毕竟在俺那个年代，这种事是一抓一大把的啊。当我吹牛呢是不？来，咱就现身说法，给你们讲讲我的故事。

① 离家

我叫百里奚，生活在春秋时代，跟管仲算是同辈人吧。不过人家成名的时候，我还在成天为温饱问题担忧呢，满世界奔波，只是为了能混饱肚子。这也是没办法的事，俗话讲：点儿背不能怨社会嘛。我是非富也非贵的土二代，在那乱哄哄的世道想要出人头地本就不易，而我的运气更是衰到爆了。就先从我被赶出家门开始说吧。

到底是哪年离开家的，连我自己都记不清了，但至今都忘不了的，是媳妇给我的那记耳光。

我媳妇年方二八就嫁到了我家，当年也是年轻貌美的一枝花，还弹了一手好琴。村里的乡亲们都搞不懂这么好的姑娘，咋就看上了我这个穷鬼？这啊，还得亏咱有文化。要知道，我那时候可没普及义务教育，也没什么扫盲运动，能识文断字的人绝对是凤毛麟角，而像我这种书虫就更是稀少了。不过那是“读书无用论”盛行的年代，结果我就成了名传十里八乡的著名傻蛋。但萝卜青菜各有所爱是不，俺媳妇还就爱听咱絮絮叨叨地谈古论今说天下，所以我就抱得美人归咯。唉，这扯哪儿去了，继续说那个耳光。

结婚快十年了，那可是我第一次被家暴，当时都被抽蒙了，两眼直勾勾地看着媳妇——欺负我这弱鸡干什么啊？抱着娃的媳妇怒骂：看那么多书就知道聊天打屁有什么用啊，知识得转化成生产力啊！赶紧给我找工作去！

记住，风花雪月是绝敌不过油盐酱醋的。就这样，媳妇把家里唯一还在下蛋的母鸡宰了，让我吃了顿好的，然后把我撵了出去。在破烂的柴门关上的瞬间，我听见了她的抽泣声，还有几个娃的哭声，怨恨嗖地就不见了。她只是恨铁不成钢啊。我大喊：等我发达了，一定回来接你们！（参考《风俗通义・佚文・情遇》，此为传说野史）

阴沉沉的天空下，我就深一脚浅一脚地走向了那个纷乱的世界。

作为一只地道的土鳖，村子就是我的小泥塘，爬出去就不知该往哪儿走。趁着我在村口纠结的工夫，先来交代下时代背景吧。此时在位的天子是周釐王，从东周的创始人平王开始，传到他已是第四代。谁都清楚周王室的气数已尽，只是在苟延残喘，而姜小白离成为名震寰宇的齐桓公也还得再等几年。没领导也没规则，大大小小的诸侯国们几乎每天不是在打架，就是在去打架的路上，世界乱得像一锅炖烂的八宝粥。

向左走还是向右走呢？权衡了半天，我还是没下定决心。最后掏掏兜，总共也没几块钱，而齐币占了大多数（这年头外汇种类繁多）。好吧，没再犹豫，我奔着东边就开动了。那是齐国的方向。

齐国当时的情况是，公孙无知刚刚搞死了自己的表哥齐襄公，篡位当了国君。因为我不是齐国人，所以感觉这是个好事——新成立的政府肯定缺人手，找工作会容易些。不过想得是挺好，从没出过远门的我糊里糊涂就走错了路，好不容易看见了高大的城池，可城门上的两个大字却是宋国。

宋国可不是什么好地方。我刚到的时候，国君宋闵公被造反的大臣给宰了。我正考虑反正都来了，是不是去新任国君那儿碰碰运气呢，新任国君又被另一伙大臣给剁了。国君换得比我洗澡还勤快，这叫什么事啊！别说根本找不到管事的人，就算被录用当了公务员，也属于高风险工作。不敢多停留，我赶紧就从这个是非之地往外跑。

虽然齐宋两国比邻接壤，路程并不远，但我人生地不熟，还一嘴外地口音，走起来就太艰难了。

宋国有个地方叫“铚”，离齐国还有一段距离，我在这儿停了下来，因为快饿死了。就算我成天嚼馒头喝凉水，从家里带出的那几块钱也不够花的，一到齐国境内，我就开始了乞讨生涯。要饭这事是没法预期的，吃了上顿，什么时候有下顿谁也说不好。这不，站在街口的我已经两天没吃饭了，看见路上的行人都想啃一口，咕噜咕噜地直咽口水。突然有张脸不知从哪儿冒了出来，停在我面前不足两尺远的地方，完全是条件反射式的，我张嘴就咬了过去……

就这样，我与一生的挚友相识了。

② 倒霉

我是在一个农家院醒来的，别看也是农村，但跟咱家一比，那就是地主与赤贫的差距了。救我的人叫蹇叔，就是差点儿被咬了的那位，这是他家。听蹇叔说，当我晕在他怀里时，把他也吓得够呛，还以为是遇着碰瓷的了，但发现我不是装的，就赶紧把我捡了回来。

饿晕不是什么大事，醒了干掉几碗饭后，我立马就恢复了活力。但拿人家手短，吃人家嘴短，我虽然急着去齐国，可不好意思吃饱了就走，而蹇叔也没有撵我走的意思。既然闲着也是闲着，那就聊聊吧。一聊才发现，蹇叔竟然也是个文化人。

听说我要去齐国公孙无知那里碰运气，他就皱了皱眉。我问："咋啦？"蹇叔说："宋国的事你也看见了，篡位能有好下场吗？你活腻了吧，还敢跟这种人混！"我这人胆小，听蹇叔这么一说，差点儿没被吓尿了，腿一软，再也不敢靠近齐国一步。（《东周列国志》：蹇叔曰：先君有子在外，无知非分窃立，终必无成。奚乃止。注：此为野史）

说实话，当时我纯粹是被吓住的，还真没想过蹇叔的预言会成真！时隔不久，公孙无知确实死在了乱刀之下，这事真让我后怕不已。

因为没地方可去，我只好暂时就住在了蹇叔家。但这么蹭吃蹭喝我也挺不好意思，经过不断打听后，终于得到了个小道消息——王子颓在找人帮他养牛。这人是周天子釐王的弟弟，特喜欢看斗牛，是个不学无术的贵族公子哥。

面试是蹇叔陪我去的，他看了王子颓一眼，就皱了皱眉。我脑袋嗡了一声，心说，这个哥们儿不是又要乌鸦嘴了吧。

果然，从屋里出来他就说："我看这人不靠谱，你还是别在这儿干了。"不过这回我没被吓住，毕竟从家里出来也三四年了，一事无成混日子实在太不像话，况且面试的效果也不错。就这样，我没理会蹇叔苦口婆心的劝说，光荣地入了职。

别瞧不起饲养员，这可是正儿八经的体制内岗位。我很喜欢这个工作，也挺擅长，而且清闲，工资也很高，攒几年钱就能把媳妇和娃们都接过来一起奔小康啦。但事与愿违的是，还没等我把钱攒够，这个王子颓就去造反了，结果把脑袋混得掉到了地上。我作为一名底层内勤人员，倒是没有受到什么牵连，但工作算是丢了，全家奔小康的美梦也宣告破产。

这到底是我天生倒霉，还是蹇叔乌鸦嘴呢？我都快成"公司杀手"了，到哪儿哪儿破产！——拎着行李，我心里直犯嘀咕。

丢了工作，我只能再次去找蹇叔。家是不能回的，答应媳妇会给她幸福生活，结果却混成这个鸟样，哪有脸见她。

作为哥们儿，蹇叔是相当够意思，见我有向抑郁症发展的倾向，他决定拉我一把。那天我正看着飘落的秋叶发呆，他走过来说："老弟，工作这事吧，哥能帮你。大企业咱确实没什么关系，但小公司还是有点人脉的。"就这样，在蹇叔朋友的推荐下，我终于有了第一份体面的工作——去虞国做文职官员。虞是个小国，在诸多列国间，算是最末流的存在。

但公司再小也是需要考核的，不过考试是我的强项，所以轻松过关。至于工作经历方面，虞国君也表示满意，毕竟咱也是为王室工作过的。

就在我兴高采烈地把刚下发的工作证拿给蹇叔看时——是的，他又开始乌鸦嘴了："这个虞国君有点二，是个虚荣贪利的家伙，也没什么见识，估计早晚也得出事！"我有点郁闷：工作还是你帮忙给找的，现在说这话，是不是有点说不过去呢？但我知道，做哥们儿的也是一片好心。

再一再二不再三，谁会总是那么背！——我就这么嘟嘟囔囔地走马上任了。

在虞国的日子是很不错的。因为国家小，一年到头也发生不了什么大事，几乎每天都是上班打完卡就可以下班了。有时国君心情好，就讲讲废话，一般也用不上半小时就没词了。日子清闲得很。偶尔想起蹇叔之前说的话，不禁觉得他实在有点神经。

至此，我离家已有二十余年。

我并没忘记曾对媳妇许下的承诺，但这个狗日的世界到处都是战乱与饥荒，那个村子早已破败，媳妇和娃们也不知去向了。伴着我的悲伤与无聊，时间很快就到了公元前655年，然后，生活就再次让我明白了什么叫"倒霉催的"。

不过这次可不是丢个工作那么简单，因为我差点儿连命都混没了。一件轰动列国又流传千古的大事即将发生……

此刻的世界已和我年轻时大不一样，最重大的变化是，诸侯间分出了非常明显的强弱，最牛×的就是突然崛起的齐桓公。这位绝世猛人给诸侯们定了很多规矩，从而使战乱大幅度地减少了。但规矩都是给老实人定的，特殊待遇必然存在，比如晋国。

晋国算是东周的传统强国，近些年齐国在名相管仲的调教下，实力提升得太过神速，所以才被压了一头。目前在位的晋国国君是献公，属于遇见人就搂不住火儿的酷炫性格，超过一个月不揍人就浑身难受。对这种情况，齐桓公是睁一眼闭一眼的，毕竟人家公开认可他的东周扛把子地位，而面子这玩意儿都是互相给的。所以晋国周边的小国们就倒霉咯，三天两头就有被打残揍废的，而随着地盘的扩大，晋献公凶残的目光就瞄上了刚刚与他接了壤的虞国。真倒霉！

以晋国的实力，想灭了虞国那是分分钟的事，但晋献公却把抽人这事玩出了花样。某日，他派个外交官屁颠颠地来给虞国国君送了份大礼，东西并不多，但很贵重——宝马多匹、美玉若干。可别小看这些东西，在之后的千百年里，宝马和美玉可一直是送礼的极品，而金银是很不上档次的玩意儿。我老板当然是乐坏了，还没等人家说呢，自己就主动问了：有什么需要俺帮忙的没？

那必须有啊！外交官赶紧转达了晋献公的意思——就是想借个道去揍虢国。虢也是个小国，与虞国的另一边相邻。“没问题啊！”我那老板都没说跟大伙商量一下，就把这事给拍了板。（《春秋左氏传·僖公二年》：晋荀息请以屈产之乘，与垂棘之璧，假道于虞以伐虢。）

这种事能答应吗？等晋国把虢国给灭了，那原本夹在两国之间的虞国不就被晋国四面包围了吗？况且，怎么也不能把自家大门敞开，让一劣迹斑斑的惯匪在院子里瞎溜达吧。这得是多傻的人才能干出来的事啊！我是吃公家饭的，遇事了总不能装傻充呆，所以与一位叫宫之奇的同事联名提交了一份意见书，希望老板能停止作死。

记住，千万别给白痴老板打工。我们的忧国忧民，换来的只是一顿雷烟火炮的臭骂。

就这样，晋军大摇大摆地从虞国内部穿了过去，然后经过四个月的战争，把虢国给打败了。战争结束，大批的战利品又送到了虞国国君的面前——晋国嫌绕路回家太费事，想再借一次道。老板立刻叫了我们训话：看人家多厚道，一来一去两次礼，你们真是太小心眼儿啦！这次没人再跟他争论。下班后，大家就都回家去等死了。

出事那天我至今记忆犹新。在晋国将军的邀请下，虞国国君乐颠颠地去郊外野游。那玩得是相当开心啊，他拎着个破弓箭到处撵兔子，冷不丁一回头，才发现自己家被烧冒了烟。直到被关进监狱，他还在不停地嘟囔：这是为什么！为什么呀！

公元前655年，晋灭虞，用时一天。这就是一个笑话。

嗯，一些后来流传的段子，像什么唇亡齿寒啊，假虞灭虢啦，说的都是这个破事。

因为几乎没有抵抗，所以晋军也没进行屠杀，但我作为国家行政人员是难逃一劫，被抓走当了奴隶，所谓亡国奴。我先是被送到了晋国进行劳动改造，没过多久，又被调往了秦国。

别看秦的建国史才一百多年，但却是诸侯中的后起之秀，实力相当不错，晋国很想与其搞好关系。多个朋友多条路嘛。按照我们华夏的惯例，拉关系就得搞对象，所以晋国的一位公主就被嫁到了秦国。而像我这种懂文明讲礼貌的奴隶，就成了显示国家形象的小道具，理所当然地被编入了陪嫁队伍。

其实我并不在意又从小康沦为了赤贫，反正早就习惯了倒霉，但我现在也六十多岁了，说不好哪天就会嗝屁，实在不想以奴隶的身份，没有尊严地死去。故此，在一个月黑风高的夜晚，我鼓动了其他奴隶发起暴动。趁乱，我逃之夭夭了。当时我真没想到，这竟然会引发了一次重大的国际外交事件，而我也有生以来第一次走上了历史的前台。

从营地出来也分不清东西南北，我是玩了命地跑啊，生怕被抓回去坐牢。

就这样，我开始了没有目的地的越野跑。最后是被一群穿着奇装异服的怪人拦下来的，他们都说着我听不大懂的语言，折腾了好一阵儿才弄明白——我居然跑到了千里之外的楚国！那年头就是没有运动会，不然我必定在长跑项目上横扫老年组。

楚国地处长江中下游，远离我所生活的中原地区，文化差异极大，互相间也存在着严重的地域歧视。嗯，简而言之，一看就是北方人的我被暴扁了一顿。然后我接受了严格的政治审查，他们很快就确认了我这个糟老头不是间谍，但本着宁可冤枉也不能错放的原则，还是准备把我干掉。我当然得抗争啊，所以强烈要求进行才艺展示，然后就被带到了牛圈，又干起了老本行——饲养员。最起码是保住了老命。

当时的我没有绝望，也不再有希望，完全接受会客死他乡的命运。但命运的魅力却在于，你永远都猜不到结局。我居然转运了！事情是这样开始的——

那天我正在喂牛，突然就被当兵的给抓了起来，扔进了囚车。我倒没咋害怕，只是有点好奇这是为什么。但没人理睬我的疑问，囚车吱呀呀地向着西北方向行去。看来这又是要出国啊！我看着押车的那些人感叹。

我的囚徒生涯在离开楚国的国境线后，就立刻结束了，一走出囚车我就得到了贵宾级的礼遇，搞得我有点蒙。可更神奇的还在后面呢。在经过跋山涉水后，我被带到了秦国。开始我还以为这是要追究我逃跑的罪责，而路上的种种只是出于人道主义关怀，但很快，秦国君穆公就宣布了对我的处理决定：授予百里奚国务大臣之职，协助本人处理大小事务。

什么？我寻觅了一辈子的好工作，就这么突如其来地降临了？

见我一脸的迷茫，穆公赶紧给我解释了事件的缘由：原来他早就看上我了。多年来，我虽然找工作屡屡碰壁，但名气却闯了出来，以至于连穆公这个一国首脑也知道。之前听说晋国送来的陪嫁队伍里有我，他就已经做好了将我收编的准备，只可惜我半路跑了。后来经过秦国情报机构长期的打听搜寻，才发现我流落到了楚国。故此，秦国以要审判逃犯为名，向楚国提出了关于我的引渡协议，作为补偿，还送了点礼品——五张公羊皮，正好是一个奴隶的价位。

穆公说到这儿有点不好意思，解释道：我是怕楚成王讹我才没敢给高价，也是怕他发现您的价值啊。（《史记·秦本纪》，缪公闻百里傒贤，欲重赎之，恐楚人不与，乃使人谓楚曰："吾媵臣百里傒在焉，请以五羖羊皮赎之。"楚人遂许与之。当是时，百里傒年已七十余。）

看惯了世事浮沉，我哪还会计较这点小事。当官去！

就这样，我在人生的最后几年，焕发了职业的第二春。此时的列国局势又发生了新的变化，霸主齐桓公死后，列国间出现了短暂的争斗，然后诞生了新一代的扛把子——晋文公。这人的经历与我类似，但没我那么惨，只流浪十九年就翻身了。正是因为他的强势崛起，才迫使穆公启动了人才储备计划。

与如日中天的晋国死磕是愚蠢的，韬光养晦才是上上策。故此，我在入职后不久，就向穆公推荐了我的知己好友——蹇叔。

我的推荐起初并没有引起穆公的重视，但在我给他讲了蹇叔的那些乌鸦嘴往事后，他不禁惊呼：这是个人才啊！语毕，他立刻派人携重礼去请蹇叔出山。不知是因为穆公还是我，蹇叔真的结束了他几十年的隐居生活，来到秦国出任大夫。时隔多年再相见，我们相拥而泣，笑看对方的满头白发随风飘。

哥们儿嘛，相知相望！就像我开头说的，所谓的"管鲍之交"，在我们的时代遍地都是，根本没什么出奇的。当然，蹇叔来到秦国后，也没有管住他的乌鸦嘴，而我也不再胆小，经常跟他一起与穆公据理力争。好在穆公是个好老板，虽然也偶尔犯错，但知错就改，绝不缺心眼儿。给这样的老板打工才不枉过每一天！我知道，秦国终究会震撼这个世界。

我的故事马上就要讲完了，但相信很多人还惦记着那句我离家时说的话吧——等我发达了，一定回来接你们！呵呵，再难熬的人生，也可以有个美满的大团圆结局，只要你坚持不放弃。那天我正在家里办公，就听见墙外有人唱歌骂我：

百里奚，五羊皮！忆别时，烹伏雌，舂黄齑，炊扊扅。今日富贵忘我为？

百里奚，五羊皮，父梁肉，子啼饥。夫文绣，妻浣衣。嗟乎！富贵忘我为？

百里奚，五羊皮。昔之日，君行而我啼。今之日，君坐而我离。嗟乎！富贵忘我为？

——《乐府诗集·五羊皮歌》

我呆住了。能历数往事，写出这首歌的，当然只有我的老婆。纷纷乱世中，我在寻她，她也在找我，年复一年。向府门外看去，那身形佝偻的老妪，在我眼中却是无比美丽……

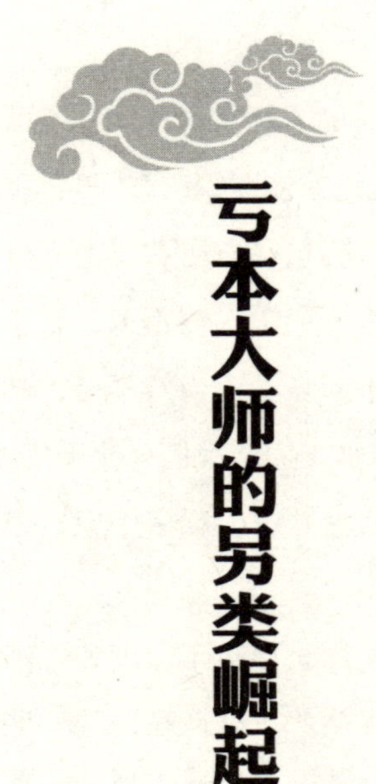

亏本大师的另类崛起

有时，嬴任好也会想自己这辈子多亏是搞政治的，不是做生意的，不然就以他的投资眼光，非得把裤衩都给输没了不可。虽说点儿背不能怨社会，不过一想到晋国那帮龟孙，他还是会被气得肚子疼——这一家都是些什么玩意儿！良心都大大地坏！

想知道这哥们儿为什么对晋国这么骂骂咧咧吗？那得从他为什么结婚说起……

公元前659年对嬴任好来说，是一生中最重要的年份，因为他的职称从“公子”变为“国君”，成了秦国的一号首脑，史称秦穆公。上台后，他首先往中原地区瞄了一眼。这属于遗传性的强迫症，自秦在东周初年建国以来，历任国君都有一个共同的梦想——去中原，当老大！而实现梦想的最大障碍，就是那些自命不凡的中原诸侯。

因为立国晚，秦国只分到了周王朝最西边的地盘。地接边疆，所以秦人从来没有多少太平日子，三天两头就得跟游牧民族干一架。要知道，游牧民族的战斗力可不是盖的，每天吃饱喝足了就靠抢劫来打发无聊的时光。但秦人也够牛×，愣是在短短百年内，就把这帮惯匪给调教得服服帖帖。

不过地域歧视却永远存在，哪怕在自己那一亩三分地里再厉害也没用。在中原人的眼里，西边的秦人跟南方的楚人差不多，属于在进化这棵大树上被甩掉队的猴子，打心眼儿里就瞧不起。秦人当然不爽，却懂得隐忍，因为经常不服的楚国就是个经典反例，已经被中原诸侯们合伙暴揍过好多次了。

穆公当然不想总这么苦大仇深着，但瞄了中原一眼后，他咽了口吐沫，知道还得继续忍——

此时的天下已经没有前些年那么混乱了，因为齐国桓公的横空出世，东周的政治格局被彻底改变。经过包括北方狄族在内的一些不知死活的家伙的多次失败尝试后，已经没人再敢挑衅霸主齐桓公的权威。穆公不傻，当然不会没事找抽，他决定干点别的。

这时比秦国强盛的有三个国家，除了不可一世的齐，还有实力稍弱的晋和楚。别看穆公年纪不大，却领悟出了一套自己的政治玩法：拉帮结派才是王道！当然，楚国是不能考虑的，因为它的人缘实在太差，在一起玩，非得把自己也给搞臭不可。所以在成为国君的第五个年头，穆公乐颠颠地把晋国的一位公主娶回了家。（《史记·秦本纪》：四年，迎妇于晋，晋太子申生姊也。）

搞政治 = 拉关系 = 搞对象。对于这个等式，穆公一直都深信不疑。而倒霉，也就倒霉在这儿了。

1 亏本·缺德的小舅子

婚后不久，媳妇的娘家就发生了血腥革命，大臣们干掉了太后骊姬和她的两个儿子，一时间，晋国没了最高领导人。

晋国发生了这么大的事，最着急的是两个流亡在外的有继承权的公子，但还没等他们有什么行动呢，秦国的外交官就分别瞬移到了两人的面前。也没废话，直接宣布竞价开始：咱秦国现在就是打手，价高者得！在穆公看来，这可是个天赐良机，不仅能漫天要价，弄好了还能在中原扶植个傀儡政权。

面对这事儿，晋国两位公子的反应是大相径庭——大公子重耳根本没得谈，哼哼唧唧地来了一句：咱家事用不着你管。而二公子夷吾就不一样了，这货急得跟火燎屁股似的叫唤：必须帮我啊！我给你割地！

就这样，夷吾在穆公的第一心腹大臣百里奚的护送下，顺利回国即位，史称晋惠公。

对于这事，穆公忍不住夸自己是个天才，想想先辈们在大西北折腾了这么多年，进军中原的梦想或许就要在自己的任期内实现啦！他的脸上简直是乐开了花，可惜没多久，这花就蔫了。

按照先前的约定，晋惠公只要成功即位，那靠近秦国（两国比邻接壤）的八座城池就都应当作谢礼割让出去。可这货贵为一国之君，毫无下限，当他姐夫问起为什么迟迟不完成交割时，丫居然翻脸不认账了："谁说的？我咋不记得呢！"差点儿没把穆公给气死——什么玩意儿啊！不过也没辙，毕竟两国还是沾亲带故的盟友，尽量还是别翻脸的好。穆公算是白忙活加空欢喜了一场。谁知他那缺德的小舅子倒没想这么轻松地放过姐夫，这事过去还没多久，他居然厚着脸皮来找穆公办事了。

公元前647年，晋国遭遇严重旱灾，饥荒严重，但晋惠公一点没担心，他立刻给穆公写了封求助信：兄弟遇到坎儿，姐夫拉一把，给帮个忙吧！（《春秋左氏传·僖公十三年》：冬，晋荐饥，使乞籴于秦。）

说实话，穆公是真想不理这家伙，但本着人道主义精神，也为了获得"东周首善"的称号，他还是决定动起来。看着大批的援助物资被源源不断地运出国门，大臣们都在暗骂——就该借这机会好好抽丫一顿嘛！（《左传·僖公十三年》，邳郑之子豹在秦，请伐晋。秦伯曰："其君是恶，其民何罪？"秦于是乎输粟于晋，自雍及绛相继，命之曰泛舟之役。）

穆公做到这份儿上，真是够厚道了。在他看来，曾经的不愉快都已过去，秦晋又回到了过去相亲相爱的美好时光。所以，当第二年秦国风水轮流转也闹起饥荒时，他毫不犹豫地向小舅子发出了求救信号。可结果却是让他万万没想到——话说消息送到晋国那天，晋惠公慢条斯理地问大臣：“这事该咋整啊？”大臣虢射是一脸的贱笑：“这还用说，必须抽他啊！”晋惠公满意地点点头：“懂我！”（《史记·秦本纪》，晋君谋之群臣。虢射曰：“因其饥伐之，可有大功。”晋君从之。十五年，兴兵将攻秦。）就这样，战争发动了。

公元前645年9月，憋了一肚子气的穆公在韩与晋军短兵相接。这仗打得真是一波三折啊——

首先，因为伙食问题，体力不佳的秦军做出了战术撤退，丢下了一地的废铜烂铁。就在这个时候，只见一匹快马从晋军中蹿出，满场飞奔，那破烂捡得是不亦乐乎。把镜头拉近给个特写吧，是晋惠公啊。然后，局势发生了戏剧性的一幕。穆公一看这货落了单，立马就带人冲了回去，晋惠公被吓得是“哎妈呀”的一声惨叫就摔进了泥坑。可惜，晋军还是很给力的，一看老板要挂，是真玩命啊。结果穆公没抓到小舅子不说，反倒深陷了重围。——如果剧情到此结束，那真是老天瞎了眼，所以神逆转在最后关头上演了——改变局势的，是一伙只有区区三百人的民兵游击队！

几年前，穆公心爱的坐骑离家出走，结果被这伙人发现给炖了吃。但穆公后来却没有追究这事儿，所以讲义气的山贼们决定对穆公万死不辞，自愿参加了这次“抗晋战争”。别看这帮人都抄着劣质兵器，可在这个关键时刻，愣是把晋军冲了个七零八落，不光成功地解救了穆公，甚至把晋惠公给逮住了！

至此，闹剧一般的战斗终于画上了句号，极品贱人晋惠公沦为了阶下囚。（所有战斗场面都很写实，可参见《史记·秦本纪》）

按穆公和大臣们的意思，晋惠公就该被大卸八块。但人在江湖身不由己，不仅媳妇成天在那儿哭天抢地地求情，最后连周天子都来帮着说好话了。没办法，穆公只能退而求其次，让晋惠公把之前的八座城完成了交割，并逼他把儿子（太子圉）送过来做人质，以防他再使坏。

就这样，穆公与小舅子的纠纷才算彻底告一段落。

2 亏本·卑鄙的大舅子

穆公做事有时候喜欢画蛇添足，他又想起了那个他迷信的政治等式。

既然跟晋惠公闹得已然太僵，为了国家发展，那不如把工作重点放在下一代身上。为了事业，穆公也够拼的，竟把自己闺女（文嬴）嫁给了太子圉。穆公想，这回咱也当岳父了，遥控晋国这事还是有希望的！

此时霸主齐桓公已死，天下混乱模式眼看就要重现，诸侯们都盼望着新一代的扛把子登台，整顿整顿江湖秩序。一时间历史的舞台上蹦出了各色人物，像什么宋襄公、楚成王等，但穆公却没有像别人那样可劲儿折腾。他还是有点担心晋惠公使坏，万一自己跟别人单挑时，这货在背后操家伙可就糟了。毕竟瘦死的骆驼比马大，晋国的实力如今依然能轻松排进列国四强。

他决定再等等，等晋惠公死了再说。就是这力求稳妥的性格，让他从翩翩美少年变成了一脸沧桑的大叔。好在，他的体格依然倍儿棒！

公元前637年，功夫不负有心人，晋惠公终于死翘翘了，穆公大乐。他立刻召见太子圉，要以岳父大人的身份对他进行最后的政治教育，然后就派人护送他回国继位。可没一会儿，去找人的宦官就火急火燎地回来了："姑老爷跑啦！都跑好几天啦！"原来这货也不傻，就怕穆公对他的未来指手画脚，所以估摸他爹要挂，早早就溜之大吉了。这档子事他连媳妇都没告诉，因为信不着，而且也不想要了。（《史记·秦本纪》，晋公子圉闻晋君病，曰："……君百岁后，秦必留我，而晋轻，亦更立他子。"）

"这也忒不讲究了吧！"穆公破口大骂。就在他对计划失败备感抑郁时，事情发生了转机——重耳灰头土脸地来投奔他了。这个之前故作清高的哥们儿也演不下去了，请求穆公帮他夺取国君宝座。

正憋气的穆公当然与重耳一拍即合。重耳是正儿八经的根正苗红，回去搞政变那是有绝对的群众基础，缺的就是武装部队。这对穆公来说当然不是事儿，但在出兵前，他对重耳提出了一个要求："咱还是先结个婚吧！"穆公真是钻了牛角尖。重耳当然没意见，这么个关键时刻，别说让他结婚，就是让他裸奔，他都不会反对。

那我跟谁结呢？——重耳好奇也是应该的。穆公给出的答案是相当雷人——就文嬴吧。虽说跟侄媳妇没有血缘关系，但这也是乱伦好吗！不过做大事不拘小节，再说文嬴也确实年轻貌美，重耳当即就答应举行婚礼。这下关系可够乱了，要从最初论的话，重耳还是穆公的大舅哥。（《史记·秦本纪》：秦怨圉亡去，乃迎晋公子重耳于楚，而妻以故子圉妻。重耳初谢，后乃受。）

穆公终于心满意足地发兵了，在轻松地干掉了太子圉后，让重耳成为了晋国首脑，史称晋文公。晋文公上位后，晋秦两国的关系确实开始了良性发展。穆公对晋文公的表现很满意，觉得这次的投资可算没白瞎，心情大好的他决定进一步强化两国关系。公元前632年，在秦国的强力支持下，晋文公完胜楚国，成为了新一代的东周霸主。

作为亲兄弟，晋文公与晋惠公从本质上讲，差别也不是很大，但智力水平却要高出很多。

因为觉得自己的曝光度不够，晋文公决定找郑国约架，这是最简单也最高效的炒作手段。至于郑国为啥这么倒霉，原因有两点：一是当年晋文公作为政治难民逃到郑国时，郑国君表示了鄙视；二是郑国地处晋国周边，却非要给楚国当马仔。不过要说单挑这事，输赢都难免受伤，所以他就屁颠颠地去找穆公了："就凭咱这关系，你就能看着他跟我嚣张？也不是你性格啊！"这话说得挺江湖，无非就是想拿穆公当枪使。

穆公这人朴实，没多想就把桌子一拍："那是，抽他！"说完就跟着晋文公跑到郑国去打架。（《史记·晋世家》：七年，晋文公、秦穆公共围郑，以其无礼于文公亡过时，及城濮时郑助楚也。）

郑国只是个二流货色，一看这形势，差点儿没吓尿了，好在国内有个叫烛之武的哥们儿特会聊天，就被派到穆公那儿去做说客。烛之武说了挺多，但总结起来也就一句话："您想想，这几年您帮他争名气抢地盘，得过什么好处啊？他耍您玩还看不出来？您这么聪明，也不至于啊！"再配上百思不得其解的苦恼表情，虽说是挑拨离间，但也是大实话，秦国每次给晋国帮忙都是白干。

穆公不傻，听烛之武这么一掰扯，立马就开窍了。鉴于自尊受到伤害，他连招呼都没打就撤了，走前还跟郑国拜了把子，成为盟友，搞得晋国好不尴尬。就这样，郑国躲过了一场暴揍。

经过这事后，秦晋两国间的热度再次下降，又回到了从前不远不近的状态。

③ 亏本·失败的殖民地

穆公与晋国彻底闹翻是在公元前628年，那一年秦晋两国都很忙。

在晋国，晋文公死了，但这次的政权交接很顺利，姬驩顺利上位，史称晋襄公。而此时穆公正在忙着搞殖民地。

自从结盟后，郑国力邀穆公派出一支驻外部队，帮助郑国增强军事力量。这事有点缺心眼儿，小肥羊天天跟大饿狼一起玩耍，想不出事都难。因为地形原因，秦国通往中原的道路是被晋国堵死的，而郑国却是正儿八经的中原国家，所以穆公抑制不住诱惑，决定向它下手。正好驻外部队可以做内应。

穆公这人还是太朴实，因为头一回干缺德事，实在太不好意思，还非要搞个偷袭。但不管这仗怎么打，秦军都必须在晋国的地盘上经过，按说你打个招呼也是应该的。但不知穆公是心急，还是懒得理，一声没吱不说，还顺手抢了人家的一个小城。但对这事，晋国连严正抗议都没提出，因为晋襄公正忙着埋他爸，实在没空。就这样，秦军在晋国来了次潇洒走一回，可再往前走就卡壳了。

还没到郑国地界，秦军就发现前方来了一群人，打着横幅——热烈欢迎盟军路过。仔细一看，居然全是郑人。别看郑国打架不行，但搞情报倒很有一手，在得知秦国的吞并企图后，立刻装糊涂地派出了慰问团。郑国知道死磕是不行的，只能把事点破，看穆公脸皮到底有多厚。

这招还真就玩对了，穆公脸皮薄得很，备感尴尬的他立刻就下令撤军回国。但感叹兴师动众却白忙一场的他不知道，倒霉的还在后面呢。

晋惠公这会儿已经埋完爹了，年轻气盛的他一定要给穆公点颜色看看，选择的报复地点就是秦军回家的必经之路——崤山。累成狗的秦军正感觉没劲又疲惫，一点防备都没有，也真是没想到晋国会撕破脸——就这样，著名的崤山大屠杀发生了。

情况实在太惨，除了三个被抓了俘虏的指挥官，秦军无一生还。（《春秋公羊传·僖公三十三年》：晋人与姜戎要之殽而击之，匹马只轮无反者。）

晋襄公本想把三个俘虏都给剁了，以扬国威，但却被太后文嬴阻止。文嬴没有儿子，所以才轮得到姬驩上位，但这并不影响她的话语权。就这样，在文嬴的干预下，三位将军才免于一死，狼狈归国。穆公信奉了大半辈子的政治等式，这次总算是起了点作用，可却是在如此惨淡的情况下。

平生第一次，他真的怒了！

4 称霸·不走寻常路

虽说气得要死，但穆公并没昏了头。

两年后，穆公再次发兵晋国，双方在彭衙略一接触后，秦军就选择了战术撤退。表面上，虽然秦军又败了一次，但几乎没什么太大的损失，却把晋国的底细摸了个明白。（《史记·秦本纪》：缪公于是复使孟明视等将兵伐晋，战于彭衙。秦不利，引兵归。）

面对外界的嘲笑，穆公一笑置之。一个拥有强硬实力，却选择隐忍几十年的人，他出手的一刻，必然要有十足的把握。别人的吹捧或看低，从来都无所谓啊！经过仔细地研究后，穆公决定再筹备两年，那时他将有完胜的把握。

在经历过几次亏本的决策后，穆公对世界也有了新的认识：何苦非要去中原插一脚呢，那里的混乱局势根本就不利于一个国家的成长啊！自知已步入人生晚年的他，把目光看向了遥远的未来——我该为国家做点真正有意义的事了！就这样，在发展军备的同时，穆公彻底断绝了再去争霸中原的想法，却把视线移向了西边。那里有广袤的大地，而对手却只有简简单单的一个，就是游牧的戎族人。

近几十年，因为秦国的日益强大，戎族早已不敢再进行骚扰，甚至还谦虚地派出了考察团，想向穆公取取经，学学专业社团应该怎么搞。而就在这两年中，又从戎族来了一伙搞调研的，领头的叫由余。这是个万事通，祖籍在晋国，却成长于戎族，成年后又经常在秦国往来，行过万里路。只简单地聊了几句，穆公就兴奋得直哆嗦——秦戎两地的政治、经济、地理，就没一样是他不懂的，是标准的战争必备型人才啊！

但穆公最喜欢由余的一点，还是这货对戎王太忠心了，无论放出什么糖衣炮弹，都坚决不跟穆公混。可别以为穆公是个受虐狂，他只是不想招聘一个无良的职工，毕竟这些年真是被缺德鬼们给吓怕了。不过被骗那么多次后，穆公也学会了耍诈。他先盛情邀请考察团多住一段时间，然后每天都拉着由余喝酒吃肉，形影不离；同时，他又找了一群美女组成艺术团，远赴戎族去表演，把由余的老板哄得是晕头转向。把这些戏都做足后，穆公才放了考察团回去，而脸上忍不住露出一丝坏笑。（《史记·秦本纪》：与由余曲席而坐，传器而食，问其地形与其兵势尽察，而后令内史廖以女乐二八遗戎王。）

回到部落的由余简直不敢相信自己的双眼，牛马病死大半不说，戎王还成天不理政务，就知道看戏听曲逗美女。由余当然看不下去，可一张嘴就被戎王给骂了：“你这个叛徒还好意思说话？我都听说了，你跟秦穆公现在好得跟哥儿俩似的。”反间计！由余再忠心也屁用没有了，他的信用记录在戎王那里已经是最低评级。

就在这时候，穆公的糖衣炮弹再次袭来。一边是老板成天骂，一边是费尽心机求人才，跟谁混一点都不难选择了。就这样，由余成了秦国的大夫，尽职尽责地为穆公制定了一套详尽又靠谱的对戎战争攻略。（《史记·秦本纪》：由余数谏不听，缪公又数使人间要由余，由余遂去降秦。缪公以客礼礼之，问伐戎之形。）

至此，两年的时间一晃而逝，穆公知道自己的辉煌将从此刻开始！

公元前624年，秦国又一次向晋国开战，领兵的指挥官，还是当初被抓俘虏的那三个人。在渡过黄河后，秦军做了一件让晋人瞠目结舌的事——焚毁了他们所乘坐的船只。不胜不归！带着四年的准备和刻骨的仇恨，秦军的脚步再也无法阻挡，哪怕是强盛如旧的晋国。晋军被杀得抱头鼠窜，接连丢了王官和鄗两座城池，再不敢出城去战了。

穆公却并没有选择继续死磕，在争回了尊严后，他带领将士们去了崤山，祭奠了四年前葬身于此的亡魂们。痛哭三日后，秦军凯旋。（《史记·秦本纪》：缪公复益厚孟明等，使将兵伐晋，渡河焚船，大败晋人，……封肴中尸，为发丧，哭之三日。）

经此一战，穆公名震华夏！不过他却对中原再提不起兴趣，挟大胜之威，转而向西，按照由余制订的计划，横扫千里。短短一年之内，秦国就征服了十二个戎族部落，事业达到了巅峰。此刻，没有谁会怀疑穆公已绝对拥有霸主的实力。

面对强悍的穆公，连周天子都得屁颠屁颠地去笼络，鉴于穆公并没有公开称霸，还特意给他取了个独一无二的称号“霸西戎”！谁也没想到，穆公就以这样非主流的路线，达成了霸主的威名。（《史记·秦本纪》：秦用由余谋伐戎王，益国十二，开地千里，遂霸西戎。天子使召公过贺穆公以金鼓。）

公元前621年，穆公笑着离开了人世，墓葬于雍地。他为秦国打下的根基和制定的西部大开发策略，将在遥远的未来产生深远的影响。连这个智者自己都不会想到，在四百年后，他的子孙将史无前例地统一华夏！

亏半生，却赢一世，足矣！

作者按：

根据《春秋左氏传·文公六年》和《史记·秦本纪》中的记载，穆公下葬时的陪葬者众多，其中不乏忠良贤臣，可说是在人生之末自黑了一把，也给他的子孙们做了个不好的榜样。

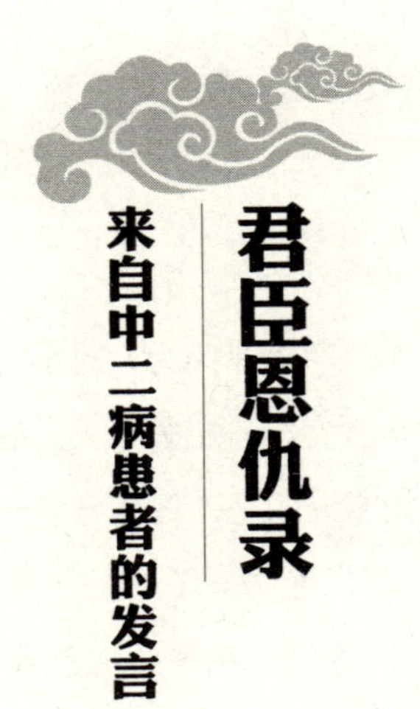

君臣恩仇录

来自中二病患者的发言

用你们现在的说法，我绝对算是含着金汤勺出生的。但别羡慕，跟你们说句实话，有时这也不是什么好事。因为金汤勺这玩意儿要是没含好，那能把人给噎死。不信？那就听我给你讲讲咱的往事吧。

先自我介绍一下。

我叫夷皋，也算是个名人。按照后来人们的评价，咱要想拿下“春秋最奇葩国君”的称号，那绝对是倍儿轻松。没错，生前咱也是个领导，而且是晋国的正版国君——晋灵公。为什么要强调正版呢？因为作为晋襄公的嫡长子，咱是绝对地根正苗红，丁点儿山寨的成分都没有。但有些人就是不要脸，总想抢咱家的产业，这个人就是赵盾。

一提起这人我就来气，真想剁了他！

① 赵盾为什么该死

有人说我脑残，或许吧。想来，可能是因为我对小时候的事情都记得模模糊糊，印象不深。但哪个小孩不贪玩呢？谁有空关心大人的世界啊。所以童年时代的事，大多是后来听我娘讲的。她常说的是，我有一个缺心眼儿的好爸爸。

我爸叫晋襄公，是个牛人，听说连周天子遇见他都得满面堆笑。可能是忙于事业吧，他到晚年才有了我。因为老来得子，他对我相当宠爱，所以对我来说，“无法无天”从来都不是个夸张的定语。如此得天独厚的家庭环境，也让我的一些小爱好一直完好地保留了下来，比如杀人什么的。反正不管我干啥，爹都喜欢我。

但好日子终有结束的一天，倒霉事儿是在公元前621年发生的。

我觉得爹那会儿肯定是得了老年痴呆，不然也不会在临死前让赵盾来做执政大臣。所谓执政大臣，就是什么事都可以管的高级秘书。我爹缺心眼儿就是缺在这儿，他本意是想帮年幼的我找个帮手，可怎么也不该去找赵盾，这简直就是把我往火坑里扔。

嗯，我对赵盾这么一直碎碎念，可能有的人还不知道他到底是个什么来头。我先简要说明一下。

首先，赵盾就是个土鳖。虽然他也算出身贵族之家，但却是在荒蛮的少数民族地区长大，在成年前，他一直都是第三世界居民。不过他之所以能成为晋国的官场名流，靠的却是拼爹。

他爸叫赵衰，跟我爷爷晋文公是能穿一条裤衩的铁哥们儿。当年他们一起浪迹天涯时，赵衰把在逃亡路上出生的赵盾留在了国外。后来赵衰跟着俺爷爷发达起来，就把赵盾从翟国接回来重点培养。因为这层关系，赵盾居然就成了我爹最信任的人。

而他，也就这样成了伴随我一生的梦魇。

别看我是一国之君，但自上位开始，国家政事就几乎没怎么接触过——因为大事小情一概由赵盾操办。用你们的话说，这人就是“事儿事儿的”，我怀疑他是不是嗑了什么神药，怎么一天到晚都精力充沛呢？就说我刚继位那会儿吧，这货非要搞的什么依法治国，我到现在都没搞清楚是什么。（《春秋左氏传·文公六年》：宣子于是乎始为国政，制事典，正法罪。辟狱刑，董逋逃。由质要，治旧污，本秩礼，续常职，出滞淹。）

其实按我的理解，既然是依法治国，那就该由我说了算。因为我是国君，那我就是法嘛！唉，赵盾当然不会听我的，也没个地方讲理。后来他在国内折腾够了，又跑到国外去嘚瑟，而且是愈加不给我面子。

从公元前615年开始，因为实力强，我们晋国多次被票选为中原诸侯的带头大哥，也就是东周霸主。这是个好事，但我却不开心，因为每次上台领奖的总是赵盾，而不是我。这种事倒也不是没有过先例，比如我爷爷晋文公就曾为了彰显自己的超凡脱俗，派大臣代自己去接受“霸主”的称号。但那是他老人家自己乐意！像我这么年轻，当然想亲自去感受被人膜拜的滋味好吗！我从来也没同意过让赵盾去啊！

现在懂了我为什么一提起赵盾就来气了吧？

那段时间，赵盾连打嗝儿放屁都能登上列国头条，却没人愿意多给我这个国君一点关注。所以我决定给赵盾点儿颜色看看——得让他明白，抢我的风头是有代价的！寻寻觅觅，公元前612年，终于被我逮到了个机会。

这事的起因是，齐国想闹事。

齐国此时的领导人是刚上位不到一年的齐懿公。我很欣赏他，因为大家品位差不多，都很高调，喜欢杀人、泡妞。

可能是因为闲得慌，想找事干（同为国君的我是深有体会啊），也可能是想多点儿出镜率，齐懿公还没把国君的位子坐热，就猴急地发动了战争。这哥们儿打架蛮有趣的，根本不讲套路，完全是看心情，即兴发挥。本来呢，他只是想跟鲁国干一架，结果走到半路却先把曹国给揍了一顿，理由相当无厘头：

不为什么，看你有道德，我就是不顺眼。（《春秋左氏传·文公十五年》：女何故行礼！）

其实想打架倒没什么，但按照中原诸侯共同定下的规章制度，这事必须得先提交申请，经霸主审核批准才能开战。所以齐国这么干就是目无法纪，而对霸主来说，那是相当不恭敬。不过还没等我说什么呢，赵盾先坐不住了，也没先问问我的意思，立马派兵杀到了齐国。到底谁才是老大啊，他当我是吉祥物吗?

齐国原本也是中原的传统强国，但近些年走了下坡路，国力大不如前，现在的情况是分分钟就能被我们晋国暴扁。一看这坏了规矩真不是闹着玩的，齐懿公傻了眼，愁得几天都睡不着，最后终于想到一个可以力挽狂澜的人，那就是我。

心动不如行动，有病乱投医的他立刻给我送了重礼过来，马啊、玉啊、美女啊，多的是。但最打动我的，还是他的诚意。

齐懿公深刻检讨了自己的错误，并恳求我放他一马。被人需要的感觉真是太好了，这可是有生以来第一次。所以我没有片刻犹豫，当即以晋国国君的身份直接向三军下令——统统给我撤回来！齐国就此逃过了一劫。（《春秋左氏传·文公十五年》：齐人赂晋侯，故不克而还。）

赵盾当然被气得够呛，太丢面子了，但他对我也是无可奈何。

打这儿起，给赵盾拆台就成了我的全部工作。效果也立竿见影，我的曝光度瞬间飙升，收礼还收到手抽筋。反正，只要是能让赵盾不痛快的事，不管谁找，也不管什么事，我都给解决。听说那会儿国际上都当晋国是个笑话，但我想，被笑话的应该只是赵盾吧。毕竟，丢脸的可是他。

赵盾也算识时务（至少当时我这么觉得），经过我不停地找碴儿，他终于老老实实地把军政大权还给了我。拿回权力我着实开心了好一阵，而且以最快的速度举办了诸侯代表会，亲自参加！把当年错过的，都好好地享受了一遍。搞笑的是，开会时鲁国没来，因为还在被齐国虐呢。（《春秋左氏传·文公十七年》：

晋侯蒐于黄父，遂复合诸侯于扈，平宋也。公不与会，齐难故也。）

那时，我本以为跟赵盾的恩怨会至此为止。真没想到最后会因为一只狗跟他死磕起来。

2 赵盾是个邪教

我这人特喜欢狗，尤其爱看狗咬狗，忒过瘾。（参考《郁离子·晋灵公好狗》）

不过作为神圣不可见光的国家元首，咱肯定不能没事儿自己跑大街上遛狗去，太丢范儿了。故此，历史的关键人物——屠岸贾，就闪亮登场了。他是一名享受正部级待遇的专职“代遛”，现在简单介绍一下他。

屠岸贾出身官宦世家，自他爷爷那辈儿起，三代人都官居晋国大夫。所以在当官这事上，他是相当懂行，想必有祖传的攻略。他最拿手的，就是哄我开心。就说遛狗这事儿吧，为了彰显帝王之狗与平凡之狗的区别，屠岸贾愣是给狗们量体裁衣，换上一水儿锦衣绸靴，然后往街上一牵，真叫一个气派啊，让我倍儿有面子。

他不只帮我养狗，还会承包些国家工程，比如建造皇家园林。但就因为这事，赵盾可没少在背后诋毁他——这都是些劳民伤财的活计，大大地不该做啊，况且屠岸贾这个小人，必然会在工程中大搞贪污腐败！

哼，老子是一国之君，全国人民都该为我服务且无怨无悔，哪来什么劳民之说。至于贪污，那不过是赵盾自己贪不到，眼馋罢了。要知道，人家屠岸贾辛辛苦苦建造的园林不光漂亮，而且还搭送美女，可是大大的忠臣。

我最烦的就是赵盾这点，没事儿就爱絮叨，比如：我用弹弓射大臣玩，他说我没礼貌；我宰了做饭不好吃的厨师，他说我太残暴。真是够烦，我看吧，他就是见不得我开心！（《史记·晋世家》：十四年，灵公壮，侈，厚敛以雕墙……杀宰夫，使妇人持其尸出弃之，过朝。）

说到这儿，是不是有人觉着我心眼儿太小，没有容人的度量？那我告诉你，还真不是。不信再听我讲件事——

像我们当国君的，当然吃什么都得是特供，羊也不例外。所以有天听说羊圈出了问题，我整个人都不好了，毕竟关乎食品安全嘛！当时的案发现场惨不忍睹，小肥羊们死伤大半，暴怒的我发誓要严惩凶手。但后经有关部门全力侦查，最终确定了凶手是狗。那到底是谁的狗呢？这就成了一个很重要的问题。

说实话，我当时也有点儿蒙。你想啊，如果这是我的狗，那得多尴尬。

关键时刻屠岸贾适时地站了出来，以非凡的推理能力解开了谜案："这肯定是赵盾干的。主公您想，谁敢这么干？谁能这么干？证据并不重要，动机说明一切！"（《郁离子·晋灵公好狗》，他日，狗入苑食公羊，屠岸贾欺曰："赵盾之狗也。"）

连狗都敢没事儿捣乱，那主人必然是居心叵测。屠岸贾的结论深深地震撼了我。

有危机，当然要先下手为强。我立刻派出了素有"国内第一杀手"之称的锄麑。这是个猛人，单手能拎起一辆马车。当时我觉着让他去弄死赵盾，那就是分分钟的事，根本没有悬念。但万万没想到啊，接下来的事天雷滚滚。

当天旭日将升，锄麑潜入了赵府。这个时间连耗子都犯困，由此可以看出，在见到赵盾前，他是多么专业。

但接着情况急转直下。我之前说过，赵盾成天像喝了药似的亢奋无比，就像这会儿，眼看天都要亮了，他还穿着工作服在屋里摆谱呢。画面定格在此——我一直都搞不懂，这有什么可感动的，锄麑有必要泪流满面，甚至惭愧到撞树自尽吗？（《春秋左氏传·宣公二年》：宣子骤谏，公患之，使锄麑贼之……触槐而死。）

虽然这事的结果让人很不满意，但一说起来，我还是忍不住想笑，因为实在是太疯狂太狗血了。能让职业人士变得如此脑残，我深深地觉得，赵盾就是个邪教啊！

我跟赵盾彻底撕破脸是在同年九月。那天我请他到家里来吃饭，目的当然还是搞死他。当时从茅坑边到床底下，可哪哪都是杀手，连屠岸贾都带了“大内第一猛犬”来协同作战。相信这绝对是地狱级的难度，没人可以通关。但又是让我万万没想到啊，竟然有人提前去给赵盾进行了剧透。干这缺德事的……竟然是我的厨师。

厨师叫提弥明。据说是当年老家遭遇灾荒，外出逃荒的他差点儿饿死在首阳山，正巧遇到去打猎的赵盾。然后赵盾就用一个鸡腿收买了提弥明的心。而这个难民出身的人是怎么混进我厨房的，确切的人事记录已经找不到了，但我相信赵盾一定在中间动了手脚。唉，我居然没发现这个潜伏在我身边多年的间谍。

不过，尽管有剧透，赵盾竟然还是来了！

至于赵盾为什么要如此作死，提弥明是不清楚的。所以他一看见赵盾就急了，还没等我发出行动暗号呢，一把拉起赵盾就往外跑。此时的他就像打了鸡血一样癫狂，手舞着菜刀，拼了命地掩护赵盾撤退，连我的猛犬都在他的刀下光荣牺牲了。（《史记·晋世家》：盾既去，灵公伏士未会，先纵啮狗名敖。明为盾搏杀狗。）

就这样，赵盾趁乱而逃，提弥明就没那么幸运了，他被乱刀砍成了肉泥。而赵盾确实老奸巨猾，他连家都没回就逃往了国外，让我的杀手们都扑了个空。这个结局虽与我希望的有些差距，但也是可以接受的，毕竟在春秋时代，跨国追逃可是个很困难的事。

按说，故事进展到这儿，也就该结束了，因为正义已经战胜了邪恶嘛。但我真是小觑了邪教的煽动力啊。

九月二十六日，也就是赵盾出逃的几天后，将军赵穿突然来找我。当时我正在桃园里玩耍，那几天我特别开心，也就没多想。其实就算多想了，也绝想不到赵穿会二话不说就宰了我……（《史记·晋世家》：乙丑，盾昆弟将军赵穿袭杀灵公于桃园而迎赵盾。）

剧情进展有点太突然是不？我也这么觉着。怎么也想不到，我居然就这么没有征兆、毫无准备地被人给干掉了……

作为剧情主角，面对这种突兀的神转折，我也真是醉了。不过在死后，我终于搞明白赵盾为什么要冒险去参加饭局——因为在我想杀他的同时，他也早已经策划好了对我的谋杀。

唉，真是想不到啊，在这场血淋淋的政治斗争中，代表正义的我，竟然完败给了邪恶。

3 赵盾的超无耻

我刚死，赵盾就屁颠颠地滚回来了。

其实他根本就没跑出去多远，一直在晋国境内晃荡来着。刚一回来，赵盾就遭到了一些正义人士的责问："说！赵穿干掉国君是不是受了你的指使？"赵盾是一点儿都不紧张："冤枉，你们没看见我被国君撵得嗷嗷跑吗？这可是正儿八经的不在场证明。"又问："那你为什么一直在国内徘徊不前，天底下有这么逃命的吗？"赵盾是一脸的委屈："爱国有罪吗？我那是留恋故土好不好。"（《春秋左氏传·宣公二年》，大史书曰："赵盾弑其君。"……宣子曰："乌呼，'我之怀矣，自诒伊戚'，其我之谓矣！"）

这就是狡辩嘛，前后发生的一切明显是提前准备好的。我相信，就算没有提弥明的保护，当天赵盾也绝对有办法安全离开。他之所以一直在国内徘徊，就是在等待我指日可待的嗝屁。况且，那个赵穿可是他的远房堂弟。

但不管怎么讲，赵盾就是通过这么扯淡的辩护，把自己给平反了。这还不算完，还记得赵盾之前说要依法治国吗？纯粹的扯淡。他以赵穿屡立战功，可将功抵过为由，提议无罪释放。搞什么啊，他杀的可是我——一国之君，到哪儿都是罪不可赦的好吧！

这种丧尽天良的事当然遭到了正义人士们的反对，赵盾再霸道，也只能暂时搁置，因为他还有更重要的事要忙。

国不可一日无君，对此时的赵盾来说，最急的就是去找个傀儡。别问赵盾为什么不自己当老大，因为这年月血统才是唯一竞争力，规矩的维护者是所有的列国王侯阶层，赵盾这种滑头可不想被群殴。

傀儡很好找，大家族都必然出败类，我家的败类就是我叔——黑臀。别看咱们是一家人，但其实互相一点儿都不熟，也没什么感情。在我很小的时候，黑臀就被我爸撵出了晋国，然后他就一直在外婆家（周王室）混饭吃。所以说，指望他给我报仇什么的是根本不可能的。

去周王室接黑臀的活儿交给了还在保释期的赵穿。这当然是赵盾特意安排的，目的就是让他去混个脸熟，为下一步做好铺垫。回国后，黑臀在赵盾的扶植下，顺利上位，史称晋成公。（《史记·晋世家》：赵盾使赵穿迎襄公弟黑臀于周而立之，是为成公。）

为了彻底消除我所遗留的影响，在赵盾的授意下，晋成公上台后，做的第一件事就是特赦了赵穿，然后就开始公然诋毁我。他把我说得一无是处，而赵穿却成了一个为国分忧、为民请命的大英雄。唉，我怎么会有这种无良的亲戚?

但作为一个死鬼，我再愤怒也改变不了什么。“弑君”就变成了“除害”，而昏君从此也成了我的绰号。我恨啊！至此，我算是与这个世界彻底没了关系。

在发现晋成公是个货真价实的软蛋后，赵盾的气焰愈加嚣张了，他不仅把整个晋国的公务员体系都换成了自己的人，还提出了重设“公族”的议案。所谓“公族”，说白了就是非君侯血统的人，也可以世袭爵位。这个制度曾在我太爷爷（晋献公）的时代被废除，因为会严重威胁到我们家族对晋国的统治。

议案当然顺利通过，晋成公那个孬种哪敢对赵盾说不。第一个被封为“公族”的当然就是赵家，真是没天理了。（《史记·晋世家》：成公元年，赐赵氏为公族。）

从此，任何事情晋成公都不会过问，而所有人也都要看赵盾的脸色行事，晋国可以说就是赵国了。

我为什么做鬼都想宰了赵盾，现在都懂了吧。他不光杀了我，还抢走了我家的产业，就是个地地道道的无耻之徒啊！我实在是搞不懂那个叫孔子的，为啥要帮他说话，坚称赵盾是个好人。（《春秋左氏传·宣公二年》，孔子曰："赵宣子，古之良大夫也，为法受恶。"）

唉，这个世界真是太不公平了。

作者按：

主流的史学观点认为，东周历史的节点是多年后的"三家分晋"，但我认为，后来的所有改变，都源于这次晋灵公的意外死亡。

晋灵公肯定是个活宝，而赵盾也绝对是个权臣，所以从道义上来看，这就是狗咬狗的节奏。但他们争斗的结果，却足以影响历史的走向。如果说"三家分晋"是果，那"赵盾弑君"就是因。从这儿开始，周朝所谓的"崇礼"就可以说完全不存在了，原来人们所信仰的一切在实力与权谋面前，都彻底变得狗屁不是。

公元前621年前后，是个众星陨落的时期，秦穆公、晋襄公还有他们手下一干超凡脱俗的谋臣将士都相继离世，赵盾与晋灵公也在此时携手出场。冥冥中自有天意，原本大国间的激情碰撞，就此转向了各国自身或是小区域内的权谋厮杀。

当然，这些都是本人的粗浅观点，掺杂了些许对历史的个人情感于其中，见笑。

段子的真相

公元前613年某日，楚国的朝堂上弥漫着诡异又恐怖的气氛，因为刚刚有一位正部级干部在宫门口被执行了斩立决，罪名是爱叨叨。别笑，这可不是逗乐，那颗倒霉的人头还正在地上滚着呢，孤零零的甚是可怜。能如此“利落”地咔嚓掉一个高官，当然只有一国的首脑才能做到。

目前楚国的领导人叫熊侣，史称楚庄王。或许你有所耳闻，知道他是春秋霸主之一，而且是在任何测评标准下，都能排进前五名的牛人。但这会儿的他，还真就只是个懵懂青年而已。关于他，你可能还听过一个段子，那是著名的段子手司马迁写的，所谓“一鸣惊人”。

段子讲的是楚庄王从即位开始算，整整懵懂了三年，突然有一天，一个大臣跑过来逗闷子：“有个鸟，三年不飞三年不叫，为什么？”楚庄王头脑风暴后，明白这一定是在说自己，答曰：“那它一叫，就吓你一跳！”然后就幡然悔悟，奋发图强，成为满满正能量的励志好青年，一个狗血又俗套的结局。

像这种江湖传奇，大多是某些人多喝了二两酒后，闲扯出来的，然后一传

十、十传百，就传成了这所谓的传奇。至于传奇背后的真相……这么说吧，牛×都是苦×熬出来的精华！

1 憋屈

本来公务员是个好差事，高薪、稳定还倍有面儿，但在这会儿的楚国，那就是高危职业了——以楚庄王此时的脾气，是分分钟杀你没商量。像文章开头那么混丢脑袋的，已经不是一两个了，而且都是些正儿八经的好官。他们是因为看不惯楚庄王成天喝酒泡妞不务正业，才去叨叨的。当然了，楚庄王之前也不是没警告过：谁敢再劝我学好，就等死吧！（《史记·楚世家》：有敢谏者死无赦！）

但忠臣嘛，爱好都是杀身成仁，以求名垂千古，所以不作不死也成了必然的结局。但说句实在的，那几个倒霉挂掉的哥们儿都是谁，现在已经不可考证了。没办法，历史也是需要炮灰的。

其实呢，楚庄王也不是什么反社会人格，而现在如此让人无语，主要还是因为憋屈。事情呢，还要从他祖宗八代那儿开始说起。

楚庄王的太祖父叫熊仪，史称楚若敖。为什么叫“敖”，而不是“王”呢，其实意思都一样，只是地方话和普通话的区别而已。由此可见，那时的楚国是一个比较“土鳖”的地方，还没有与“国际”接轨。而楚国的崛起就是从这个楚若敖开始的。

楚若敖对国家最大的贡献就是生了几个质量不错的儿子，其中最出名的是次子斗伯比，一个有治国安邦之才的人。但作为二儿子是很悲剧的，他表现再好也没资格继承家族产业，只能选择自力更生。一般来说，这种角色的剧情无外乎两种：造反成功当了王，或是丢了脑袋成败寇。可具有超前政治头脑的斗伯比当然不会落俗套，他的想法很有创意：不争虚名争实权——建立一个强大的政治家族。

斗伯比当时的官衔是令尹，相当于现在的国务院总理兼军委主席，是正儿八经的国家二号人物。所以只要他不谋反，那就干什么都行。（关于斗伯比曾为令尹，参见《世本八种·秦嘉谟辑补本》，《左传》并无记载）

他的这个选择是好处多多，首先避免了高风险的兄弟死磕，其次是能打着辅佐国君的旗号来发展势力。据现代科学研究表明，智商这东西是会遗传的，所以经过斗伯比及其后辈一百多年的苦心经营，庞大而又强悍的若敖氏家族已能在楚国呼风唤雨。所谓政治的本质即权力，职称是王是臣有时并不重要，就像此时憋屈的楚庄王，虽然名为一国的首脑，但却处处受制于若敖氏家族。

楚庄王根本支配不了军队，因为团级以上干部几乎都是若敖氏的人；而政策的制定他也没有话语权，因为不管说点什么，若敖氏的人都得过来指手画脚。他们要是不同意，那就什么也不能通过，这就是各部门经理联合起来架空老板的典型案例。

所以，楚庄王杀“忠臣”也是可以理解的——看不出来我对一切也是有心无力吗？帮不上忙就算了，在那儿穷叨叨什么啊！

按照此时楚庄王的想法，反正国君也就是份工作，混到任期结束也就算了。但这个得过且过的想法实在是很傻很天真，因为身在乱世只有两个选择：要么逃，要么战！没人可以随波逐流地混过一生。就说这年刚到秋天，他就差点儿丢了命。

事情是这样的——

若敖氏有个叫斗克的哥们儿在家族内混得很不好，但他还总觉着自己是个人物，久而久之，这人的心理就有点扭曲了，总想干点惊天动地的事给大家看看。正好他有个臭味相投的好朋友叫公子燮，最近因为竞选令尹失败也想报复社会。结果，这俩脑残为了能心想事成当即决定——挟持楚庄王，成立新政府。（《春秋左氏传·文公十四年》：初，斗克囚于秦……公子燮求令尹而不得。故二子作乱。）

这种异想天开要是吃撑了逗个贫也没什么，谁还没做过白日梦，但当梦想照进了现实，那就真有点太雷了。

楚庄王那天刚起床就被关了禁闭，而这么大个事，居然平静得连鸡飞狗跳都没引起。要说为什么如此轻松，那是因为城防护卫队的负责人就是斗克和公子燮。正常来说，这么重要的工作怎么也轮不到他们，但现在是特殊情况，周边附属国集体叛乱，导致楚国稍有点能力的人都跑到前线去参加镇压行动了，才让这俩废物脱颖而出。

一摊牌，楚庄王差点儿没被气死——怎么连若敖氏的小瘪三都不把我放在眼里了，难道国君只是个通关道具吗！不过说实话，他现在还真就连小瘪三都搞不过，只能暗气暗憋。司马迁的段子说他既花天酒地又无忧无虑地过了三年，可事实是第一年还没过完呢，他就已经可怜成这样了。

继续说那俩脑残。一看楚庄王既没叫唤也不挣扎，而且还挺配合，就放心大胆地开始了第二步计划：刺杀现任令尹——子孔。这是楚国真正的实权人物，也是若敖氏内部最具威信的人，杀他无异于自杀。但就这么个难度系数超高的活儿，在高额奖金的诱惑下，还是很快被人接走了。斗克和公子燮大乐，心道：看来希望就在前方啊！

那个接活儿的杀手没在历史上留下姓名，我觉着吧，可能是因为他的动作太快了，没法记录。

咱们来捋一下，此时子孔正在舒国平乱，这舒国大概是在今天安徽的庐江县，而楚国的郢都则是在湖北的荆州，在地图上量一下就知道，两地相隔六百多公里，还得跋山涉水。按盛唐时代皇家级宝马的标准来算，一天能跑二百公里出头就很不简单了，而且是在路况不错的驿道。春秋时代的交通当然没法跟盛唐比，而这位杀手哥一来一回，再加上做任务的时间，一共还没有半个月，可想而知他靠的绝对不是骑马，而是罕见的绝世轻功。

先不纠结细节了，反正杀手哥也算道义，很快就托人给斗克和公子燮捎了句话：事儿是没办成，但定金就不退了。（《春秋左氏传·文公十四年》：二子作乱，城郢而使贼杀子孔，不克而还。）

斗克和公子燮也是实在人，一听说行动失败，也没细想，就开始大规模招聘民工去加固城墙。不过土木工程做了一半，这两朵奇葩就扛不住精神压力了，生怕子孔杀回来把他们大卸八块，所以两人一商量，那还是用后备计划吧——挟持楚庄王逃之夭夭。

按理说，故事的主角肯定是楚庄王，但现在戏真被抢得太严重了，都看不见他的影儿，这种事换谁也不能乐意。所以说，浪子回头绝不是靠一个活宝扯个段子，而是憋屈得要死后的大彻大悟。但这会儿，他的生死还完全掌握在那两个脑残手中。斗克和公子燮绑了楚庄王后，一溜烟地跑出了郢都，向着商密狂奔而去。

2 问鼎

商密，是位于秦楚交界的一座城市，归秦国管辖。也就是说，斗克和公子燮的最后一招很大众化，属于常规型的摊上事就出国。

此时最郁闷的当然是楚庄王，坐着辆吱呀呀乱响的破马车，根本搞不清未来会在哪儿。要说一点不怕，那是不可能的，可想而知这一路上他在怎么反省自己：有空不努力，出事徒伤悲。而当马车在庐邑突然停下，他是真吓了一跳，还以为是要被撕票了。那当然是不可能的，停车只是因为遇到了例行盘查。

改变历史走向的人叫庐戢梨，官衔是大夫，但实权范围也就是一个小县城而已。他一见这伙人形迹可疑，立马就下令拦截。小地方嘛，一年到头也不来个陌生人，更何况现在是一群灰头土脸的家伙。一查当然就露馅了，两队人马立刻就开始了战斗。因为双方都是些没装备没技能的杂牌军，所以战斗过程就忽略不计了，结果是楚庄王获救，斗克和公子燮双双嗝屁。（《春秋左氏传·文公十四年》：八月，二子以楚子出，将如商密。庐戢梨及叔麇诱之，遂杀斗克及公子燮。）

下车后的楚庄王显得非常激动，抱着庐戢梨声泪俱下：“你以后就跟着我混吧，别在这小破地方待着了。”这当然是发自真心，但也必然有功利的目的。巨大的屈辱感缔造了他无比的决心——既然不能随波逐流，也不能辞职逃走，那就战个痛快吧！但是要对抗若敖氏，就得先建立忠于自己的班底，像庐戢梨这种无党派人士是最佳人选。至此，楚庄王向牛×迈出了最重要的一步。

在庐戢梨的护送下，楚庄王安全回到了郢都。但回来之后，他也没什么变化，依旧花天酒地，不问国事。所以说，一个优秀的政客必然也是演技过人的影帝，若敖氏家族一见他这样，是相当嗤之以鼻，也再无防备之心。但在暗地里，从全国各地招募来的精英，正悄无声息地进入楚国的政坛，一支属于国君的地下党不断地壮大起来。

此时楚庄王需要的除了时间，还有机会。就这样到了两年后的公元前611年，机遇伴着风险从天而降。

楚国地处江南，一直最不愁的就是吃，所以最不会应付的就是饥荒。一场罕见的旱灾过后，楚国的整个社会秩序开始面临崩溃，难民数量与日俱增，死亡率也是居高不下。但最让人头疼的是，竟然还有趁火打劫的。

庸是个周边的少数民族小国，一直对楚国不服不忿。如今见楚国遭此大灾，当然不会错过机会，所以主动发兵，宣称要攻陷郢都。这要搁平时，庸就是在不作不死，但这会儿，还真就吓坏了楚国。

面对如此内忧外患与天灾人祸，就连张狂的若敖氏也怕了，提议迁都后撤，避免战争。但让他们没想到的是，居然有人敢在朝堂上公然提出反对。这个人叫苏贾，是地下党的成员之一。他反对的理由是：如果这么㞞，那楚国以后还怎么混，岂不是所有的附属国都会造反？（《春秋左氏传·文公十六年》，苏贾曰：不可。我能往，寇亦能往。不如伐庸。）

楚庄王当即表示认同，君臣俩进行了激情洋溢的唱和，把若敖氏反衬得无比猥琐，政治形象是大打折扣。迫于舆论压力，若敖氏只好同意出兵。这是楚庄王第一次在与若敖氏的对抗中占据上风，可代价却是一场胜负难料的战争。不过在他看，这也是值了。

接下来就是干仗。

先来看一下对战双方的技术统计：庸国实力是不咋的，但找了职业人士帮忙。外援是戎族人，这些游牧民族每天吃饱了就去跑马玩刀，吃不饱就杀人抢劫。所以干架绝对是一流的。再说楚国，作为春秋诸国中的传统列强，几乎找不到弱点，实力绝对五颗星，但现在因为连饭都吃不饱，战斗值已经接近于零。

以此情况，楚国刚开打就先输一局。面对一比零的落后局面，若敖氏又开始丧气了：就说不能打吧，现在跑还来得及！按他们的想法，楚庄王只是胡闹而已，现在总该知难而退了。但出乎意料的是，他们眼中的熊孩子面对不利，却是一脸淡定。

当然，装×是需要资本的，而楚庄王的资本就是人才。这两年他招募了很多人，都各有所长，其中有个喜欢看人物传记的哥们儿，叫潘尫。在关键时刻，他站了出来：我支个着儿吧。类似的情况在100多年前也发生过，按照那时先君楚厉王的套路，咱们应该采取防守反击的策略，也就是骄兵之计。

楚庄王略一沉思，当即拍板：就这么办！

接下来楚军开始败了又败，一口气就输了个七比零。见对手如此不堪一击，庸军不禁愈加骄傲散漫起来，甚至连晚上巡逻的人都给撤了。看着情报机关送来的消息，楚庄王的脸上现出了笑意，他知道这仗是赢定了。

果然，楚军突然的强力反击把庸军打得措手不及、溃不成军。戎族人作为外援，却丁点儿职业道德都没有，一见形势不好，立刻就向楚国提出结盟，翻脸就揍起了队友……就这样，庸被灭了国。（《春秋左氏传·文公十六年》，师叔曰："不可。姑又与之遇以骄之。彼骄我怒，而后可克，先君蚡冒所以服陉隰也。"又与之遇，七遇皆北……群蛮从楚子盟。遂灭庸。）

大胜之后，国内的民意调查显示，楚庄王的支持率已与若敖氏不相上下。发现打架是个攒声望的好路子后，他又在公元前606年，发动对陆浑之戎的战争。这次的战斗过程没什么好讲，楚军几乎是以碾压的姿态完虐了对方，但在胜利之后，楚庄王下令对毫无威胁的败军进行追杀。对这个貌似缺乏安全感的做法，所有人都表示不理解，而他接下来的举动就更让大家瞠目结舌了。

残兵溃逃的方向经过周王室的都城洛邑，而楚军追到这儿就不动了，来来回回地在周边打转。时任周天子的定王一看，心想：这是要找存在感吧。所以他赶紧派了远房表弟王孙满去表示慰问，而且肯定没空手，这会儿的周王室就是见谁都得溜须的王朝吉祥物。

见到王孙满，楚庄王张嘴第一句话就是：我就是想打听个事，你们家那九只鼎是什么吨位的啊？

鼎，在那个年代是王权的象征。周王室有九只，相传是上古神物，青铜所铸，上面刻着奇花异兽与风云万象。所以说，楚庄王这可不是问菜市场的一堆土豆有多沉，他的潜台词是：天子换我当一下咋样？（《春秋左氏传·宣公三年》：楚子伐陆浑之戎……楚子问鼎之大小轻重焉。）

整个周王朝至此传承已有400多年，还从没有人敢如此直白地窥视王权，哪怕是早些年不可一世的齐桓公与晋文公！不说别的，只楚国此时的实力，就绝不足以扛鼎而去。

那……难道是楚庄王的中二病复发了？

3 翻盘

楚庄王知道，自己想彻底击败若敖氏家族，一定要走政治强人路线，那就必须得有偶像范儿。以他的政治智商，当然明白此时推翻周王室无异于痴人说梦，但把“问鼎”这事当成场秀来看，那可就不一样了。所以在听王孙满胡扯了一会儿后，他就心满意足地凯旋回国。

很快效果就显现出来，不论在国内还是国外，楚庄王的人气都在短时间内暴涨。遥想当年齐桓公九合诸侯、晋文公浪迹天涯、秦穆公称霸西戎等诸多传奇往事，总会让老百姓们在茶余饭后津津乐道，可如今的列国间，却已多年没再出现什么能让人说起来就热血贲张的事了。而“问鼎”事件，就如同给这死气沉沉的东周江湖打了一剂强心针，楚庄王也就此成为列国间的新晋传奇人物。

从即位开始算整整八年，楚庄王才由一个懵懂青年，逆袭成了大众偶像！但就算此时，他也还没有完全掌握楚国的实权，毕竟若敖氏家族还在虎视眈眈。

随着楚庄王的强势崛起，楚国政坛间的权力碰撞也日趋白热化。两方都很清楚，不搞垮吃掉对方，那等待自己的就只有死路一条。但一切的斗争对抗却在多年前就已注定了结局，因为曾经的憋屈往事教会了楚庄王一个很实用的政治技能，那就是耐心。

公元前605年，若敖氏的领军人物——子越椒，代表家族向庄王宣战了。这也是朵奇葩，从没见哪个臣子找君主死磕还能搞得这么正式。

对此时的楚庄王来说，打架当然是不怕的。几年来，因为强硬的外交立场，他已在军队中树立了极高的威信，而每战必胜的成绩，更是让忠于他的军队气势如虹。但令人想不到的是，面对子越椒的肆意挑衅，楚庄王却显得特别软蛋。他屁颠颠地向若敖氏许诺，只要可以和谈，就情愿交出所有的亲戚当人质，能避免内战就好。

子越椒属于不装×就难受的，一见楚庄王这么好欺负，就兴奋得浑身乱颤：老子跟你谈个什么啊！必须打！

此类对话本该是高级军事机密，但不知怎么搞的，竟很快就传遍了全国，不论百官还是百姓，就没一个不骂若敖氏给脸不要脸的。然后军方和民间团体就开始轮番请愿，恳求楚庄王即刻开战，以正国威。就这样，楚庄王的表情从冷笑变成了大笑：那我就顺民意，开战吧！（《春秋左氏传·宣公四年》：王以三王之子为质焉，弗受，师于漳澨。）

从实力到人气，楚庄王一方无不占据绝对优势，所以战斗刚一打响，若敖氏就被揍得连连溃退。子越椒这才搞明白楚庄王一直在扮猪吃老虎，但为时已晚。

七月，双方在皋浒迎来了最后一战。

此时的若敖氏早已斗志全失，不过作为首领的子越椒，还酝酿着以一己之力扭转败局的计划。不得不说，能当上若敖氏的首领，还是有两把刷子的。当其他人都被楚军揍得抱头鼠窜，子越椒却单枪匹马地逆向而行，一个人朝着楚军直冲去！目标——楚庄王的战车。

楚庄王这会儿很悠闲，正乐呵呵地坐在车上观赏厮杀真人秀。在他看来，胜利只是个时间问题，绝对不会再出什么意外了。所以，当一支猛箭擦过他的裤腰，钉在青铜座椅的靠背上，真真是把他惊出一身冷汗。可还没等他反应过来呢，第二支箭又擦着他的耳朵飙射而去，刺穿了身后的旗杆。

这当然是子越椒干的，别看他的脑子不大行，箭术却堪称冠绝天下！他清楚，只要干掉楚庄王，那战场上的局势就会瞬间转变，若敖氏的翻盘就是分分钟的事。但还没等他抽出第三支箭呢，令人震惊的一幕就出现了。

一般来说，国家元首遭遇此等危险，必然要先被保镖团团围住，再被护送到安全区。但此时的楚庄王非但没逃走，竟还从车上站了起来，同时振臂狂呼：当年先祖文王征战天下得到三支神箭，被子越椒偷去了两支，现在他已经用光了，再也没有办法与我们对抗啦！（《春秋左氏传·宣公四年》，王使巡师曰："吾先君文王克息，获三矢焉。伯棼窃其二，尽于是矣。"）

只看庄王与子越椒的超凡表现，传说中的楚人悍勇就可见一斑。虽说庄王都是胡扯，却让楚军声势大振，子越椒就是再勇猛也回天乏力了。至此，雄踞楚国政坛百余年的若敖氏家族彻底覆灭。

很巧，当年楚庄王被斗克与公子燮绑架也是在七月，到彼时，整整九年！当年那个憋屈的青年终于成长为一代雄主。

之后发生的事也很有戏剧性。

若敖氏有个叫克黄的哥们儿，前段时间出国玩去了，现在回来一看，认识的人都被砍成了两截，吓得完全不知所措的他，被楚庄王逮了个正着。庄王盯着他的眼神就像是看见了什么稀罕物件儿，开心地说："曾经若敖氏也有功于楚国，我不会赶尽杀绝，就由你来继承这个家族吧。”这当然也是场政治秀，毕竟“宽厚仁慈”这个概念能给自己加不少的形象分，要不干吗之前连一个活口都没留。

克黄肯定是乐坏了，活着总归是个好事嘛。他这人反应很快，立刻把自己的姓改成了“生”，以示要代表家族改过自新，也是溜须拍马的一把好手。（《春秋左氏传·宣公四年》，王思子文之治楚国也，曰：“子文无后，何以劝善？”使复其所，改命曰生。）

以上就是司马迁讲的那个段子的真相，是楚庄王在历经了九年的生死、憋屈、权斗等之后，才换来的“一鸣惊人”。而非懵懂青年在胡闹三年后，突如其来的一朝觉醒。灭掉了若敖氏家族，楚庄王终于完全掌握了国家的军政实权，在未来的日子里，等待他的将是热气激荡的争霸之旅。

不过，那就是另一个故事了……

妖孽

在写这篇文章前，我很是纠结，因为若说写过的每个人物的一生，都是一部电影的话，那即将要出场的这位，就是个货真价实的三级片头牌。纵观其一生，除了满满的色情和凶杀，其他真的是啥都找不到。但若是没有她，那华夏的历史就必然会走上另一条道路，世界将因她而不同。那既然不得不写，就在开场前特此说明：请未成年的观众谨慎选择观看。

现在把时间轴移动到公元前615年左右，空间坐标设定在郑国国都，把镜头拉近，我们可以在国君宫殿的后花园里，看见一男一女正在乱搞。看看他们的相貌和身材，虽然很年轻，但应该也成年了。先来说那个女的，她叫夏姬，就是故事的主角。

夏姬这会儿还不姓夏，而姓姬，是郑国君穆公的小女儿，也是独女。如果按十分制给她的颜值打个分，或许该有一百分。说这话的是西汉大学者刘向，他在《列女传》里的原话是这样的：其状美好无匹。无匹，就是无敌。当然了，刘向肯定没见过人家，说白了也就是在意淫。但要知道，《列女传》对妲己、褒姒那些能倾国倾城的靓女，可都没有过如此之高的评价。

再说那个男的，他叫公子蛮。不论对历史还是夏姬来说，他都只是一个无所谓的过客，比较有看点的只是他的身份——夏姬的异母兄。夏姬的哥哥很多，据不完全统计有十个左右，公子蛮就是其中之一。也就是说，他们俩在乱伦。

其实这种事，在列国的贵族圈里根本算不上稀罕，要不是公子蛮把亲妹的肚子搞大了，那都犯不上一提。而后面发生的一切，也都是因为这两个熊孩子的“不小心”所引起……

现在把视线移动到郑国的王宫，来看看这事造成的直接后果。

女儿未婚先孕，而孩子竟是儿子的，郑穆公感觉头上的冕都快被脑袋给撑裂了，那垂在面前的九根冕旒，也跟随身体的节奏抽风似的哆嗦不止。“丢人！胡闹！”狂拍着面前的桌案，他对着夏姬和公子蛮怒吼。不过作为国家元首，脑筋肯定不是盖的，骂了一个多时辰，他猛地停了下来。宫殿里静得只有门口的水钟在滴答作响，面前的一双儿女和侍人们都是连大气都不敢出。

“陈国的夏御叔之前来求过婚。你现在就去收拾收拾，赶紧嫁过去吧。”为了遮丑，情急之下的郑穆公想出了这么个缺德点子。

以夏姬的长相，来求过婚的人可是太多了，而郑穆公做出如此选择的主要原因有两点：第一，陈是个小国，就算夏姬已经怀孕的事败露，也惹不了啥大麻烦；其二，夏御叔的年纪已经不小了，是陈国现任国君灵公的叔叔。穆公的逻辑是：人的岁数一大，脑筋就不灵光，好骗！

在这么个节骨眼儿上，穆公也顾不得考虑女儿的婚姻幸福，风风火火地就把夏姬送到陈国完了婚。而她，也就是这么才随夫改姓了夏，被称为夏姬。至于公子蛮，不晓得是为情所困还是纵欲过度，反正是没多长时间就挂了。作为一个路人角色，领便当也算是常规结局。

嫁到陈国后，夏姬心里那真叫一个不痛快——跟心爱的哥哥分开就够不爽了，现在每天还得陪着个糟老头子。

所以就算丈夫对她百般疼爱，对早产也毫不起疑，也换不来她的一丝好感。而在生下儿子夏征舒后不久，她走上了一条寻求刺激的不归路。刘向在《列女传》中说夏姬身怀媚术。感觉这有点扯——颜值都爆表了，还用得着其他技能？但不管怎么样吧，对她趋之若鹜的人确是一抓一大把，所以很快，淫乱派对就在家里开了起来。

这事作为丈夫的夏御叔肯定是不乐意，但他必须得忍着，因为参与派对的人中有个他绝对惹不起的家伙，那就是国家的一号元首——陈灵公。

这陈灵公也是个活宝，首先在政治上，他就是一个地地道道的作死族。与前些年的群雄并起不同，现在列国间呈现的是南北双子星对峙的局面。北方晋国的赵盾与南方楚国的庄王不仅在年纪上相仿，并且都拥有非凡的才智，至于同时代的其他国家，就根本不值一提了。虽说二选一去站队，是个让人挺纠结的事，但想到陈楚两国相邻接壤，那答案总该是不言自明的，可陈灵公这朵奇葩却非要与隔山跨水的晋国眉来眼去地搞暧昧，这当然惹怒了骄傲的楚庄王。

要说你任性，看楚国不顺眼，就是不爱跟它玩，那也行。但结果呢，当楚国要揍陈国，赵盾帮忙把事儿给摆平了之后，陈灵公又屁颠颠地跑到楚庄王那儿去申请添加好友。也不知道他是贱呢，还是缺心眼儿。反正弄来弄去，搞得两大时代强人都看陈国不顺眼，欲除之而后快。（《春秋左氏传·宣公元年·宣公五年·宣公六年》：秋，楚子侵陈，遂侵宋；楚子伐郑，陈及楚平；春，晋、卫侵陈，陈即楚故也。）

再说陈灵公的私生活。关于这个，史料上记载的不多，而且千篇一律，可以用四个字来概括——荒淫成瘾。

其实对于一个脑残国君来说，乱搞男女关系这种事也没啥了不得的，但陈灵公的特别之处在于，他每次出去嫖，总得招呼着手下跟着一起。领导带着下级去乱搞，或许……这就是他眼中的团队精神吧。他的玩伴众多，其中最资深的两个分别叫孔宁和仪行父。

按照《东周列国志》中对他们的说法：一君二臣，志同气合，语言戏亵，各无顾忌。大家没事就互相讲点黄段子，作为封建制度下的君臣，他们的“友谊”也是让人醉了。当然，野史上的事也较不得真，但这哥儿仨确是结伴去了夏姬的派对，而且应该都有恋物癖，因为一觉睡醒后，他们是人手一件夏姬的内衣，然后就开始在朝堂上公然显摆——这个说：看给咱这件多好看；那个讲：那算啥，俺这件还留有余香呢！（《春秋左氏传·宣公九年》：陈灵公与孔宁、仪行父通于夏姬，皆衷其示日服以戏于朝。）

家里外头天天就这么胡闹，换了哪个老爷们儿也受不了，所以很快，夏御叔就被气嗝屁了。他就是在夏姬魅惑众生时，散落裙边的第二撮炮灰。

夏御叔一死，就真连个碍眼的都没有了。这些无耻之徒们是再无顾忌，开始明目张胆地在夏家门口抢起了车位，一停就是一宿……也可能是几宿，但这事查不着档案，就不乱揣测了。反正这事很快就不再是隐晦于贵族圈里的秘密，而是人人可以八卦的丑闻。在茶余饭后，陈国的老百姓们还编了个顺口溜来吐槽：“胡为乎株林，从夏南！匪适株林，从夏南！驾我乘马，说于株野。乘我乘驹，朝食于株！”

也就是《诗经·陈风》里面的《株林》。

刚嫁到陈国时，夏姬还是青春期的年纪，生性叛逆。爱情本是甜美的，可只因爱错了人，就遭到父亲施以的远嫁糟老头的惩罚，她心生愤恨也是难免。所以如此糟蹋自己的名声，可能只是为了报复父亲或是表达对丈夫的不满，而像这种无知少女愚蠢对命运的事，倒真是很常见。但随着年华的流逝，她终于不再很傻很天真——原来这么作，倒霉的只是自己。

想必哪怕真是个放荡淫妇，也不会愿意看一帮大老爷们儿拿着自己的内衣到处招摇，更不会喜欢全国上下都在津津乐道自己的淫荡级数。但后悔也是晚了，毕竟一国之内君权无敌，夏姬能做的也就是擦眼泪抹鼻涕罢了。有时，她会想起哥哥公子蛮，也会想起憋屈死的夏御叔，被爱的感觉是那么好，又是那么遥远……

理论上来讲，一个国君确是怎么胡闹都行，不过啥事都得有个度，过分了总归是不好。前面也说了：陈灵公这人不是贱，就是缺心眼。所以，胡闹最终还是演变成了作死。事情发生在夏姬的儿子——夏征舒十六岁左右的时候，当时的情况是这样的——

陈灵公跟两个好伙伴又去了夏姬家，在玩过成人游戏后，三人没有立刻离开，而是决定一起喝点酒，扯扯淡。很快，陈灵公开始了胡言乱语，指着正好从门前路过的夏征舒说："你们看，这孩子长得是不是像我！"也不知道他是酒量太渣，还是更年期发作了，居然能扯出如此脑残的话题。而其他两人的反应也是让人无语，他们高声质疑："咋就像你呢？凭啥就不像俺们呢？"

那年代的房子隔音也不好，而且还开着门，所以屋里说啥，夏征舒都听得一清二楚。这孩子一声不吭地回了自己的房间，片刻，他拎了把弓箭出来，躲进了马厩，也就是停车场。当陈灵公过来取车，准备回家时，夏征舒冲出来怒吼："你说我像谁？我干死你！"少年都爱冲动，说完就一箭射穿了国君的心脏。夏征舒本意是想把这"淫棍三人组"给团灭了，但孔宁和仪行父这两个㞞蛋一看领队血溅当场，是立马就奔出了门，连家都没敢回就仓皇逃往了国外。（《春秋左氏传·宣公十年》：征舒病之。公出，自其厩射而杀之。二子奔楚。）

儿子把国家元首给宰了，这绝对是捅了天大的娄子。要按正常人的思路，娘俩儿那得赶紧跑路啊，但事情却没有这么发展，因为夏姬一照镜子，发现了个严重的问题——自己已年过三十，一点都没老不说，长得还比当初十多岁时要漂亮！

关于夏姬的面部保养问题，著名的科研人员李时珍先生也曾关注，记录在他的《本草纲目·果部·杏仁》之附方中。原文是这样的："杏金丹《左慈秘诀》云：亦名草金丹。方出浑皇子，服之长年不老。夏姬服之，寿年七百，乃仙去也。世人不信，皆由不肯精心修治故也。"既然李时珍这位医学大师也收录了这个药方，那想必确是极好的。所以就算吃完能活七百多岁是瞎扯淡，估计也是疗效很棒的保健品。对于夏姬容颜不老的真实性，倒真是很难考证，但众多史书都对此有旁敲侧击，甚至直言不讳地提及过。

对女人来讲，变漂亮当然是好事，但如果带着这副美颜，孤儿寡母地出去逃难，夏姬真是连想想都觉得可怕——好不容易从一堆魔爪中刚逃出来，万一在路上又被什么土匪贼寇给掳走，岂不是更悲惨。况且，就以自己的“人脉”网络，在陈国绝对可以只手遮天，干吗一定要逃呢！就这样，太子妫午被逼得逃往国外，而夏征舒却成了陈国的新一代国君。

这个路子虽然奇葩了点，但也算个招儿，如果换个时代，或许还真能成。可惜，这是春秋……

夏征舒这国君还没当上半年就出事了。楚庄王以讨伐道德败类的名义出兵陈国，这当然都是扯淡，毕竟他看陈国不爽已不是一两天的事了。在强悍的楚军面前，陈国的正规部队都不是对手，更何况是伪军，所以完全就是被碾压的局面。战斗结束后，作为首犯的夏征舒被五马分尸在栗门，而陈也沦为了楚国的一个县①。（《春秋左氏传·宣公十一年》：冬，楚子为陈夏氏乱故，伐陈……杀夏征舒，轘诸栗门，因县陈。）

至此，夏姬身边的男人们是百分百地没有好下场，就连儿子都没能例外，附带还亡了一个国。但她的妖孽之路却还远远没有结束，接下来中招的，就是楚国。而这次因为她，将完全改变东周列国间的政治格局。

楚庄王是个好奇心很重的人，一听说夏姬能美到祸国殃民，就非要见一面不可。当然，要不是因为这，估计夏姬肯定就跟儿子一起被车裂了。夏姬也清楚此时不是悲伤儿子惨死的时候，自己的命运就在此一举，所以在精心打扮后，她去了楚王宫亮相。

当时在场的除了庄王，还有一众朝臣。本来晨会结束就该各回各家了，但大臣们为了能亲眼目睹传说中的倾国妖孽，都坚持要留下来参观。众人目光之热烈、情绪之奔涌，绝不亚于今人去看天王天后的演唱会。然后，夏姬就出场了。

参考《株林野史》的描写：体若春柳，步出莲花；再按照《东周列国志》中的说法：颜色妍丽，语复详雅。可以想象，此时的夏姬既拥有清纯少女般的娇艳容貌，还具备成熟妇人的卓绝风姿，堪称情欲的化身。在一颦一笑，就能动人心魄。所以，她从宫殿门口走进来，不过是寥寥几步，就已勾得楚庄王意乱情迷，喃喃道：“这个……归我了！”

这话一说完，现场的气氛就是一僵。因为在场的很多大臣也都对夏姬垂涎三尺，所以见老板先表了态，众人都面露遗憾，但又不敢多言。夏姬当然是高兴，要真能成为庄王的女人，那就太好了。可惜，有个事儿多又胆儿肥的人出来唱反调了，他叫申公巫臣，张口就说：“我反对！本来出兵陈国是打着替天行道的旗号，可您若是娶了她，就会惹人闲话了——说楚王也不过是为夏姬争风吃醋而已。您是政治明星，不该上八卦头条啊！”一般来说，在英明神武的君主背后，一定有出谋划策的智者，而申公巫臣就是这种人。虽然官衔不大，但说话就是好使。

庄王立刻点头：“确实还是名誉重要啊！”

见老板退出了竞争，子反立刻站出来表示“我不下地狱，谁下地狱”——这女人我要了！他是楚国的大司马，相当于现在的国防部长，而且还是庄王的亲弟，绝对地权势滔天。申公巫臣又说话了：“看看她身边过往的男人们，没死的也去流亡了，难道您这种明日之星也想在她身上赌赌运气？”好像官当大了都怕死，也爱迷信，所以子反听完就蔫了，宣布退出竞争。

接下来竞标的是大将军连尹襄老，这是个猛人，属于那种一听到冲锋号，就瞬间蹿出去的亡命徒，很受庄王的器重。他表示自己最不怕的就是死，而名声那玩意儿也无所谓，反正对夏姬是志在必得。就这样，美人被大老粗给抱走了。至于夏姬呢，虽然没人在乎她的想法，但她也确实挺满意——能平淡地度过余生，就是仅有的一点愿望了。至于爱情，哪还敢想。

而在大家都唏嘘不已时，却没人注意到申公巫臣眼中射出的愤恨。（《春秋左氏传·成公二年》，楚之讨陈夏氏也，庄王欲纳夏姬，申公巫臣曰：“不可。”君召诸侯，以讨罪也……子反乃止。王以予连尹襄老。）

故事到这儿，最大的悬念就该是有没有人能摆脱“夏姬魔咒”了。那连尹襄老会是奇迹的见证者吗？答案当然是否定！这货娶到夏姬还没有一年，就在晋楚的“邲之战”中以身殉国了。而坊间有传言他或许死于谋杀……[②]，不过我们还是先来关注夏姬接下来的命运。

再次成为寡妇，夏姬也有点被自己吓到了——难道真是我命衰？但还轮不到她多想，床上就已又多了个新的男人。这男人她很熟，平时总见面，就是连尹襄老的儿子——黑要。这家伙从继母刚进家门起，就打着歪主意。这些日子，趁着父亲出差在外，他对夏姬是言语轻佻又上下其手。在听说父亲身死国外后，居然拍手称快，连尸体都不去找。简直是败类中的极品！（《春秋左氏传·成公二年》：襄老死于邲，不获其尸，其子黑要烝焉。）

乱伦这事对夏姬来讲实在稀松平常，都干了半辈子了，但这次，她是真的不想。怎么说也人到中年了，虽说是童颜，可并不缺心眼儿。她知道如果就这么下去，自己早晚还得走上在陈国时的老路——成为众多男人的玩物。想想都害怕，但除了哭又没办法，直到一封信出现。

那是来自申公巫臣的信。

以楚国第一谋臣的智商，想瞒着黑要给夏姬送封信，那方法没有一千也有八百。而当夏姬疑惑地拆开这个可以说是陌生人的信后，简直呆住了。这是封情书，申公巫臣在求私奔。

当初对夏姬竞标时，他不停地叨叨，动机当然是不纯。而如今，他可不想再错过机会了。

不过想在一起可没那么简单，比如强大的子反要是发现申公巫臣曾经算计他，那非报复不可。况且当年劝诫庄王的话，虽说确是出于忠诚，但也难免被认作是欺君。所以信上除了告白真情外，申公巫臣还附上了完整的私奔攻略。多年来，这可是夏姬第一次遇到不当她是玩物，却愿为她放弃一身名禄的男人。虽说不敢相信，但她还是决定赌一赌，反正也没啥能比现在更惨了。

不久后，楚庄王收到了一封来自郑国的信：连尹襄老的尸体已经找到，但需要家属来认领。在当时，从没有人把认领尸体的事搞得如此正规，所以楚庄王有点蒙，赶紧叫申公巫臣来参谋，这其中是不是有什么猫腻儿。申公巫臣早就准备好了："郑国那么弱小，哪敢跟您开玩笑啊。该是怕大将军的尸体出什么意外，才如此小心。用不着多想，让夏姬去一趟就行了。”

“嗯，那就这样吧。”庄王备感无聊地挥了挥手，完全没注意到申公巫臣脸上泛出的不自禁的喜色。就这样，夏姬终于合理合法地回到了老家郑国——于她而言，唯一安全的地方。当然，想留下来还得给楚国个理由：尸体错误，不对不归[③]。（《春秋左氏传·成公二年》，巫臣使道焉，曰：“归！吾聘女。”又使自郑召之，曰：“尸可得也，必来逆之。”姬以告王，王问诸屈巫……王遣夏姬归。）

不过两人一起才叫私奔，但像申公巫臣这种掌握了太多国家机密的顶级谋士，是不能拥有国际自由行的权利，就连偷渡也都不可能。庄王之怒绝不是任何人或是任何国家可以承受的。所以他想再见女神，能做的只是等。可他没想到，这一等就是八年。

公元前589年发生了很多大事，比如卫和宋的国君都死了、晋与齐这两个大国正式开战，但当年的头条新闻却是楚国的申公巫臣叛国。他选择这个时间出逃的主要原因是：骄傲的楚庄王在前一年去世了，而新即位的楚共公是个老好人。

当时齐国在与晋国的战争中惨败，故此楚国要派出使团访问，拉拢这个敌人的敌人。消息非常灵通的申公巫臣，在第一时间争取到了领队的位置，而在出发前，他将所有财物都打包寄往了晋国！因为万一楚国不依不饶，那列国间能罩得住他的就只有北方大佬——晋，所以他在半路离队后，到郑国接了媳妇，就直奔晋国而去。但智者千虑必有一失，他实在不该忽略子反！（《春秋左氏传·成公二年》：及郑，使介反币，而以夏姬行。）

来到晋国的申公巫臣受到了极高的待遇，糖衣炮弹是铺天盖地，晋国政府全力拉拢这个深谙敌人内幕的人才。不过申公巫臣还是很讲道义的——叛国只是因为爱情，与政治无关。但这个范儿并没有坚持多久，因为妒火狂燃的子反在楚国大开杀戒，灭了申公巫臣的九族。按照《列女传》的说法，这完全是因为子反还没对夏姬死心呢。此时夏姬已年过四十[④]，竟还有如此魅力，真真是妖孽啊（无贬义）。

愤怒的申公巫臣找到晋景公：“看我怎么帮你废了楚国！”这绝对不是吹牛。

楚国能称雄东周的原因是：北方的中原诸侯间经常因彼此不服而互殴，内耗严重，而在南方一枝独大的楚国就完全没有这个顾虑。所以申公巫臣亲自返回南方，去了楚国的邻邦小国——吴。（《春秋左氏传·成公七年》：巫臣请使于吴，晋侯许之。）

吴在当时是个很落后的国家，军事上还处于无装备无技术的全员敢死队模式，连个战车都造不出来。申公巫臣出现后，吴国终于走上了富国强军的路。不断强大的吴国，让楚国在它与中原诸侯间疲于奔命，再难重现庄王时代的辉煌。一切都在按照申公巫臣“强吴疲楚”的计划进行着……

但没人能想到，后来只经过短短几十年的发展，吴国就全面超越了楚国，称霸东周。归根结底，就是因为一个女人，列国间的政治格局彻底南倾，开启了春秋末期的吴越争霸时代！

不过所有的一切都与夏姬再没有关系，这个胡闹了前半生，又悲哀了大半生的绝世美女，终于在生命的末程找到了她一直渴望的真爱。而这，就是她仅仅想要的。阳光里，那个童颜依旧的美女在爱人的怀中幸福微笑。

无论怎么看，夏姬都的确是个妖孽。但祸乱人间的真是她吗？或许，只是无良的人们的借口罢了。

妖孽，本无罪！

---

①后来又复国了，因为楚庄王希望别人认为他是侠客，而不是匪徒。

②有传言连尹襄老死于申公巫臣的设计。没有根据，属于臆想。

③尸体一直都在晋国，夏姬只是在按照申公巫臣定好的剧本扯淡。

④先秦时代的女人的平均寿命只有39岁。

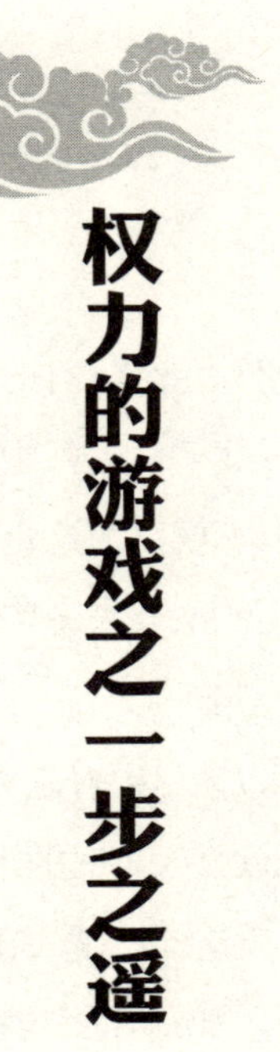

权力的游戏之一步之遥

从即位开始算，楚庄王一共当了九年的憋屈国君，终于在公元前605年完成逆袭，成功干翻了从政治到生活都对他百般欺压的若敖氏家族。一般来说，有这种经历的人对自己都会有近乎强迫症似的要求——必须得独领个风骚才行。来说一下关于风骚。这个概念在春秋时期很简单，说白了就是两句话：不管啥事都说了算，想要揍谁那就揍谁。简称：春秋霸主。

楚庄王并不知道，这种标准对他来说其实并不高端，因为如果换个时代的话，他离王者天下或许也只有一步之遥。但不管怎样，有个障碍是他一定要先跨过去的，那就是宿敌晋国。

两国间注定的一战，将彻底改变历史的走向……

1 蓄意挑衅

晋楚之间死磕是常事，动不动就我抓你一把、你踢我一脚，已经磨磨叽叽纠缠了三十几年。仔细算一算战绩，楚国十之七八都是败，而且就算是胜，也都是些不痛不痒的小决斗。但不要以为这是楚国的实力不行，否则楚人再热血，也不会如此持之以恒地作死。主要来说呢，悲惨战绩的诞生还是因为——地域歧视。

周王朝始创于中原地带，所以最早跟着王族混的诸侯们被赐予的地盘，也都在黄河附近。而楚人并非当年王族打天下时的跟班，故此立国很晚，就被排挤到了长江中下游的“荒蛮之地”。就这样，楚人在无意中中了个头彩，南方温暖湿润的气候让楚国迅速发展了起来，很快实力就直追中原地区的传统强国。

人是温饱思淫欲，国是富裕思权力。所以楚国觉着自己牛了，想在国际上有点话语权也很正常，但中原诸侯就不乐意了——你丫不就是一土豪吗，有啥资格吆五喝六啊。这还真不是啥仇富心理，而是纯粹瞧不起你。被歧视当然很憋屈，所以楚国时不时地就想来个暴力抗争，不过每次都被干趴下。说实在的，要是单挑，哪怕是当年全盛时期的齐桓公也不见得能必胜，但每次开战，楚国都会被中原诸侯抱团群殴。所以，输，也就成了常见而又难免的事了。

群殴确实没啥竞技精神，但打架只论输赢，楚国也只能暗气暗憋。而晋楚两国的仇怨也是这么结下的，因为晋国在中原地区已经做了三十多年的带头大哥（自晋文公时代），也就是说，每次群殴都是它在带头。

所以，经过前辈们多年的血的教训，想必哪怕就是个傻子，也会懂得——不服没有用——这个多么痛的领悟。不过楚庄王最近却时不时地望着北方发笑，偶尔还会嘟囔：哪天还得去干一架……

难道这是脑残式的好战？当然不，他只是看到了前所未有的机遇。

可能是盛极必衰的老套路，晋国在称雄几十年后，终于迎来了春秋时代

“首屈一指”的倒霉君主——晋灵公。这货此时把国家搞得是鸡飞狗跳，从朝堂到民间都怨声载道，直到被权臣赵盾干掉。之后的晋国政坛就是一片乱象，各大家族之间权斗不断。

对手的晦气就是自己的福气，楚庄王肯定不会错过痛打落水狗的好时机。

不过楚国历代君主崛而不起的战史，终归是让人心里打怵。故此，深思熟虑后的楚庄王决定去盗版一个最靠谱的称霸攻略。那是来自楚国史上最难搞的对手——晋文公的版本，可以称之为“贱贱的称霸”。其中的精髓就在于：无论怎么搞，能胜就是好。

公元前598年冬天的某日，虽已近午夜，可楚王宫内依旧灯火辉煌，但又鸦雀无声。若是不清楚情况，还会以为是寺人们玩忽职守忘了关灯。跟着寒冷的空气走进大殿，就会发现楚国的重量级人物居然都在其中，包括国家总理（令尹）孙叔敖、高级参谋申公巫臣、忠实跟班庐戢梨等。楚庄王正坐在矮脚桌案后，一声不吭，目光来回巡视着跪坐两边的智囊团。

这么加班加点地开会，当然是有急事。情报机关传来国际消息，陈国发生内乱：国君被宰，乱臣篡位。按说这是别人家的事，跟楚国没啥关系，但要用战略眼光看就大大不同了。主要的原因是，陈国是晋国的马仔。（《春秋左氏传·宣公十年》：征舒病之。公出，自其厩射而杀之。）

东周是个崇礼的时代，虽然现在已是礼崩乐坏，但在场面上多少还得讲究点。楚庄王觉着现在跟晋国开战是个好时机，但也总得有个借口才行，要不抬手就给人家来一巴掌，那不论最后的结果怎样，都必定会引起国际舆论的不满，形象分大打折扣。所以，一听说陈国发生内乱，楚庄王可乐坏了，这才连夜召开了国家紧急会议。议题是去不去管这出闲事儿。

孙叔敖是政坛二号人物，主抓的是民政，所以他率先表态：反正钱不是问题。这样基本问题就解决了，剩下的就是军事上的事。

陈国在东周列国中属于混子型的角色——屁能耐没有，见谁都溜须。所以只要开战，别说是对付目前这伙非法执政的伪军，就是正规部队，楚军都能分分钟给灭了。现在主要的问题，就是晋国会不会插手。不过对这件事，大家的意思都很明确：管丫的呢！反正咱们这是“替天行道”理不亏。

——没错，正好也可以试探一下晋国当下的实力。

——晋灵公把国内政坛搞得昏天暗地，想必也没能力应付我们的叫板吧。

——真开战又能怎么着！谁怕谁啊。

在谋臣武将七嘴八舌地讨论后，楚庄王终于拍板：出兵陈国！说实话，他想与晋国开战的心思已不是一两天了，但若没有必胜的把握，就绝不想与晋国正面接触。虽然摆明了这就是试探性的挑衅，但理由选得好啊——怎么说咱也是帮你马仔的忙，你再不乐意，还好意思跟我死磕吗？（《春秋左氏传·宣公十一年》：冬，楚子为陈夏氏乱故，伐陈。）

对陈国的战斗完全是碾压式的，轻松完胜，之后楚庄王命令把造反的乱臣给五马分尸了。然后就向晋国的方向看了看，发现居然连一点儿反应都没有。嘿，看来丫真是不行啦！没错，晋国政坛这会儿正忙着君臣内斗呢，虽然也明白这事儿有多丢脸，但实在是苦于腾不出手去干预。

一兴奋，楚庄王就有点忘乎所以，他决定把陈国彻底给灭了，变成楚国的一个县[①]，但这事立刻遭到了手下大臣申叔时的反对。

不要以为申叔时是有多大胆儿，其实在楚庄王这届政府里，这是太稀松平常的事儿了。楚庄王的立场很明确：有意见就提，咱脾气好。申叔时的抗议内容是这样的：本来咱楚国是打着“替天行道”的旗号来惩凶扶弱，咋能最后把人地盘给占了呢！这一传出去，上至君王诸侯下至民间大众可得咋看咱们啊，这不就是虚伪吗？要知道，按本时代的不要脸分级制度，虚伪可是最差啊。

楚庄王虎躯一颤，立马清醒过来，一拍大腿：对啊！赶紧地，帮忙把陈国重新建设起来。（《春秋左氏传·宣公十一年》：申叔时使于齐，反，覆命而退……乃复封陈。）

不过人要是亢奋起来了，那不发泄一下就很难平静下去，所以从陈国一出来，楚庄王也没回家，拐个弯就奔郑国杀过去了。理由很简单——谁让你跟晋国混的，抽死你！别看这就是纯粹的不讲理，但在春秋，就完全是合理的了，没人会在道德上评价这事。

但让楚庄王没想到的是，一杀到郑国的都城下面，就听见了哭声震天。城墙上的郑人都披麻戴孝，手里却又抄着家伙，而且那号得叫一个惨啊。

这是什么情况啊？！

② 丢脸之后

对郑国发动突然战争是楚庄王对晋国的进一步试探，如果晋国还不出手的话，就不光可以证明其国内矛盾已非常激化，而且会直接动摇它在中原地区的影响力。多年以来，楚国还从未做到过这点——让中原地区的带头大哥很丢脸。

嗯，继续说郑国奇特的对战模式。

正常来说，挨揍就还手嘛，号个什么劲啊。其实这事呢，完全是国君郑襄公一手策划的。郑襄公这人没啥雄才大略，也没啥野心欲望，唯一的念想就是能够保住祖宗留下来的产业。还好，以他的智力和情商，搞定这个还是绰绰有余的。

郑襄公很清楚，以自己国家这点能力，跟楚国打正规战就是作死，唯一的指望就是熬到晋国来救援。不过晋国到底来不来、啥时候来，谁也说不好，所以只能想办法拖延时间。打架这事除了实力，就是拼技巧了。就这样，眼看楚军要杀到家门口了，郑襄公紧急召开了全民动员大会。在会上，这哥们儿是慷慨陈词泪流满面，仔细讲解了国、家、人的三位一体关系，那绝对是顶级演讲大师的水准。

经过国君这么一煽动，老百姓都急了眼——不就是死吗，咱们与国家共存亡，跟楚人拼了！然后就都披麻戴孝跑城墙上号去了，想必除了悲愤之外，很大程度上也难免有恐惧，但气势可一下就上来了。这就是领导的艺术，郑襄公也算是登峰造极了。

在这里得说明一下，“哀兵必胜”这招最早见于《道德经》，而这会儿，李耳还没出生呢。也就是说，这完全是郑襄公自己悟出来的。

楚庄王也不傻，而且身边高智商人士众多，立刻就明白了郑国的套路。自打从家出来那天起，楚庄王就抱定不必胜不动手的原则，所以他决定来个战术撤退，等郑人们哭累了、冷静了，再抽丫的。

他的想法倒是不错，可是事情到最后还是费了点劲。返回头再打，郑国还是支撑了三个月才被破城，也算是个奇迹了。不过就是到了这会儿，晋国也依然连一丁点动作都没有。（《春秋左氏传·宣公十二年》：国人大临，守陴者皆哭。楚子退师，郑人修城，进复围之，三月克之。）

楚军进城之后，郑襄公又有雷人之举——这哥们儿光着膀子出来，还牵了只羊。还没等楚庄王说话，他就又开始了演讲：你确实牛，我服了。作为战败者，要杀要剐随便。不过请您想想，在百年前，咱们两家也是关系不错的好邻居啊。您看，要不，郑国从今以后就是楚国的一个县，完全服从楚国的领导，咋样？

楚庄王身边的武将抢着说：滚蛋，逗傻子啊！我们费这么大劲干架，你说一句话就完了？

可没想到的是，楚庄王突然说话了：算了，就放郑国一马。见众人不服，他又解释：这家伙能不顾脸面地保全国家，必然会受到民众的拥戴。按他说的路子来，比强行收编郑国要更靠谱。这就是统治者的眼光和魄力！（《春秋左氏传·宣公十二年》，王曰：“其君能下人，必能信用其民矣，庸可几乎？”退三十里而许之平。潘尪入盟，子良出质。）

就这样，原本至少看起来是铁板一块的中原联盟，被楚庄王潇洒地击破。晋国算是被狠狠地打了脸，人气瞬间暴跌，更多的墙头草开始考虑是不是该换个大哥。面对如此情况，不停内斗的晋国再也忍不住了，终于派兵杀向郑国。不过这实在是马后炮，因为楚庄王以为晋国不敢出兵，准备回去休养一下再折腾，这会儿都已经渡过黄河，马上就到家了。

其实晋国现在来比不来更丢脸。小弟挨揍时你不管，都被迫投降敌方了，你还跑来干啥啊？按说有点理智的人，估算一下目前的形势，撤退回国也就完了，无非是有点丢面子嘛。因为现在要打，晋国就只能跟楚国单挑了，周边的中原小国肯定不会在这么个时候选边站，都要保持中立。而楚军在连胜之后气势如虹，是绝不好惹的。

但可惜，晋国朝堂之上的权斗直接影响到了军队中的和谐。

此次晋军的总司令叫荀林父。这是个职业军人，要说让他上一线去打，那绝对是一把好手，但做统帅却不大行。因为晋国军中的关系盘根错节，派系极为复杂，而且有很多人都是官二代出身，平时牛惯了很不服管。像现在，当荀林父发现已经失去战机，准备下令回国时，就遭到了一个愣头青的抗议。这人叫先縠，曾祖先轸是文公时代的三军总司令[②]。

见荀林父要撤，先縠不乐意了：你这司令怎么当的，没看见对手就撤退？明不明白啥叫丢脸！

要说你不满意，叽歪两句也没啥。可这家伙说完就带了自己的小分队渡过黄河，连个招呼都不打，就向着楚军的方向直追而去。（《史记·晋世家》，先縠曰："凡来救郑，不至不可，将率离心。"卒渡河。）

荀林父知道后有点傻眼，合计一会儿决定：行吧，那我也跟上。也是醉了，哪有这种统帅啊！

咱们再说楚庄王这边。

楚庄王的心情当然很好，潇洒走一回嘛，可听到情报人员说晋军在身后追上来了，他的眉头就皱了起来，有点纠结。说心里话，半年以来的顺利让他有点豪情万丈的感觉，真想跟宿敌战个痛快，但他当然不会冲动，而是立即召开了紧急会议。

孙叔敖首先表示不该打：出征以来军费开销过大，如果此战败，将会让我国伤筋动骨。

国家总理的话瞬间就打消了楚庄王的积极性，他至此仍在恪守着原则——若无必胜的把握，就不战。不过当血已沸腾，想冷却下来是真的很难啊。以孙叔敖的能力和声望，他的话获得了几乎所有人的认可，就在楚庄王心有不甘地准备拍板不战的一瞬间，反对的声音终于出现了！

说话的人叫伍参[3]：为何不战？我们都看得出晋军内部不和，战力大打折扣，我军必胜！孙叔敖反驳：倘若输了，你承担得起吗？伍参这人有点倔：那要是赢了，是不是就说明你没能力！见孙叔敖不再说话，他又向着犹豫不定的楚庄王说：您志在天下，如果被晋军这帮乌合之众吓退，那以后还想称霸世间吗？这关乎的不是面子，而是尊严。（《春秋左氏传·宣公十二年》：闻晋师既济，王欲还，嬖人伍参欲战……且君而逃臣，若社稷何？）

楚庄王的激情再难自抑：好，那就战！

③ 擦枪走火

晋楚两军对峙的地点在一个叫邲的地方。这儿离郑国非常近，大国开战小国遭殃。郑襄公很头疼，但也没办法，他只能祈祷双方死磕后，会有一方被彻底干废，自己以后就不用艰难地选边站了。

既然双方都要打，那直接开战就完了，但楚军这边却磨磨叽叽地半天没有动静，直到一个使者冲了出来。到了晋军这边，使者开口就把荀林父搞得有点蒙：俺们国君说了，他这人没文化，所以做事也冲动。之前的行为只是因为看郑国不顺眼，绝对不是想找晋国的碴。要不，大家讲个和？

难道楚庄王好不容易鼓起的劲说泄就泄了？当然不！前面说了，他的原则是：只要能必胜，就不在乎手段。那大战在即，给军队加点状态总是好的。他与智囊团商议了个贱招——假装求和，等晋军一拒绝，己方的怒气值就上来了。可是，一切会如他所愿吗？

荀林父当然不想打，现在正好有台阶下，就立马说：其实咱们也是看郑国不顺眼而已，郑国忒烦人。那就讲和吧，回头签个停战协议大家就散了。（《春秋左氏传·宣公十二年》：楚子又使求成于晋，晋人许之，盟有日矣。）

如果晋军上下一心，这事可能真就完了，可惜内部二货太多了。首先又是先縠在叽歪：和个鬼啊！追上来不打，咱们面子放哪儿？这种事事讲面子的人就是脑残，所以荀林父压根儿不理他，乐呵呵地把楚使送走后，就等着签约。他可没想到，还有坑队友的二货正准备坏事呢。

楚庄王肯定不会就这么就算了——既然示弱这招不行，那就走装×的路子吧！反正是得逼你先动手。

就这样，使者回去没一会儿，楚军那边又冲出来了三个人，驾着马车朝晋军狂奔而来。只看那飙车的速度，就绝不像是来签合同的。没错，这三个人分别叫乐伯、许伯和摄叔，都是个人战斗力极强的特种兵。三人到了晋军地盘是连射带砍一顿折腾，然后转身就跑，等晋军反应过来已是再也追不上了。

不是说不打了吗？！——楚国的行为让荀林父大为不解，所以他准备向楚国提出严正交涉。派去的外交官叫赵旃，这也是个官二代，属于晋国强势的政治家族——赵氏。赵旃是自愿去的，因为他前段时间想升官没成功，所以准备来点出彩的表现。

赵旃带着几个人到了楚军营前，往地上一坐就不走了，让手下进去通知迎接。由此可见，这货也是个地道的脑残。（《春秋左氏传·宣公十二年》：赵旃夜至于楚军，席于军门之外，使其徒入之。）

楚庄王也没想到晋国会派这么个奇葩来，简直被气乐了——还迎接？我抽死你。他抄起家伙，亲自带人就冲了出去。赵旃刚一看出来人，还挺高兴，可仔细一看就吓尿了，是连滚带爬地撒腿就跑。晋军那边也搞不清楚发生了什么，但荀林父可不想赵氏家族的人出点意外，所以赶紧派了几辆大车去接应。就算到了这会儿，荀林父还对和谈抱有幻想，一点都没有要动手的意思。不过一看晋军出动了战车，楚庄王就笑了。

总理孙叔敖反应那是相当快，立马对军队大喊：看哪！晋军欺人太甚，要对我们下手了，大家冲啊！这场决定历史走向的重要战役，就这么稀里糊涂地打响了。

虽说晋国政坛内斗严重，但军事实力却是一点都没有减弱，真要硬碰硬地死磕，楚国就算占尽了气势，也不会胜得有多轻松。可惜，荀林父这人的抗压能力真的太差劲了，一看楚军突然进攻，立刻就不知所措了。情急之下，他下达了一个天雷滚滚的命令：赶紧地！都快点渡河逃命啊，跑得快的有赏！

在战场上，奇葩们的举动总是会让人怀疑他们到底是不是内奸……无能的是将领，但倒霉的就是士兵了，除了被踩踏而死，还有太多的人在争夺逃命机会的过程中，被自己人干掉。顷刻间，黄河中已漂满晋军的浮尸，真是忒惨了。（《春秋左氏传·宣公十二年》，桓子不知所为，鼓于军中曰："先济者有赏。"中军、下军争舟，舟中之指可掬也。）

说到这儿，还得提下郑国。一看晋国不行了，郑军立马就加入了楚军的战团，是痛打落水狗，讨好新大哥。看来郑襄公的溜须技能真不是盖的。（《史记·晋世家》：郑新附楚，畏之，反助楚攻晋。）

晋军溃败千里，死伤惨重。面对如此有利的局面，楚庄王突然下了个让众人不能理解的命令：少杀点人，把他们打跑就完了。对此，有个叫潘党的大将立刻表示不满：您这是干啥啊？我们楚国与中原诸侯对战几十年，终于大胜一次，应该往死里整晋国啊。要我说，不光要继续杀，而且要把晋人的尸体摞成山！多年以来由地域歧视而导致的憋屈，让楚人对中原人充满了仇视。

楚庄王登上高处，眼望苍穹：最痛恨战争的就是百姓，我志在天下，失了民心还怎样继续？这一年来我东征西战，虽然硕果累累，可对这个混乱的世界又做过什么好事呢？别看曾经的霸主们（齐桓晋文）创出了传世名声，但我却真心不以为然，我想走一条不同于他们的路！说完，他又重申了一次命令——少杀人！（《春秋左氏传·宣公十二年》，楚子曰："非尔所知也……武非吾功也……又可以为京观乎？"）

至此，闹剧一般的“邲之战”彻底结束。因为楚庄王没有赶尽杀绝，晋国虽然损失惨重，但也没有伤掉元气，不过再没有实力与楚国一战了。这是南方诸侯对战中原列强的第一次胜利，从此整个东周的权力重心开始南移，也注定了不久之后的吴越争霸。

春秋五霸的版本众多，但唯有三人在任何条件下都可以入选，那就是齐桓公、晋文公和楚庄王。春秋时代虽然礼乐在崩坏，但还是会在潜意识里影响人的思维。就世界观和实力而言，楚庄王绝对是东周以来，最具王者之气的人。可惜的是，他虽想走一条与众不同的路，却完全没有想过取周王室而代之，或是完成大一统。而这，是时代所注定的。

这个离王者天下只有一步之遥的人，在之后几年里，陆续又征服了鲁、宋、郑、陈等国，最后荣登了东周霸主的宝座，笑傲一生！

---

①楚国是第一个实行县治的诸侯国。

②《史记》记载先縠是先轸的儿子，但《春秋左氏传》记载其为孙或曾孙。本文采用后者的说法。

③此人是后来军事强人伍子胥的曾祖。

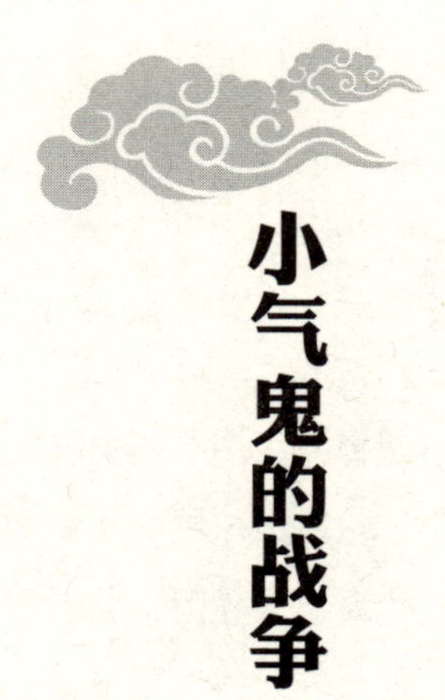

小气鬼的战争

一般来说，能为了一句话就大打出手的，基本都是街头的小混混。但其实呢，有些平时看起来格调很高的人，发起疯来也会这么干，而且暴力指数会达到满屏喷血的程度。比如晋国一个叫郤克的小气鬼，因为一位大妈跟他逗了个乐儿，就让世间血流成河。

郤克出身晋国名门，不过他的家族是有过污点的。当年他的爷爷——郤芮曾因蓄意纵火，想做掉离牛×还有一步之遥的晋文公，而被处以极刑，家道一落千丈。但好在他父亲郤缺是个幸运值爆棚又懂得自强不息的人，经过多年奋斗，从基层公务员一口气爬到了国家总理的位置，完成了给家族名声洗白的艰巨任务。（往事详见《权力的游戏之丧家犬》）

因为有个这么好的爸爸，郤克的人生也就理所当然地被调成了easy模式。中年时，他就当上了中军佐，相当于如今的国家军委副主席。按说一个玩政治的能有这种人生总该是无憾了，可现实是，无论用多少名利，都无法填补这个小儿麻痹症患者心中的黑洞……

1 恶搞

在说郤克之前，得先介绍一下目前的国际局势。

在不久前的南北双雄对决中，晋国在一个叫“邲”的地方惨败于楚庄王，元气大伤。如日中天的楚国取代了称霸东周三十几年的晋国，成为时代新宠。那些原本屁颠屁颠地跟着晋国混的大小诸侯国，此时都不约而同地向楚国抛出橄榄枝，希望能与其成为一起玩耍的好伙伴。小兄弟们的倒戈，让晋国大为不爽，但又不敢吱声，因为实在是被楚庄王给打怕了。不过，当同处中原地区的齐国也加入了向楚国申请好友的行列时，晋国是真的坐不住了。

话说“千古一霸”齐桓公死后，齐国衰落多年，但瘦死的骆驼比马大，在中原地区仍然是大社团的级别。所以倘若齐楚联盟，晋国就算不被灭，时不时地被殴一下也免不掉了。

其实齐、晋两国几十年来关系一直不错，虽然偶尔也红过脸，但从没彻底闹翻过。所以不管怎么看，齐国现在的做法都有点不仗义。但没办法，毕竟政治从来只有“雪中送炭不可能，趁火打劫必须的”这一个玩法。过去在国际问题上，晋国最惯用的招数就是威慑，但现在武功被废，所以只能无奈地选择靠耍嘴皮子唬唬人。

既然要谈判，那外交官的人选就是重中之重。首先呢，肯定不能随便派个路人甲，外交嘛，一定得表示足够的尊重才好办事；其次像国家元首、总理或者军委主席这种级别过高的人也不行，会显得有点跌份儿。故此，这个任务就自然而然地落在了四号人物——郤克的头上。

别看郤克从小就因为小儿麻痹症而站不直，在国内却一直享有“身残志坚”的美誉。虽然他心里也清楚，这很大程度上只是别人的奉承，谁让他是郤氏——晋国当下最为强势的政治家族的家主呢。嗯，郤克在晋国的地位可以这么说：就是国君跟他打麻将，都不敢随便和牌。

习惯了出风头的郤克愉快地接下了这个重要的外交任务。在他看来这是个好活儿，享受公款旅游的同时，还能增加自己在国内外的政治影响力，何乐而不为呢?

就这样，公元前592年的春天，郤克开始了一路向东的旅程。一辈子没出过国的郤克，根本不知道前面的路有多么糟心。

春暖花开适合串门，这不，刚到半路郤克就遇到两个同样去齐国公务出差的人。他们分别是鲁国总理季文子[①]和卫国总理孙良夫。说来也够奇葩，这两个哥们儿与郤克一样，都是残障人士——季文子瘸了条腿、孙良夫瞎了只眼。无差别也就无歧视，而且鲁、卫这种小国看见晋国的高官简直是条件反射式地拍马屁，所以这一路上郤克都在一种"飘了"的状态里，无法自拔。

很快，残障人士访问团进入了齐国境内，情况开始急转直下了。

进了临淄城（齐国首都），就瞧见齐顷公带了一帮人晃晃荡荡地走过来。不过看齐顷公那张没精打采的苦瓜脸，哪怕是个智障也会清楚他的敷衍态度，根本没一点儿欢迎的意思嘛！向来看别人脸色过活的鲁、卫两国使者当然没话说，但郤克就有点不爽——看俺们晋国流年不利，连个笑脸都不给！

其实吧，有些时候是因为自己㞞，才会觉着被别人瞧不起。就像这会儿，作为孝子的齐顷公正愁着母亲最近的抑郁倾向呢，哪有心思跟这帮串门的笑成一朵花啊。不过当他的目光在郤克、季文子和孙良夫的身上转了一圈后，立马就亢奋起来，当即宣布明天要在宫殿重新举行隆重的欢迎仪式，然后转身就没了影儿。

齐顷公的一惊一乍当然让郤克莫名其妙，可也没多想，毕竟人家都说了明天会正儿八经地宴宾客。不过呢，就算让他使劲想，也想不到齐顷公会贱到何种地步……

第二天，郤克哼着小曲儿到了宫殿门口，刚要往里走，就被一个人拦住了。这人特有礼貌，先是九十度鞠躬礼，然后向郤克说道："就请允许小人为您领路吧。"没人不喜欢被恭敬对待，郤克当然很高兴道："好啊，走着！"

他跟着这位“礼仪标兵”进了宫殿，但越走，他越觉着别扭，因为这人未免有点恭敬得过了火——刚才说话鞠躬就得了，怎么现在走路也不直起腰呢！还没等他悟出真相，就听见了一阵“哧哧”的怪声。他抬头一看，发现了声音的出处——就在齐顷公身后。

那是个女人。虽然以前没见过，但看年纪和座位，郤克立刻猜出这是齐顷公的母亲萧太后。这位大妈的脸憋得通红，一看郤克发现了自己，强忍的笑声就再也无法抑制，争先恐后地从嘴里涌出来，连绵不绝——哈哈哈哈哈……

不明所以的郤克那是相当尴尬，他下意识地左右摆下头，立刻明白了怎么回事。

季文子和孙良夫来得比他早，此时就站在他两旁。很明显，他们也是被“专人”接进来的，身边分别站着一个瘸子和一个独眼儿。原来刚才给我领路的是个驼子……郤克瞬间解开了心中所有疑惑——这是拿老子逗闷子呢！（《史记·晋世家》：八年，使郤克于齐。齐顷公母从楼上观而笑之。所以然者，郤克偻，而鲁使蹇，卫使眇，故齐亦令人如之以导客。）

实在是让人无语啊，真搞不懂这些古代贵妇的笑点到底是多奇葩。想想一百多年前，褒姒弄的那出“烽火戏诸侯”就已经够让人叹为观止了，可萧大妈居然能在“无聊”这事上玩出新高度。好想问问她，连连看和对对碰真有那么有趣吗？！

齐顷公也是逗，恶搞残障人士就不说了，这会儿还端个酒杯跟着他妈一起傻乐：呵呵。

对这种无厘头恶搞，季文子和孙良夫只能是一脸苦笑。首先，他们作为政客的职业素养很高，明白想办事就别怕丢脸的道理；其次呢，小国无外交，人家就算摆明了欺负你，你也得忍着。但郤克就不同了，这哥们儿在老家哪受过这个，谁敢拿他的痛点开玩笑啊，所以当场就炸了，拂袖而走。而身后不绝的笑声像利剑一样扎着他的脸皮，更让他愤恨不已。

郤克身体有毛病，可智商没问题，他带着团队走出老远了，觉着放狠话也安全了，才大叫道：“都给老子等着，非弄死你们！”（《史记·晋世家》，郤克怒，归至河上，曰：“不报齐者，河伯视之！”）

2 怨念

齐顷公过后也觉着这玩笑开得是有点大了，而郤克在晋国的地位他也有所耳闻，但并不认为自己的“三俗”能惹多大麻烦。所谓白天不懂夜的黑，他这健全人哪能明白郤克心里的痛，以及随之而来的深深恨意。憋着一肚子气回国后，郤克家都没回就去找了老板晋景公，进门就开始叫唤道：“齐国，必须得干死！”

晋景公都蒙了，心想：这哥们儿是让齐国给咋啦……

也不等问，郤克立马就把他在齐国的遭遇讲了一遍，然后环顾四周，对在场的国家干部们发问：“你们说这事能忍不？”按他的预想，这事说完必然一呼百应啊，没想到梦想和现实的差距太大——大家有望天的，也有回头的，就是没有搭茬儿的。最后还是晋景公打圆场道：“派你去齐国不是怕它跟楚国统一战线嘛。现在要是因为这事开战，人家还不立刻就跟楚国结盟了！大局为重，算了吧。”

郤克怎么可能乐意啊，之前狠话都放出去了，这不是打自己脸吗？“那我以个人名义去跟它干行不？反正咱家保安也不少。”晋景公听了这不靠谱的提议快崩溃了，也不爱搭理他，转身就走。（《春秋左氏传·宣公十七年》：郤子至，请伐齐，晋侯弗许。请以其私属，又弗许。）

按说这事以国君之威给压下来就完了，可惜郤克的怨念太大。这不，刚到夏天就出事了。

晋国因为国际威望下滑严重，为了找存在感，决定举办一次大派对。请帖很快发到了中原各诸侯手中，当然也包括齐国。齐顷公看看请帖，心里也真有点怕，担心到了晋国也被恶搞。左思右想后，他决定派四个使者代替自己去探险。

使者们欲哭无泪，毕竟日子过得好好的，谁也不想进敢死队。所以走到半路，其中一个叫高固的就跑路了，溜回来后还满嘴大道理：咱可不是怕死，只是不想随便死！（《春秋左氏传·宣公十七年》：齐侯使高固、晏弱[2]、蔡朝、南郭偃会。及敛盂，高固逃归。）

大家虽然认为高固是尿货扯淡，但也都清楚这次十有八九得出事。果然，一到晋国，其余的三人就被抓了。这当然是郤克干的，晋景公也睁一眼闭一眼，懒得去理。郤克高兴啊，正准备要磨刀霍霍解个恨，可怎么也没想到会冒出来个“搅局”的——这人叫苗贲皇[3]。

苗贲皇是晋景公的顶级谋士，这会儿刚从国外考察归来，听说这事立马找到晋景公说：“万万不可呀！知道的明白是郤克在胡闹，不知道的还不得说是我们晋国小心眼儿啊。以后还怎么去和大家一起玩耍，人人都烦小气鬼好不好！”晋景公智商也是不低的，听苗贲皇这么一掰扯，立马就开窍了，当即下令——赶紧放人！

就这样，那三个使者算是捡了命回去。（《春秋左氏传·宣公十七年》：苗贲皇使，见晏桓子，归言于晋侯曰……晋人缓之，逸。）

不用想，郤克当然气得直上云霄——这也太丢脸了吧！所谓玻璃心容易碎，他觉着自尊是“咔嚓”一下就摔了一地，再难拾起。一到这种时候，人的内心戏就开始进入没营养的纯咆哮剧情——嘶吼着世界有多不公，碎碎念着孤单寂寞冷，心理阴暗面也瞬间雄起，走极端那就是分分钟的事。

不过，好在当郤克的眼神刚开始变得阴森时，时任国家总理的范武子就反应极快地出了招儿。

此时范武子已经快七十岁了，他为国家兢兢业业工作了四十多年，堪称劳模。按照当时的潜规则，他这种职位的人绝对得干到死为止，没有退休这一说。所以当他递交辞呈，申请回家种地时，晋国国内着实引起了很大轰动：这好好的大官咋就不干了？也从来没见过啊！

当然了，最无法接受的还是他儿子——范文子。因为老爹在辞职的同时，推荐了郤克去接班，而非自己的儿子。对这事儿，范武子也没跟儿子藏着掖着：“其实我也看不上他，但郤氏家族有着颠覆国家政权的实力，而作为家主的郤克要是疯起来，局面就无法收拾了。所以还不如给他足够的权力，让他去折腾齐国呢。”

没错，这也算是无奈中的上上策了。郤克就像一颗不稳定的炸弹，与其放在自己家里，不如扔出去炸别人。（《春秋左氏传·宣公十七年》，范武子将老，召文子曰：“燮乎！吾闻之……使郤子逞其志，庶有豸乎？尔从二三子唯敬。”）

于是，小气鬼郤克就这样走马上任，成了晋国的二号人物。事儿一传到齐国，齐顷公浑身一抖，暗叫不妙。

果然，虽说郤克的心情被天上掉的馅饼给砸好了，但绝不足以抵消他对齐国的深深怨念。这不，他屁股还没在总理的位置上坐热乎呢，军事行动就已经开始了。公元前591年春，郤克联合卫国向齐顷公宣战，理由很简单：上次大派对你咋不亲自来呢？——明显就是最纯粹的找碴儿。

齐顷公当然不服，但他朝南边看了一眼，立马就没脾气了。齐国完全不是晋国的对手，况且现在还加了个卫国，唯一的依仗就是楚国的援助。可惜楚庄王此时病危，没空理他。齐顷公为了避免挨揍，只能无奈地签订了不平等条约——缯地之盟，还派了一个亲戚去晋国当人质，这事才算告一段落。（《春秋左氏传·宣公十八年》：春，晋侯、卫大子臧伐齐，至于阳谷。齐侯会晋侯盟于缯，以公子强为质于晋。）

至此，郤克这口气算是出了，事儿也就该了结了。虽说这是个以打架为时髦的年代，可也没谁真有好战癖。不过齐顷公这人的脑子可能真有点问题，因为不久后，他再次用奇葩行为惹火了郤克，从而引爆了真正的齐晋之战！

3 死磕

签完“缯地之盟”刚回国，郤克就悔得顿足捶胸。因为一条新闻震撼了东周列国——楚庄王死了。

不得不说，成为国家总理后，大权在握的郤克还是有点进步的。他确实领悟了啥叫“能力越大，责任越大”——要不是怕一直病危的楚庄王突然满血归来，就以他那小心眼儿的性格，是绝不会轻易放过齐国的。只是现在后悔也晚了，总不能刚签完和平协议，就转身爆踹人家吧。

可别看郤克抑郁，齐顷公其实也很不爽。他本想趁着近些年国际形势混乱，欺负一下周边的鲁国、卫国，勒索点土地啥的，可“缯地之盟”却严禁他乱来。看着嘴边的肥肉天天在眼前晃悠，就算智力健全的人也难以压制内心的欲望，更何况齐顷公这种脑残。所以坚持了两年后，齐顷公终于有点憋不住了。而与此同时，楚国正好发来了求交往的信息。

这会儿的楚国已是楚共王的时代。他是庄王的儿子，因为基因遗传得好，心智水平相当不错。因为政府刚完成换届，国家最需要的就是稳定，所以为了防止晋国来找事，他决定先挑点事出来。但让他没想到的是，只是稍稍一勾引，齐国居然就上了钩。

要不怎么说齐顷公脑子可能有问题呢。当初楚庄王如日中天那会儿，他在摇摆不定，不知道该站哪边，现在好时机过去了，他倒干脆上了。这不，齐国把“缯地之盟”的备忘录给撕了个粉碎，然后广而告之：从今以后，咱就跟楚国穿一条裤子啦！这不就是纯粹找揍嘛。（《史记・齐太公世家》：十年春，齐伐鲁、卫。鲁、卫大夫如晋请师，皆因郤克。）

消息一传到晋国，最激动的就是郤克了——正愁没借口抽你丫呢！而晋景公也不是没脾气的人，齐国如此明目张胆地毁约太打自家脸，他当即批准了郤克的对齐作战计划。就这样，中原两大社团的战争一触即发，而始作俑者楚共王却再不吱一声，只是一脸坏笑地看着北方。他的目的已经达到，因为不论此战的结果如何，都给了他足够的时间去稳固刚刚坐上的国君宝座。

而齐国呢，完全没想到楚国是耍嘴皮子的义气，压根儿就没打算参战……可想而知，这场战争在开打前，胜负就已经略现端倪了。

首先看看双方的战前准备工作。

齐国是很简单的，可以说是倾举国之力求胜，国君都御驾亲征了。单看这点，齐顷公还算个爷们儿。再说晋国呢，出征前，郤克兴奋得满脸是汗，兴冲冲地找到晋景公说："老板，你给的装备也忒少了点儿吧。"——其实一点儿不少，现在能轻易拿出七百辆战车的国家，除了楚，就只有晋了。所以晋景公说："当年俺爷爷晋文公跟楚国开战也不过如此，你还想咋的？"郤克脑子反应很快，"就我这㞞样，能跟英明神武的文公比吗？"就这样，郤克死乞白赖地又多要了一百辆战车才出发。（《春秋左氏传·成公二年》，晋侯许之七百乘。郤子曰："此城濮之赋也……请八百乘。"许之。）单看配置，齐国跟对手差了不止一个级数。

再来瞅瞅干架的其他要素，所谓天时、地利、人和。天时嘛，打架的根本就是拼钱，虽然齐国近年没啥自然灾害，但也没法跟晋国的连年大丰收相比，底气多少有点㞞。地利嘛，人人皆知华夏地势西高东低，而晋国正好在齐国西边。不论步兵还是战车，顺着大下坡冲过去，杀伤力必然翻倍。所以，唯一能较量一下的，就是人和了——

公元前589年6月16日，双方在靡笄山（今济南市区南部，泰山余脉）下遭遇。按照惯例，开战前必须得互相叽歪一下，无非就是你说我找碴儿，我说你找揍之类的胡扯。还有一点是必须的，就是得释放"嘲讽"技能以渲染战争气氛。因为这得跑到敌方阵营里去折腾一下，所以干这事的人得胆儿大，于是高固就出场了。

也不知这哥们儿是不是想给自己当过逃兵的档案洗白，此时是驾着战车狂飙而去，手里抓着石头子儿就朝晋军乱扔，嘴里不停地叫唤道："我胆儿大不！你们说我猛不猛！”而且趁着混乱，他还逮了一俘虏回来，总算把胆儿小的帽子给摘了。但不管怎么讲，他的行为确实鼓舞了己方的士气，以至让“复仇心切”的郤克都没敢立刻发起冲锋。（《春秋左氏传·成公二年》：齐高固入晋师，桀石以投人……曰，欲勇者，贾余余勇。）

之后双方约定，17日一早，在鞌（今济南市区西北部）正式开打！

战场是没法隐藏本性的地方，别看齐顷公的脑子不大行，但却足够英勇。一开始他就驾着全裸的战马（正常都穿盔甲）一骑绝尘。再看平日里，成天扬言要干架的郤克就太㞞了，被箭擦伤了一下，他嗷嗷直叫道：“不行了！完蛋了！”差点儿没把身边的人给气死。司机解张怒喝道：“我胳膊折了还没叫唤呢！”保镖郑丘也不乐意道：“我这挡枪的还活着呢，你完蛋个屁啊！”（《春秋左氏传·成公二年》：郤克伤于矢，流血及屦……师从之。）

不过虽是被胁迫，但郤克总归没有带头逃跑，而齐军上下再英勇也难敌晋军的强悍。略一僵持后，就一溃千里。不管是因为身份，还是与敌国统帅的仇怨，齐顷公都成了被重点围捕的对象。就在此时，精彩的一幕上演了——作为齐顷公的御用司机，逢丑父不由分说把老板给扒了个精光，然后自己也脱了个一干二净！然后朝一脸尴尬的老板大吼道：“你以为我要干啥！还不赶紧跟我换衣服！”普通士兵当然不知道齐顷公长啥样儿，完全是凭衣服认人。所以战车抛锚时，逢丑父被当成齐顷公抓走了！（《史记·齐太公世家》：战，齐急，丑父恐齐侯得，乃易处，顷公为右，车絓于木而止。）

这才是模范保镖啊！要不然，齐顷公就算不死，也得受尽郤克的屈辱。不过这些影响不了结局，鞌之战终以齐国完败而告终。

战后，齐国主动恢复了“缯地之盟”中的所有不平等条约，以求和平。而晋国经此一战，再次确立了自己在中原地区不可撼动的地位，没有北方诸侯再敢与它叫板了。

不过，在风光之下，晋国却埋下了亡国的伏笔——正因鞌之战的重要性，胜利凯旋后，晋景公分封了以郤克为首的六大氏族的家主为卿，以示奖赏。

至此，晋国开始了著名的六卿主政，说白了就是权臣横行，以致多年后的三家分晋，亡国裂土。

嗯，最后提一下可怜的脑残齐顷公。这哥们儿在战败后痛定思痛，非要对自己的过往做出惩罚，决心把酒戒了，把肉也戒了。唉，这人是真没整明白，说到底，智力才是硬伤。（《春秋公羊传·成公八年》：鞌之战，齐师大败，齐侯归，吊死视疾，七年不饮酒、不食肉。）

---

①季文子在鲁国搞了土地改革，开启了华夏延续两千多年的土地私有制，对未来的华夏大统一意义重大。

②著名政治家晏婴的父亲。晏婴与“千古一相”管仲同在《史记·管晏列传》。

③楚国叛臣，原属若敖氏家族，其父子越椒曾是楚国二号人物。往事详见《段子的真相》。

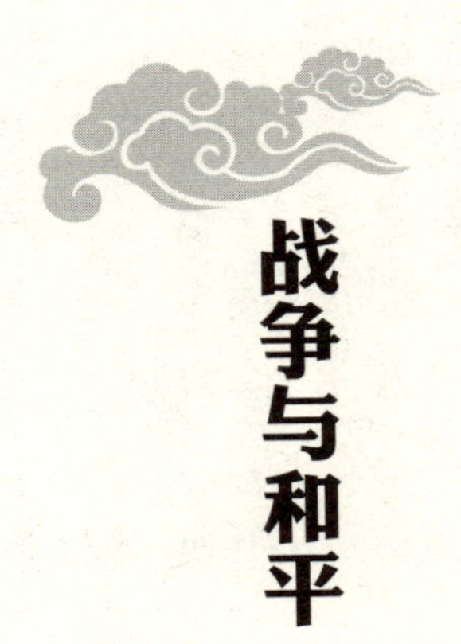

战争与和平

春秋时代列国间纷争不断，当时流行一种说法：如果哥没在打架，那就是在去打架的路上；如果路上也看不见哥，哥就是被干死了。没错，当时就是闹腾，所以没人会想到有一天，世界突然就安静了——“和平”居然从石头缝里蹦了出来。到底发生了什么？来听听亲历者的絮叨，那些关于战争与和平的前前后后。

1 灭门

首先呢，咱是个名人。

说起名气，我绝对能秒杀同时代的任一人，像什么管仲啊，重耳啦，都不行。能这么出名呢，主要还是因为一个叫司马迁的家伙。听说他比我小四百岁，所以大家根本就不认识，可他却总是一副很了解我的样子。嗯，就先来说说他给我写的那个简历吧——

姓名赵武，春秋时代晋国的官二代，男性。祖上历代都是好人指数五颗星的忠良，尤其父亲赵朔，那绝对是标本级好官。但是很快，智力明显有问题的国君被一个叫屠岸贾的奸臣所蛊惑，开始觉着赵朔这人怎么看都不顺眼，最后决定用一只神犬来鉴定自己的直觉是否准确。

所谓神犬，是屠岸贾早就训练好的一疯狗，所以上来就把赵朔给啃了。那现场真是惨不忍睹。

接下来就是被神犬指定为叛党的赵家被灭门。按设定，当时的我只是个小baby，连一点防御值都没有，没死得感谢一个叫程婴的家庭医生。这人特够意思，他把我藏在药匣子里给救走了不说，还让自己的儿子去做了我的替死鬼。剩下的剧情很俗套啦，我经过憋屈的很多年，成长为才华横溢的翩翩美少年。然后突然有一天，国君生了场大病，找什么名医都治不了，只好叫人来算卦。所谓有病乱投医。

算卦的叫韩厥，跟我爸是铁哥们儿，他在装神弄鬼后开始胡诌："老板，这是有鬼啊，冤鬼！"国君一听就蒙了："是怎么个情况呢？"韩厥一看国君上套了，赶紧接着扯："我掐指一算，是赵家！看来您之前被屠岸贾骗啦。"这国君也是脑残，谁说啥他都信，当即就崩溃了："那咋办？赵氏还有后代没？我给他报仇让他当官！"韩厥当然知道我还活着，所以一拍大腿："必须有啊！"

就这样，大奸贼屠岸贾被宰，欢天喜地大结局。（《史记·赵世家》：居十五年，晋景公疾，卜之，大业之后不遂者为祟。景公问韩厥，厥知赵孤在……于是召赵武、程婴遍拜诸将，遂反与程婴、赵武攻屠岸贾，灭其族。）

对于这个雷人的简历，我只想吐槽：这都什么玩意儿啊！

相信很多人猜到了，我就是那个所谓的"赵氏孤儿"。别觉着我这人矫情，没错，出名确是好事，不过那脑洞大开的故事跟我一点边都不沾好不好！再说了，就算没这胡扯的简历，咱也不是默默无闻的好吗。不信？那就听我给你扯一会儿。

首先为了证明咱没在胡诌，必须先把身世这事给交代清楚了。没错，咱家确实被灭过门，屠岸贾也真真是个大奸臣，但我俩之间吧，还真谈不上什么仇什么怨。现在想想，这哥们儿一口气背了两千多年的黑锅，我也是替他醉了。

我是在一个超级家族出生的。这绝不是吹，要知道，当年我爷爷赵盾因为看国君晋灵公不顺眼，就直接把丫给宰了，然后还指定了新任的君主。霸气成这样的臣子，几千年来你们见过几个？最重要的是，都这么嚣张了，也没见谁敢出声唱反调。这就叫实力！（往事详见《君臣恩仇录》）

所以嘛，咱家从来就不是什么人畜无害的存在，而单就这个事来讲，我还是挺喜欢司马迁那个段子的。嗯，继续说我自己。

公元前591年某日，我在绛都（晋国首都）出生了，当天城市里的每个人都乐得浑身乱颤，别多想，这跟我屁关系没有，因为大伙只是在庆祝“鞌之战”的胜利。那是一场与齐国的战争，打得并不容易，但终归是胜了，重新确立我国在中原地区的权威。本来吧，与国同乐加上喜添贵子，也该算是双喜临门，可惜打仗就难免死人，而我爸——赵朔很倒霉地中了标，躺尸阵前。当消息传来，我妈赵庄姬哭得真叫一个惨啊。我咋知道的？听说的不行吗！（“鞌之战”详见《小气鬼的战争》）

我爸当时已是军方高层，官至下军统帅，相当于你们现在的军区司令，可能再多熬几年就能混上军委主席了。可以想象这对我妈的打击得有多大——眼看就要妻凭夫贵了，却落个镜花水月一场空。所以，墙外的锣鼓齐鸣混搭着家里的哀鸣不停，让我生命中的第一天过得相当闹心。但让我更闹心的，还在后面呢。

因为赵氏太牛，所以家族的“体型”也相当庞大，嫡系子弟有的是。要知道，当时光是我爷爷那辈的人，就还有三个没死呢，分别是赵同、赵括和赵婴齐。故此，家族里死个人根本算不上啥大事，但我们孤儿寡母的就惨了。我爸死后，作为烈属的咱家在面子上还过得去，可谁都清楚，这不过是暂时的，沦为路人是早晚的事。

我妈不光长得美，而且是个危机感很强的女人。看着尚在襁褓中的我，她明白，此时最重要的就是赶紧找个靠山，因为只有这样才能让儿子的未来有前途。嗯，这靠山很快就找到了，但实在让我有点难于启齿，因为那就是我的四爷爷——赵婴齐。没错，这老家伙是正儿八经的爬灰！

赵婴齐这人是有点小聪明的，比如几年前的晋楚“邲之战”。还没开战呢，他就已给自己设计好了逃跑路线，而且一声不响地谁都没告诉。结果呢，他猜得很准，晋军果然被当时如日中天的楚庄王打得屁滚尿流，全军只有赵婴齐带领的小分队得以全身而退。但这事一点都没让他高兴起来，因为他的两个哥哥——赵同和赵括居然也命大地逃了出去。而这，是他极不愿看到的，为啥？还不是因为权力。

按照时代通行的潜规则，在我爷爷赵盾死后，族长的位置该由我爸继承。而继续排序的话，算上我，赵婴齐最多只能是四号继承人。所以对他来讲，多弄死一个都是好事。说实话，我越来越觉着我爸阵亡这事里面有猫腻，只是找不到证据。嗯，继续说赵婴齐。

赵同跟赵括也不是傻子，稍一琢磨就整明白了——看来这小兔崽子蛮有野心的嘛！至此，赵婴齐在两位大哥的刻意排挤下，在家族内是愈加不得志。这就是所谓小聪明，偷鸡不成还蚀把米。而我妈能相中这个靠山，只是想与敌人的敌人结盟罢了，她想借着赵婴齐的势力，在未来帮我成为族长。而赵婴齐呢，当然也不是因为爱情，他无非是想在有朝一日借着我的手，去遥控权力罢了。（《春秋左氏传·成公四年》：晋赵婴通于赵庄姬。）

一联系到政治，啥感情都是浮云，权力才是本质。就像我妈跟国君晋景公还是亲姐弟俩儿呢，可还不是得自力更生吗？

反正细节不讲了，我妈就这样跟赵婴齐搞在了一起。当然了，这段不纯粹的感情具体始于何时，我是真不清楚，也从来不好意思打听，但倒是知道啥时候完蛋的，那是在公元前587年的春天。贵族圈里是很难有秘密的，尤其这种劲爆的禁忌之恋，更是难以隐藏，所以不知是谁嘴欠，把这事捅给了赵同和赵括。

那哥儿俩比猴都精，一眼就看穿了这对“恋人”的本质——哟，这是想逆袭啊！

他们当然不会漠视这种潜藏的危险，但也不好明说，只能抓着乱搞男女关系大做文章。这不，“伤风败俗”批斗会热热闹闹地开了起来：“丢不丢人？你们让整个赵氏的脸面还往哪儿搁！”吵架嘛，女人肯定更强一点，我妈冷笑道：“赵氏的脸早丢尽了。你们俩老头儿合伙抢小孩的东西，还好意思说别人？”这当然是在说我的爵位问题。赵婴齐也不示弱：“别造谣啊！也都动动脑子，赵氏在军方混的可只有我一个人。整个家族的安保问题还得指望我呢。”赤裸裸的威胁，但是实话。没了军事力量，再强大的家族也屁都不顶。

可惜这根本就不是讲理的事。最终，气急败坏的赵同和赵括还是以抹黑家族声誉的罪名，把赵婴齐撵出了晋国。但对我妈倒没敢怎么样，毕竟是国君的姐姐，而且在他们来看，女人还能翻了天吗。纯粹是脑残的大男子主义。（《春秋左氏传·成公五年》：五年春，原、屏放诸齐。）

不过这么一闹，我妈在赵家也住不下去了，只能带着我离家出走。去哪儿？回娘家呗。虽然不管是出于身份，还是利益的考虑，晋景公都不会因为姐姐去插手赵氏内部事务，但当姐姐提出要来住时，他也没有反对。就这样，我和母亲灰头土脸地搬进了晋王宫。

就算在你们的年代，这也是个丢人事吧。我一直记得那天母亲眼中的怨毒，而到现在，也依然震惊于她之后的疯狂。

政客们每天都在钩心斗角，而在此时的晋国，更甚之。一看赵氏内耗严重，其他氏族都乐得浑身乱颤，但却没一个敢趁火打劫。直到栾、郤、韩三大氏族的家主都收到了同样的一封信：“我可以负责向国君爆料（造谣），想干翻赵氏的一起来！”没错，信是我妈写的，按她的逻辑：得不到就全毁掉。但有个附加条件，就是事成之后，得让我来继承赵氏族长的爵位。

那三家当然不会在意一个空头职位，所以是一拍即合。就这样，赵氏开始遭到宫斗技能和官斗技能的混合攻击。晋景公不管上班还是下班，耳边都充斥着赵氏要谋反的声音："老弟，我总看见赵同、赵括在家穿跟你同款的礼服和帽子""赵家排场可大了，有人去串门都是用'九宾之礼[①]'接待""赵氏的私人武装可牛了"……

天天这么整，什么人也受不了，晋景公很快就被洗了脑，开始疑神疑鬼起来。干国君这行，最怕的就是别人惦记他手里的权力。最后，为了晚上能睡得踏实，他终于怒击桌案：给我剿灭赵氏乱党！（《春秋左氏传·成公八年》：晋赵庄姬为赵婴之亡故，谮之于晋侯……六月，晋讨赵同、赵括。）

所以说，赵氏被灭门这事，跟人家屠岸贾是丁点儿关系都没有啊。要说罪魁祸首，还得是赵庄姬，也就是我这个所谓"孤儿"的亲妈。我也从未被装进过药匣子，就说赵氏被灭门那会儿，我正在家啃猪蹄呢。

2 三观

灭赵氏这事，干得最起劲的是栾氏。为啥？因为栾氏是晋国第二强的家族，而作为班级第二，干掉第一是做梦都想啊。所以赵氏就惨了，被国家力量混着私人武装群殴，那是一点反抗力都没有，宗族内血流成河，赵同、赵括哥儿俩也被乱刀砍死。所以说，玩权力就是危险游戏，富贵一秒变尸体。

不得不说，咱那年代还是很讲诚信的，虽说连个合同都没有，但那三家也没准备耍赖。这不，韩氏族长——韩厥找到晋景公猫哭耗子："怎么说赵氏也曾为国家出过力，一下就没了也忒惨了点。所以我提议，依旧保留这个家族，让赵武去做族长。"对晋景公来说，"心腹大患"都没了，留个空壳公司也没关系，还能显得自己这人念旧情有胸怀，何乐而不为呢？就这样，我这个小屁孩就成了赵氏徒有虚名的族长。（《春秋左氏传·成公八年》，韩厥言于晋侯曰："成季之勋……所以明德也。"乃立武，而反其田焉。）

那一年，我8岁。现在一想，生活的真相早在那时起，就已在我面前昭然若揭了——这就是个残忍的时代！不过就算如此可怖的日子里，还是会有些冷幽默能逗你一笑，就比如我舅舅死于粪坑的事。

公元前581年六月某日，晋景公突生重病，眼看就要嗝屁。当时还请了国外（秦国）的名医来看，但人家瞅了一眼直接就给下了病危通知单。人之将死，总会对世界有点留恋，而我舅舅留恋的仅仅是一碗面汤[②]。可见人活一世，念想的，终归逃不开饮食男女。这要求肯定是不高，但就算神厨也需要时间去做，所以我舅舅一想——这啊，弄不好就是最后的一餐啦，不如趁这会儿去排排肠，一会儿也能多吃点！

于是，怀着一颗对食物虔诚的心，晋景公去了厕所。但就在蹲下的一刹那，也不知道是低血糖还是高血压来袭，总之他脚下一软，“吭哧”，摔进了茅坑。唉，就这么被屎淹死了……（《春秋左氏传·成公十年》：将食，张，如厕，陷而卒。）

都严肃点啊，还得继续扯正事呢。

晋景公死后，他儿子姬寿曼继承了他的工作岗位，史称晋厉公。看称号就知道，这人肯定脾气不好。所以很快，就在公元前575年，他发起了那场声势浩大的鄢陵之战，而对手，正是晋国的宿敌楚国。

关于这场战争，我想吐槽的是：怎么觉着每次爆发大规模战争，都得跟郑国有点关系呢！而且发现这货简直像有强迫症一样，连丁点儿契约精神都没有，就像这次也是同样——中原各国早在几年前就已讲好，大家都不跟楚国玩，要孤立它。而楚国呢，当然得抗争，所以立马就想到要去勾引一下联盟里最不靠谱的郑国。郑国真不愧为职业墙头草，刚收到楚国送来的高档礼品（一个叫“汝阴”的小城），就瞬间被腐化了。它跟楚国歃血为盟不说，还转身爆踹了前队友宋国一顿，以示决心。联盟出了如此猖狂的叛徒，最尴尬的就是盟主。所以晋厉公一听说这事就暴走了：敢跟我捣乱，活腻歪了是吧！出兵，干死它！

楚国当然不能看着刚结盟的小兄弟被揍，否则以后就真的没人跟他玩了。于是，因为一个脑残国家的臭嘚瑟，南北双雄的死磕再一次上演。那一年，我16岁。这场战争前后所发生的一切，都将直接影响我的三观。

其实在开战前，胜败就已略显端倪。双方上次交锋是22年前的邲之战，晋国惨败于如日中天的楚庄王，但经过多年的休养生息，实力早已更胜当年；再看楚国，虽说如今在位的共王也极具才华，但可惜邻国——吴的崛起，却让向来无敌于南方的楚国大感头痛。吴国屡战屡败却锲而不舍的挑战，已把楚国的实力消耗得难比往昔。所以晋国内，几乎所有人都看好这场战争的结果，除了国务院常委范文子。

范文子表示："此战必胜，但千万不能打。因为战胜楚国后，晋在列国间将再无对手。而国家的天敌就是无敌，无敌后，必将从内部崩溃。"这简直堪称神预言！不过在当时，大家都认为这是老年痴呆导致的胡言乱语，压根没人理他。就这样，战争打响了。（《春秋左氏传·成公十六年》，文子曰："唯圣人能外内无患，自非圣人，外宁必有内忧。"）

干架这事千篇一律，无非都是三个步骤：对骂、对打和追杀。我当时也并不在现场，所以就不瞎掰那些血腥场景了，直接说结果：晋国大胜！凯旋后，范文子就不上班了，天天憋在家里拜神许愿，求啥呀？求死。理由是，实在不想看到自己的预言成真。这事我觉着吧，他如果不是在作秀，就真是有点老年痴呆了。但不管怎么样，一切确是在向着无法挽回的方向发展。

如果把晋国当成一个班级，那晋厉公就是班主任，各大家族就是班干部。自从班长赵氏嗝屁后，班委会内部的钩心斗角就愈演愈烈，尤其是在这次大胜邻班楚国后，简直达到了白热化的程度。之前说了，除了赵氏就数栾氏势力大，那现在刚从班级第二跃升至第一，栾氏当然要谨防自己走上赵氏的老路。所以，作为成绩比栾氏稍差的郤氏就倒霉了。

首先栾氏去班主任那儿打小报告，检举郤氏是个内奸。这么大的事也不能只凭嘴胡咧咧，所以它事先贿赂了一名楚国的俘虏，承诺只要帮忙诬陷郤氏，那好处绝对是会大大地有。当然了，这些都仅仅是铺垫，作为坑人大师，栾氏接下来出的才是猛招。

按照惯例，诸侯间打完架，胜者要去周天子那儿汇报（显摆）一下，而这次晋国派去的就是郤至——郤氏族长。这是个谁都想要的好活儿，公款旅游不说，还特有面子。所以当栾氏笑眯眯地退出竞争，而选择谦让时，郤氏虽觉着有点奇怪，但并没多想。这也正常，毕竟见利缺智是大多数人的通病。

刚看着郤至离开晋国，栾书——栾氏族长就火燎屁股似的找到晋厉公，满脸都是便秘一样的焦急与愤懑："还记着您有一远房的侄子叫姬周吧？"一提这人，晋厉公就不爽。为啥？因为姬周是晋襄公的嫡系后代[④]，理论上讲比他更根正苗红。见老板皱着眉不吱声，栾书继续说："之前我说郤氏有谋反之心，您还不太信，这次就能证明我说得对不对了。姬周被外派（撵走）一直常驻洛邑，我敢打赌，这次郤至肯定会去见他！"

还是那句话，扯别的都没用，国家元首怕的只是自己的权力被抢走。所以晋厉公不出所料地疑神疑鬼起来，立即派了密探去跟踪郤至的访问团。这当然一抓一个准，因为栾书是两头骗——他派人骑快马，先郤至一步赶到洛邑，找到姬周说："现在国内从朝野到百姓都很思念您啊，这次郤至来就是跟您商讨怎么反攻回去！"睁眼说瞎话，也是让人醉了。

姬周这些年被迫生活在国外确实憋屈坏了，寄人篱下嘛。他一听有这好事，那是绝对坐不住了，立马就跑去宾馆找了郤至。至于两人聊了点啥，谁都不知道，不过整个会面的流程可都被狗仔队给完整记录下来了，很快就传回了晋国。晋厉公一看就火了：胆儿真够肥的啊！（《史记·晋世家》，栾书曰："其殆有矣！原公试使人之周微考之。"果使郤至于周。栾书又使公子周见郤至，郤至不知见卖也。）

就这样，郤至一回国就被双规了，罪名从贪污腐败到私生活混乱，那是五花八门要啥有啥。然后，郤氏也跟着被灭了门。这是公元前574年的事，当时我17岁。而在不久前，那个求死的范文子也如愿以偿地嗝屁了，这让人不由感到些许惊悚，不过接下来的事才更加让人惊骇。

策划了一切的栾书并没有参加对郤氏的围剿行动，因为……他也被剿了！是不是有点雷啊。

晋厉公不算傻，看出栾书也不是只好鸟，所以让心腹剿灭郤氏后，掉头就对栾氏动了手。不过栾书被抓进监狱一天，就又被放了出来。为啥？晋厉公觉着自己有点冲动了，万一郤氏和栾氏的余党结伙造反可咋整！不过一切已不可逆转了，安全感本就极低的栾书在经过“惊恐一日游”后，也不知道是不是受的刺激太大被吓疯了，在家里窝了几个月后——确切地说是第二年的正月初五，他突然带着私人敢死队包围了晋王宫，然后叫手下把晋厉公给砍成了两段。（《春秋左氏传·成公十八年》：春，王正月庚申，晋栾书、中行偃使程滑弑厉公。）

如此生猛的弑君，就连当年我那权倾朝野的爷爷（赵盾）都做不到，可见此时的晋国内只有癫狂与残忍，再无礼乐和人伦了。

是不是觉着我扯了太多跟自己没啥关系的事？还真不是。要知道，晋厉公挂掉时，我18岁了。从出生以来，我看到的都是阴谋与血腥、战争与杀戮，而这所有，让旁观的我洞悉了时代的一切坑脏，也教会了我该如何生存。

说心里话，我想逃，逃开这个可怕的时代。但真的无处可逃。既然这样，那就让我去改变它吧。

3 霸主

晋厉公死后也挺悲的，因为栾书都没把他埋进祖坟，随便刨了一坑就给埋了，所谓死无葬身之地。这事吧，我肯定看不顺眼，毕竟是表哥嘛，但咱可一声也不敢吱，为啥？怕死呗。生活教会我的第一个生存技能就是闭嘴。嗯，还得等一会儿才有我的戏份，所以继续说栾书。

栾书这人特傻帽，因为他总觉着别人都比他傻。在干掉晋厉公前，他就已经想好这事该怎么收场了——去洛邑把姬周接回来继位。按他的想法，把这事一办成，那自己就是开朝元勋，栾氏再不用担心丢掉班级第一的位置了。这不脑残吗，他咋就能忘了之前为了嫁祸郤氏，而搞的那出“逗你玩”呢。没错，谁都不知道当初姬周跟郤至都聊了啥，但穿帮是必须的啊。

晋国国君被干掉在东周绝对是横扫头条的新闻，所以姬周根本不用去费力核实，也没在乎是谁来接他，毕竟机会难得嘛。就这样，接住从天上掉下的大馅饼，姬周回国登上了宝座，史称晋悼公。剧透一下，这是我老板，特牛的一人。还有就是，这会儿他才13岁。

在栾书看来，13岁就是一小屁孩嘛，想怎么摆弄都行。这不，换了领导人必然重组内阁，栾书就觍着大脸来提要求，想把自己儿子安排到国务院工作。晋悼公听完一点没犹豫：这没问题啊，给你办！然后我就被叫到了朝堂之上，一同来的，除了栾黡还有其他很多家族的新生代。

“我能有今天，得说是大家给面子，又想到各位的先辈们都曾为国家流血出力，所以必须得感恩啊。”说完，他就宣布在场的人都是新一届的内阁成员。栾书听完都傻了——这都进国务院了，那我们栾氏还怎么一枝独秀地牛气啊！（《春秋左氏传·成公十八年》：使魏相、士鲂、魏颉、赵武为卿。荀家、荀会、栾黡、韩无忌为公族大夫。）

这还不算完，晋悼公又以关爱员工为由，给栾书办理了提前退休，然后让韩厥顶上他的位子——国家总理。别看退休待遇是绝对杠杠的，可栾书还是差点儿被气死，因为这么一折腾，栾氏在国家政治中再没有绝对话语权了。说啥？栾书咋不再把晋悼公干掉？这不废话吗，得了便宜的韩氏能让他胡来吗。

反正不管怎么样，我就是从这儿开始了政治生涯，但依然保持闭嘴原则。什么？闭嘴能改变啥？急什么，不得先活着吗！此时的我，无非是颗可有可无的棋子罢了。当然，小动作还是必须有的，比如招揽赵氏旧部重建家族。其实当年赵氏被灭的只是总公司，而很多分支机构一直都运转良好。这也很正常，老虎好打苍蝇难抓嘛。

在众多漏网之鱼中，最强的就是混迹在军方的赵旃[5]。这是我堂叔，虽然人挺浑，但讲原则。在他眼里，我一直都是赵氏家主，包括赵同、赵括被杀之前。所以我这刚转运，他就立马跑来宣誓效忠了，成为“复兴赵氏”计划的CEO。说实话，接下来的十几年，要不是赵旃在背后帮我打理杂务活动人脉，那走到人臣之巅或许就是南柯一梦了。不过琐事无聊，还是那个天才儿童更有看点。

其实别说栾书，就连我也越来越惊骇于晋悼公的才智。因为那绝不该是一个年仅13岁的孩子能拥有的。在政治上的突然袭击，把晋国的权力格局瞬间打乱，虽仍未摆脱氏族专权的局面，但至少给他赢得了大量的时间。晋悼公明白，在这个国家想不做傀儡君主，就必须得建立威信。威信哪里来？战争！

晋悼公深谙干架就是拼钱的道理，所以为了必胜，甚至连胜，他推出了一系列改革政策。其中最重要的就是减少农业税和鼓励创业[6]，这在让他获得民心的同时又增加了大量的财政收入，也进一步巩固了地位。不论政治、民生还是经济，这个少年都展现出让人震撼的头脑，有时我甚至会乱想，这孩子不会是从你们的时代穿越过来的吧……

本就强悍的晋国，在经过悼公的悉心调教后，实力变得更为可怖。此时的晋悼公，嘴角勾出了自信的微笑——一切尽在掌握！毕竟只要准备好了，在这个时代，根本不愁没有打架的机会。果然，公元前571年，战争如期而至。

这次呢，又是郑国。

事情是这样的。楚国见晋国内乱换了个小孩国君，就想趁火打劫，可又听说那是个不好惹的天才儿童，它就连哄带吓地撺掇郑国去挑事，想试探一下。郑国倒也实在，与上次一样，转身就去踹宋国。遇到郑国这种浑蛋邻居，宋国也是够倒霉。当看到宋国使者哭唧唧地来求援，晋悼公就乐了：走，咱们去战个痛快！（《春秋左氏传·襄公二年》：春，郑师侵宋，楚令也。）

前面说了，在厉公时代晋国就已无敌，所以更何况如今。同年12月，晋悼公向苦苦支撑一年的宋国派出了援兵，并对周围的小国们勾了勾手指：来，大家一起聊聊。身为中原盟主的晋国当然有这个资格，而晋悼公的意思也很清楚——现在都得选边站，跟我结盟的，这次就必须参战。这不过是个噱头，想炒作一下自己的牛×指数罢了，毕竟干架的主力还是晋军。

不过还真有不给面儿的，那就是齐国。不知道是瞧不起小孩，还是觉着自己也挺牛，反正是开会叫了半天才来，而且表示不会参战。晋悼公冷冷一笑，没理这碴儿。然后，晋与宋、卫、曹、莒、邾、滕及薛组成八国联军，以摧枯拉朽之势开始反攻，最终战于宋国失地——彭城。这仗打得挺没劲，因为经过几日的对峙后，郑国在精神上就彻底崩溃了，连哭带求地提议和谈。问啥？楚国咋不上？它又不缺心眼儿……

其实要按晋悼公本来的意思：必须干死丫的，墙头草不能留！所以郑国能逃过一劫，还得感谢齐国之前的作死。说实话，晋悼公从来就没拿这场必胜的战争当回事儿，他是要借这次机会把自己打造成国际级偶像，就像那个遥远的神一般的存在——齐桓公。这是他稳固国君座位的最佳手段，也是他的梦想！所以齐国也是活该，非要当那被杀的鸡，去儆天下的猴。

等郑国在检讨书上写完“我服了”，晋悼公就掉头杀向了齐国。

打架这事，看实力排名毫无意义，比如齐国也算列国四强，但跟晋国一比，那就差太多了，完全不在一个重量级上。齐国几乎在瞬间就被打成了猪头，城池破败伤亡惨重。国君齐灵公都吓傻了，见过猛的，但真没见过这么猛的！在东周至此的二百多年里，从未有谁敢同时与齐楚两国为敌，而且还相当肆无忌惮。

事到如今，晋悼公也并非不想把齐国灭掉，他只是怕搞得太张狂太恐怖，会让自己成为列国公敌。毕竟晋国再强，目前也没有一统天下的实力。所以当齐国为求和谈，甚至把公子光（太子）送来当人质后，晋悼公就带着一身骄傲，凯旋归国了。现在更懂我为啥保持闭嘴了吧，在如此牛的老板手下工作，多安静一点儿，就更安全一点儿。（《史记·齐太公世家》：十年，晋悼公伐齐，齐令公子光质晋。）[7]

至此，这个曾寄人篱下的少年已威震东周。用时，仅仅两年！

可能不管我怎么讲，大家都无法对晋悼公的牛×感同身受，那就再举个例子吧。都知道周王朝最大的敌人是游牧民族，他们装备精良又喜欢打游击，忒招人烦。而在这些人中，烦人指数能达到五颗星的有两伙——西戎和北狄。但西戎当年曾被秦穆公暴虐，所以近几十年还是很老实的，但北狄就不一样了，那是三天两头地跑到周王朝搞恐怖袭击。（往事详见《亏本大师的另类崛起》）

要知道，当年秦穆公虽未在东周称霸，却被公认为霸主，就是因为强到能把游牧民族干趴下。而晋悼公则要比前辈炫酷多了，公元前569年，在晋国一兵未动的情况下，北狄军团的大佬——无终主动派来了使者，询问是否能加个好友。狄族表示以后绝不再捣乱，求不挨揍。猛吧？都不需要动手，只凭气场就让向来桀骜不驯的北狄请和了！（《春秋左氏传·襄公四年》：无终子嘉父使孟乐如晋……以请和诸戎。）

接下来呢，晋悼公又把齐桓公的"神之养成攻略"翻了出来，把已完成的都勾掉，剩下的就只有"九合诸侯"这一项了。表面上看呢，这只是个噱头，无非是没事召集诸侯国君们一起开party，但说实在的，在齐桓公死后的几十年里，还真就没人连续搞过九次！原因也很简单，之前有实力扯这淡的只有楚庄王[8]，可他对这事并不感兴趣。

于是，神奇少年开始以平均一年一次（正常都得几年一次）的速度召开诸侯盟会，直到开满九次为止。有点满头黑线的感觉是不，没办法，牛×就是任性。对了，在这个过程中，他还跟秦国干了一架。

事情是这样的，公元前565年，楚国又把郑国给勾搭走了，还拉了秦国一起跟晋悼公叫嚣。虽说最后并没有引起混战死磕，而且郑国也又一次认错归队，但不可一世的晋悼公肯定忍不了。就这样，在公元前559年，他发动战争，把秦国好一顿暴扁。至此，春秋四大强国（晋齐楚秦）的其他三家，被晋悼公虐了个遍，用事实证明——无敌，绝不是吹的！（《春秋左氏传·襄公十四年》：

夏，诸侯之大夫从晋侯伐秦，以报栎之役也。）

这一年，我32岁，已是军委副主席。说啥？咋爬上来的？这个问题不对，因为大家都是晋悼公手里的棋子，进退只是为了制衡，哪会是谁想爬就能爬的。还问啥？晋悼公就这么一直开挂？呵呵，听说过天妒英才吗……

④ 灭霸

晋悼公死得很诡异，那是在公元前558年的夏天。当时齐国不知哪根筋搭错了，居然又开始捣乱，把鲁国给揍了一顿。

鲁国可是晋国正儿八经的小跟班，晋悼公一看就急了：又找抽是吧！说着就要动手，然后意外就发生了。所谓天有不测风云，事发那天就是这样——红彤彤的太阳一下就被天狗给啃没了，而等光明再次普照大地时，有人发现晋悼公已经病倒。这怪病来得毫无征兆，也无法医治，很快，年仅28岁的他就撒手人寰了。（《春秋左氏传·襄公十五年》：秋，邾人伐我南鄙……冬，晋悼公卒，遂不克会。）

感觉很突然是吧。在当时东周列国全都震动了，阴谋论、宿命论等，那是满天飞。但我告诉你，那都是扯淡，命运就是这么无厘头，能让生命在短时间内绚烂得炫目，又在戛然而止时显得那么惊悚。

晋悼公死后，其子姬彪继位，史称晋平公。这就是一典型的富二代，特喜欢搞房地产和娱乐业。当然了，靠着他爹留下的无敌光环，他也打过两次胜仗。首先是在公元前557年，晋国再次击败楚国，明确了其不可撼动的地位；然后就是公元前548年的对齐战争，大胜。没错，齐国到底又被扁了一顿。

因为人生模式太过easy，晋平公完全没心思去修炼“驾驭群臣”这个技能，所以国家在不知不觉中，又回到了氏族专权的局面。而我，也将因此成为时代的主角！

玩政治必须要有自己的团伙，经过多年的韬光养晦后，赵氏终于在我和赵旃的努力下再次复兴起来，虽不及那已逝去的巅峰，但也再次跻身了几大政治家族之一。不要问我什么时候才会张嘴，因为自从强悍的悼公死后，只要我想，随时都可以。依旧如此低调的原因只有一个，我在等待一个机会——可以将自己和家族都推向巅峰的机会。

机会就出现在对齐战争之前，时任总理的范宣子（预言家范文子的儿子）因老年病去世，国家最具实权的岗位被空了出来。按资历，我绝对是第一候选人，但此时最为强悍的荀氏家族正虎视眈眈地盘踞一旁。

玩权斗，我真是太轻车熟路了，深谙想站得稳，就必须拉帮结派的道理。所以，我立马去找了死党韩起，时任韩氏族长。

韩氏一直都是大家族，但从来都没成为过最强。而在当年的灭门事件后，就是在他们的力挺下，我才得以继承赵氏族长的爵位。所以这完全符合官场的择友标准——有欲望、有实力、有关系。大家当然是一拍即合，确立了“我是老大他当老二”的作战目标。问啥？韩起怎么甘心做老二？这还不简单，我此刻已43岁，按当时的平均寿命算，说不好哪天就嗝屁了。至于韩起，可还年轻着呢。

就这样，两大家族无罅隙的联手，当即横扫晋国政坛。资历本就首屈一指的我，顺利走上人臣之巅，成为国家总理。（《礼记·檀弓下》：晋献文子成室，晋大夫发焉。）

不过权斗玩得再好，地位也是需要政绩来帮衬的，常规策略当然是战争，但我从小就对此极为反感。况且，跟风这种很不上档次的行为，也并不会赢取太多的加分。故此，我早已想好了该怎样不走寻常路。别看多年来我一直在闭嘴，但也一直在动脑。

想想，相比百年前，各国的军事力量都远超当初，却为何总让人生出声势不如先人的感觉？原因只有一个：礼乐虽然崩塌，但绝未消亡！周王族再孱弱无能，也一直都是万民心中的至高存在。所以，为啥传统霸主们一定要“尊王”？符合所谓主流价值观嘛。毕竟想成为全民偶像，虚伪就是必然的伎俩。

当然了，私心作祟也是原因之一，毕竟童年阴影从未散去。都说周是崇礼的王朝，但我却从未见过“礼”为何物！我知道作秀一样的“尊王”改变不了什么，但哪怕能给这癫狂的世界重新带来一点点理智，也是足够了。

于是，韩起在我的授意下，携重礼前往洛邑拜见周王室。这些年来，就别说我们这种霸主级的诸侯了，连什么鲁、郑之流都对王族不屑一顾。所以看到晋国来人，周王室先是以为要挂，吓得半死，而当发现是好事时，又乐得够呛。唉，从高大上变成矮矬屄，王族也是够难的……人艰不拆，还是继续说我的事吧。

“尊王”果然带了可观的政治效应，我人气瞬间飙升，成功登上列国头条不说，还被誉为最具良心的政治家！而这也没有引起国家元首晋平公的反感，因为那孩子每天都在忙着搞园林艺术，根本没工夫理这些“无聊”的事。至此，我终于来到了权力舞台的中心，可以主导历史的走向了。

什么？我会不会成为一代权臣？呵呵，我已经是了好不好，但权力于我而言不过是达到梦想的道具罢了。我的梦想是啥？改变这个满是血腥杀戮的世界啊！难道忘了我在三观养成时吼出的誓言吗。

在获得了足够分量的政治地位后，我给宋国拍了封邮件：想当和平大使不？哥挺你。

我知道，乱世里最糟心的就是宋国了，几乎每次打架都会躺枪挨揍。所以要说谁最渴望和平，那非它莫属。这不，一收到我的邮件，宋国立马在国际上发起倡议：都别吵吵，安静！咱们以后能不能都正常点，没事老打什么架！有什么好处！

而宋国的话音刚落，我就立刻代表晋国发言：“有道理！”（《春秋左氏传·襄公二十七年》：宋向戌善于赵文子，又善于令尹子木，欲弭诸侯之兵以为名……晋人许之。）

没错，征伐杀戮霸天下，我是一点都不感兴趣。东周从建立开始，列国之间就打个不停，成为最能打的，在我看一点儿都不牛。因为这个世界缺的不是霸主，而是和平。能缔造和平的人，才是创造历史！而且说实在的，成天打来打去，大家也都有点腻歪了。

果然，按照编排好的剧本这么一忽悠，诸侯们全都动了心，除了楚国。

当宋国屁颠颠地去问意见，这货先是一脸的好说话："这是好事啊，没问题！"然后就开始起幺蛾子："停战是不得有合同啊？那到时谁先签名？"当时没有拼音，笔画也数不明白（各国都不一个写法），所以按惯例，是最牛的第一个写。说白了，楚国就是在找碴儿，一点诚意都没有。

不过这也正常，多年来的晋楚对抗，早已让"对着干"成了双方的常规交流方式。我当然不在乎这种无聊的挑衅，做大事不拘小节嘛，当即给出答复：好，就让你们先来！（《春秋左氏传·襄公二十七年》：晋、楚争先……乃先楚人。）

就这样，世界和平进程进入正式阶段——谈判。

那是在公元前546年的夏天。谈判地点定在发起者宋国那里，参与的国家有13个，而且都是在国际上有头有脸的。要知道，不管之前的齐桓晋文多威猛，或是楚庄晋悼多狂野，他们发起过的诸侯代表大会，在规模上都无法比肩此次。不过事情进展得并不顺利，问题还是出在楚国那儿。

秉承着最牛最后出场的原则，楚国先是刻意迟到，然后又开始摆谱——没走到门口就不动了，非要派个信使来回传话。有人说这是有钱任性，我看就是脑子有病，难道不懂土豪范儿很掉价吗？

反正不管过程多费劲吧，在我的极力推动下，和平协议终于达成。其实内容很简单：除彼此再不开战外，就是所有诸侯（不包括秦齐），都要向晋楚分别交保护费。交保护费的事是楚国非要加上的，因为跟着晋国混的小弟更多，如此一来，楚国能占点便宜。忒小家子气！

不过别看得比过去多交一份钱，小诸侯们可都挺高兴。尤其像郑国那样的墙头草，用它的话讲就是：你当我爱随风倒啊！能两边不得罪，花点钱也值了。（《春秋左氏传·襄公二十七年》：是夜也，赵孟及子皙盟，以齐言。）

然后就是签合同，地点在宋国首都的门口。

按说这事之前都讲好了，可楚国真有点蹬鼻子上脸，本来带根笔就能搞定的事，却非得领着整支武装部队来示威。也不知道这是唬谁呢！哥这么多年啥没见过，说白了就是从小被吓大的。在我看，这世上最可怕的从来就不是刀，而是人心。所以我朝身后的随行团队一挥手：走着，看他们敢怎么的！

最终，盟约就在这样的刀光剑影中，正式生效了。百余年的列国争霸，终于告一段落。

当然，我也明白这不过是个短暂的休止符，和平永远都是这个世界的匆匆过客，绝非人力可以挽留。但毕竟，我也算是创造了一点点的历史，与过往那些翻来覆去地做同一件事的霸主们相比，或许人生更有一些意义。至少，我这么觉得。

问啥？然后怎么了？我批准了原本跟着晋国混的诸侯国们，可以不向晋国朝贡，这事让我的国际声望更上一层楼。再然后？我算算……世界和平大概持续了四十年，之后在南方被打破。晋国？唉，我死之后就又乱了，那是公元前541年的事。嗯，也没再出现过天骄国君，直至灭亡。

好了好了，打住吧！再往后的事我可没资格叨叨了，好奇的话就问别人去吧。关于“战争与和平”的演讲到此结束，谢谢。

作者按：

虽然我多次调侃司马迁，但心里其实对他极为敬仰。毕竟受当时客观条件所限，尤其是先秦史的断代问题，他还能写出《史记》此等史学巨著，着实令人叹为观止。而且历史本无真相，就算是《春秋左氏传》，也因受了太多的儒家影响，不见得多么真实。总之，千万不要因我的妄谈，而小觑了真正的经典。

春秋在赵武力推弭兵后，真正进入了后期阶段。国际间几无战事，但各国内部的争斗却更胜当初，礼乐的消亡开始加速。还要说一下，晋景公死于粪坑的事出自正史，但我个人并不认为一定真实。至于原因呢，说起来太繁复，就不在这里废话了。

---

①从殿内向外依次排列9位礼仪官员，迎接宾客时高声呼唤，上下相传。最早为周天子专用，后也为诸侯所用。

②赵朔的死亡时间没有史料记载，他在鞌之战中阵亡是根据《春秋左氏传》的推测。

③麦子当时在中国是稀有食物，种植很少。

④晋厉公这一脉是因为之前的“赵盾弑君”才得以上位，详见《君臣恩仇录》。

⑤赵穿之子。赵穿就是当年帮赵盾弑君（晋灵公）的那位猛人。

⑥晋悼公开放了国有垄断行业，比如采铁和晒盐，民营经济迅速繁荣，商业税充实了国库。参考《春秋史》。

⑦此场战争《春秋左氏传》与《史记》记载出入很大，本文叙述参考李孟存先生的《晋国史纲要》。

⑧有人可能会想到晋文公，但与他同时代的强人太多，比如秦穆公、楚成王，当时的晋国只是比别国略强。

逆天狂人

兄弟这词儿总让人热血贲张，尤其在乱世，想到有人陪你在生死间挣扎在荣辱中同行，就像一阵暖风吹走了世态炎凉。但其实呢，基情四射这种事一般只在草莽生长，因为不管是啥，只要到了华堂之上就全变了味。比如春秋晚期，楚国就上演了一场兄弟阋墙的闹剧，同样有热血，但可不是贲张而是喷溅……

① 因由

话说那还是公元前6世纪（具体时间不可考证），时任楚国元首的是楚共王。这人的一生可以用两个字来概括：憋屈。

首先说事业，楚共王本是有机会称霸天下的，可没想到老对手晋国出了个阴招，不惜血本地把经常在楚国门口晃荡的小瘪三——吴国，给扶植了起来。吴国属于土鳖一秒变土豪的主儿，刚有点资本就眼空四海了，是有事没事都跑到楚国去踹门，吵吵要单挑。楚共王当然不怕这个，但确实够烦，因为每次出门办事，他都得提防那二愣子会不会趁机把他家后院给烧了。所以根本没法全身心投入到与强敌晋国的战斗中去，结果折腾一辈子却一事无成。

再来看家庭，这才是最糟心的，因为他老婆生育有问题。事情如果发生在普通人家就简单多了，有钱的去包二奶，没钱的就发牢骚呗，反正是解不解决都不算大事。但放在一国元首身上可就复杂了，因为这会涉及下一任国家领袖的人选问题。按当时不成文的规定，嫡长子（就是正妻的儿子）享有家族产业的完全继承权。够简单明了吧，但却没针对意外情况做出引申解释，就比如楚共王遇到的这种。要不怎么说古人有时候太实在呢，又不是没儿子（还有妾生的庶子），看谁顺眼就选谁呗。可楚共王却觉着这事涉及国家的未来，不能由着自己胡来，所以为了找出最正确的人选，他决定采取当时最科学的办法——求神！

笑啥！时间不是经常把正经变成玩笑吗？这有什么好奇怪的。总之，楚国的未来就在算卦那天被开启了。

当时的具体情况是这样的。因为总不能直说吧："来，爹给你们算个命，看谁命中注定走大运。"所以一切都得连哄带骗地进行。这不，正好赶上那天祭祖，楚共王就把儿子们全叫了过来："都严肃点啊！"然后指了指先祖们的牌位："去，排队磕头。"这事当然有猫腻——楚共王提前搞了块开过光的玉璧，现在正放在列祖列宗的牌位前面，就等着看几个儿子的反应。

是不是觉得有点像现代企业对员工面试时进行的紧急反应测试？其实还真差不多。每个人的反应大相径庭，而命运也因此有了天壤之别。现在就来看看到当时的实况——

首先就是大儿子熊昭。这哥们儿目不斜视，大踏步走了过去，停下时双脚正好站在玉璧上，跪倒参拜。楚共王不禁一拍大腿，暗叹："正点！"接着就是二儿子熊围。这货长得特帅，却吊儿郎当，一看地上有块玉璧，顿感新奇："哟，这是什么？"当即装作磕头，扑在地上研究起来。楚共王是满头黑线。

老三老四分别叫熊比和熊黑肱，因为排行在中，所以可能从小就不受宠还总挨欺负，胆子特小。一看地上落着块宝贝，那是忒小心地绕路而行，生怕给碰坏了，离着远远地跪拜完，赶紧退了回来。楚共王摇摇头，不禁骂了句脏话。最后剩下的就是不满两岁的熊弃疾。因为还不怎么会走路，所以由奶妈先抱到牌位附近。但没想到松手后，他刚走两步就摔了个狗吃屎，整好趴在了玉璧上。楚共王顿时一惊！

在古人看来，世间一切皆有天意，比如熊昭的动作就代表了列祖列宗和上天诸神选择了他，要不然怎么会把开过光的玉璧不偏不倚地踩着脚下！而除了熊弃疾的另三人，就明显是被抛弃的品类。可当熊弃疾趴在玉璧上时，楚共王又顿觉“天机难测”了。为啥？因为踩与趴到底哪个更正点，他实在是无法辨别。故此，他在默念着“不算不算，这次不算”的同时，指挥奶妈再把熊弃疾抱过去测一次。

说来也是巧，熊弃疾摔倒是意料之中，但居然摔的造型和位置都与上次一模一样！（《春秋左氏传·昭公十三年》，初，共王无冢适，有宠子五人，无适立焉。乃大有事于群望，而祈曰：“请神择于五人者，使主社稷。”……康王跨之，灵王肘加焉，子干、子皙皆远之。平王弱，抱而入，再拜，皆厌纽。）

面对如此结果，楚共王只好启动自助洗脑模式——闭眼不停地嘟囔“没看到”，然后转身就走。

结果显而易见，楚共王当然不会去选吃奶的娃娃当太子，毕竟以当时的平均寿命来看，他也清楚自己命不久矣。就这样，在一个良辰吉日，他正式宣布：大公子熊昭将成为下一任楚国领袖。并且详细讲述了此次“科学”甄选的前前后后，以示公开公正。这世上的事啊，只要有人高兴就一定有人生气。这不，二公子熊围一看大哥眼睛都乐出了花，那是当场就炸了，冲着他爸嗷嗷直叫：“凭啥？凭啥！”面对质疑，楚共王也不慌不忙，他抬手向上指了指，然后吐出两个字：“天意。”

熊围再不乐意也不敢跟他爸犟嘴，毕竟楚共王终归也算一代雄主，只是时运不济罢了，要真发起飙还是很恐怖的。但这事也确实够憋气，没有一点点防备，改变人生的机遇就突然出现，然后它又没有一丝丝犹豫地溜到了别人的怀里！所以一回到家，熊围就开始琢磨起来：天意？会不会是“天”搞错了呢……

一想到这儿，哥们儿是脑洞大开，立马叫人找了一算命的：“来，你给我算下天意，看看‘天’到底想不想让老子做国君。”他那脸红扑扑的，兴奋得充血。算命的瘪瘪嘴，暗骂：脑子有病吧，大公子是天选之人的事都上国内头条了，你丫还做白日梦呢？但想归想，事还得办，不然看二公子这神经质的模样，随时都会暴走杀人。

很快，烤炉就在院子里搭好了，算命的把一只龟壳放在燃起的火上。这是“揣测天机”的必备道具。十几分钟后，渐焦的龟壳开始散发出难闻辛辣的味，呛得人直流眼泪，但熊围依然目不转睛地盯着，直到火焰中传出“咔”的一声。

正常来讲，烧裂的龟壳应该先拿下来晾凉再说，但熊围可迫不及待，他把算命的推到烤炉旁催促：“赶紧地，看看天意是啥！”

破解“天机”是门很“高深”的学问，在场除了这算命的再没人懂，所以他说啥就是啥。这哥们儿装模作样地捣鼓了半天，最后一脸悲怆地对熊围说：“天意是……您没戏！”熊围一听就急了，抬脚踹飞了还烧在火上的龟壳，指天怒骂：“我×你娘！你说没戏就没戏啊，给老子等着瞧！”（《春秋左氏传·昭公十三年》，初，灵王卜，曰：“余尚得天下。”不吉，投龟，诟天而呼曰：“是区区者而不余畀，余必自取之。”）

就这样，腥风欲起，血雨将至……

2 蓄谋

公元前559年，楚共王去世，熊昭继位，成为楚康王。作为传说中的天选之人，民意支持率是极高的，所以政府换届完成得既顺利又稳定，就连不爽的熊围都没敢闹事。因为他很清楚，以目前的国内形势，跟楚康王找事就是作死。所以他决定先积蓄力量，等时机成熟了再折腾。

大多数事情的准备工作都逃不开一个问题，那就是钱，更何况是蓄谋造反。这不，熊围很快就盯上了一只肥羊——苏掩。

苏掩官居楚国大司马，用现在的话说就是军方总后勤部长。肥缺啊！当时从国企到农民，是谁都逃不开军赋的摊派。比如开铁矿的国企，得按定额上缴武器装备；而平头老百姓呢，富裕点的得捐车捐马，没钱的……就捐人吧（也就是强行征兵）。而具体到征收多少、怎么征收，那就都是由大司马来最终拍板决定了。干这么个工作，真是想穷都做不到，在一个商业不发达的国度里，这哥们儿就成了屈指可数的大富豪。

大家平时都在一个地方上班，低头不见抬头见，想装穷是绝不可能的，所以他这也算活该倒霉。露富啦！熊围是一看见苏掩，那俩眼睛就烁烁放光，喉结也不停地上下滚动，总在意淫将其一口吃掉的美妙感觉。

但涎水四溢的熊围却迟迟没有动手，为啥？别看他敢指天怒骂，但潜意识里还是对神秘的天意依然有些怕怕。楚康王自上位以来，先是暴揍了吴国，并且击杀了吴王诸樊，在这一点上要比楚共王更成功；之后又与宿敌晋国达成了长期和平协议，使楚晋并称“东周双霸”。而诸多牛×的治国政绩，正符合“天选之人”的命格，不由得让人心生畏惧，所以在大哥面前他一直都表现得很无害。有时甚至会故意把自己搞得很低级，以换取楚康王的轻视，就比如那次跟一县官死乞白赖地抢功劳。（《春秋左氏传·襄公二十五年》：吴子门焉，牛臣隐于短墙以射之，卒。关于晋楚并霸参见《战争与和平》）

事情是这样的。公元前547年，在列国和平协议达成前夕，楚康王看郑国不爽就顺手给了一下。这没啥稀奇的，郑国属于受气包+墙头草，挨揍是家常便饭。兵荒马乱中，郑国将军皇颉可能是方向感太差，居然稀里糊涂地跑到了楚国境内，被一个叫穿封戌的县官给逮住了。县长想升官也不是一两天的事了，所以捡到这么个宝贝，他真是要乐死。可还没等他的笑容消散，就看见熊围带着一伙人冲了过来。

“这儿有个郑国人，快给我拿下！”熊围朝手下大吼，就像没看见穿封戌一样。穿封戌也有点蒙——拿下？我都给绑起来了啊！但没等他搞明白怎么回事，熊围这帮人已抢了皇颉呼啸而去，嘴里还不停地叫唤：“二公子威猛盖世，独擒敌寇！”在尘土飞扬间瞬间就没了影儿。这时穿封戌才反应过来：抢功劳可以嚣张成这样……也忒不要脸了！

气急败坏的穿封戌立马去找楚康王告状，可没想到熊围正在那儿邀功呢，哥们儿当时就火了：不带这么玩的吧！

作为法官的楚康王很迷茫，因为看穿封戌被气成那样，真不像是假的，可熊围也把“独擒敌寇”的过程说得有鼻子有眼。所以迫于无奈，他宣布此案进入自由辩论举证阶段。要说瞎掰，熊围这边可有的是好手。这不，他手下一个叫伯州犁的作为被告律师开始发言：“这事其实很简单，把俘虏叫上来对质不就完啦。”

这事穿封戌太乐意了。他觉着伯州犁就是个业务水平不达标的坑货，不然怎么会整出这么个于己不利的提议。

很快，皇颉被带了上来，伯州犁抢在所有人前面对其说：“这位是我老板，也是我们伟大国君的亲弟弟熊围！”说话时，他指着熊围的手扬起很高，然后又放到极低的位置转向穿封戌，“而这位，就是一县长。”语带不屑，继而问道，“你说吧，到底是谁把你逮住的？”①

皇颉虽说只是个小国的将军，但那也是在体制内摸爬滚打多年的老手，一看伯州犁手指头跟指挥棒似的比画，当即心里就有了决断：首先呢，按照官场传统——宁可得罪官小的，也得溜须官大的；其次，被国君亲弟抓，总比被个县长逮要好听得多吧……所以他是字正腔圆地表态：“我，是被熊围抓住的！”话音未落，熊围就指着穿封戌哈哈大笑：“听见没，真相大白呀！”

“去你大爷！”穿封戌也是气疯了，从身旁卫兵手里抢了把家伙就朝熊围抡了过去。又是一场混乱。

伯州犁那点小伎俩当然瞒不过楚康王，但也不好拆穿，只好在大家把穿封戌劝住后，说：“给我个面儿，这事就算了吧。回头请你吃饭。”国君都说话了，穿封戌再生气也得忍下来，是恶狠狠地瞪了满脸“无辜”的熊围一眼，拂袖而去。这场闹剧终于结束。（《春秋左氏传·襄公二十六年》，郑皇颉戍之，出，与楚师战，败。穿封戌囚皇颉，公子围与之争之。正于伯州犁……囚曰：“颉遇王子，弱焉。”戌怒，抽戈逐王子围，弗及。）

说实在的，这事熊围办得太丢人太不上道，但好处也是很多的，因为由此彻底打消了楚康王对他的顾虑。在楚康王看来，当初熊围质疑天意只是无心之言，而非有野心，不然一个胸怀抱负的人怎么可能如此下作。就这样，熊围靠装脑残换来隐身衣。

公元前545年，楚康王病逝，临终前，他告诉儿子熊员（即楚郏敖）：你二叔是可以信任的，人虽然傻点，但没歪心思。唉，两件事是都说错了，但熊员是个乖仔，忒听话，继位后立刻就把二叔任命为国家总理（令尹）。然后，早就被熊围惦记上的蒍掩，就该倒霉了。（《春秋左氏传·襄公二十九年》：楚郏敖即位。王子围为令尹。）

公元前543年，熊围利用总理特权，对蒍家进行突击式扫荡，并当场干掉了家主蒍掩，罪名是：巨额财产来源不明。这个定罪绝对是妥妥的，连核实都不用，只看蒍掩平时坐的车吃的饭就足以说明一切。但重点在于，每每发生这种事，那个“来源不明的巨额财产”最后总会变成“去向不明的巨额财产”，而且从来都无人过问。也不知道这种集体失声是心照不宣的潜规则，还是明哲保身的上上策。（《春秋左氏传·襄公三十年》：楚公子围杀大司马蒍掩而取其室。）

当然了，对这个事我们还是可以洞悉真相的，巨额财产被抄家小分队一转身，就运到了熊围那儿。不合法是肯定的，大家也都当没看见，包括熊员。为啥？听爸爸的话啊——二叔，靠谱！而也正是因为这种不设防的心理，他才在之后混丢了小命。

③ 逆天

熊员这人体质不好，拉稀感冒属于日常病。这不，在公元前541年的冬天，他又被风寒击倒了，躺在床上难受得直哼唧。

此时作为国家总理的熊围正准备去晋国，进行例行国事访问。自七年前的国际和平协议达成以来，代表东周南北最强存在的楚晋两国经常会搞些互动，以此来向列国表明国际形势的稳定。这种走秀是有着极强代表性意义的政治活动，可以说相当重要，但在得知熊员生病后，熊围却突然决定不去了。按他的宣称：啥也没有我大侄子重要！

那天是十一月初四，熊围拎着各种补品直奔楚王宫，然后在寝殿见到了熊员。屋里弥漫着一股烟火味，不用问就知道跳大神的已经来过了。在列国间，楚国最好巫术这口，不管大事小情都得来那么一下。熊围一脸关切地问："大侄子感觉咋样？"熊员有气无力地回答："小病，就会好起来的。"熊围心中顿时大怒……

当上总理这几年，熊围不光忙着划拉钱，还不断地在政坛培养自己的亲信，单就国内影响力而言，早已今非昔比。而他想造反也不是一两天的事了，今日此时，他本以为熊员病入膏肓，分分钟就嗝屁，然后准备以太子年少无知为由，废其自立。但现在一看预想落空，是再难压抑心中狂燃的欲望！他走到床边压低声音："大侄子，我有大事要和你单独讲。"熊员一点都没多想，不知死地对侍人们一挥手："都出去，把门关上。"继而问："啥大事？"

在环视空荡荡的屋子后，熊围对侄子柔声说："要你死啊！"伸手掐住了熊员的脖子。惊恐地睁大浑浊的眼睛，疯狂地扭动瘦弱的躯体，熊员就在不解中，不甘地离开了人世。在位仅仅四年。在确定人已死透后，熊围朝门外狂呼："快来人，国君病故啦！"睁眼说瞎话是他的强项。

不久后，他又派人去干掉了熊员尚在幼年的两个儿子。心狠手辣得令人发指，尽显权力游戏中职业玩家的绝伦风采。（《春秋左氏传·昭公元年》：十一月己酉，公子围至，入问王疾，缢而弑之。遂杀其二子幕及平夏。）

就这样，在年终岁尾，楚国改朝换代。熊围成功登上国君宝座，史称楚灵王。看看这哥们儿的逆袭过程，堪称逆袭经典，但成功之后，他却开始眼高手低……

上位后，楚灵王做的第一件事就是请国际级政治玩家吃饭，结果大佬晋国没给面儿不说，连鲁、卫这样的二流选手也找借口推脱，与会者只有宋郑两国还算上得了台面的诸侯。要知道，宴会的排场可是参照当年齐桓公九合诸侯时的标准，可见楚灵王的心有多高，所以这脸也被打得够响[2]。（《春秋左氏传·昭公四年》，夏，诸侯如楚，鲁、卫、曹、邾不会……王曰："吾用齐桓。"）

其实楚灵王心里明白，没来的国家无非是在观望他这个抢来的国君位子能不能坐得稳，以免犯外交错误。但这终归是个丢人事儿，他心情不好也是难免的，所以很想找个人发泄，正好一眼瞥见徐国的国君。徐是个小国，参加这种高端party的机会不多，徐国君正在那儿傻乐呢，突然就被楚国士兵给铐了起来，差点儿没吓尿了。楚灵王冷冷地看着他说："听说你把一个女儿嫁到吴国去了，不知道我们楚国跟吴国势不两立吗！你丫还敢来玩，活腻了吧！"然后就叫人把一国之君给丢进了监狱。（《春秋左氏传·昭公四年》：徐子，吴出也，以为贰焉，故执诸申。）

忍了那么多年又费了好大的劲才走到如今，楚灵王真是没法对别人的轻视一笑而过，他不由想到曾经的"天意"，就更是气不打一处来——老子难道就不是当国君的材料？我命由我不由天！

衡量一个国君是否优秀，通常有两个标准：国内民生和国际影响力。发展民生时间漫长，楚灵王的耐心早在逆袭中耗尽了，所以他决定从国际影响力着手。

提高国际影响力的常规办法就是战争，以武力换声望。但自公元前546年晋国发起的弭兵之会后，列国都恪守协议，再无刀兵之事。可在楚灵王看来，

“天意”都是扯淡，更何况人为的协议。规矩嘛，就是用来打破的！况且这也算是给晋国一点难堪——谁叫你丫瞧不起我！

就这样，公元前534年，楚灵王趁陈国内乱之际出兵征伐，美其名曰：帮忙处理家务。而事实是，他连叛贼带国君都给一勺烩了，杀了个一干二净，吞并了陈国。然后呢，他把穿封戌派过去当了殖民地总长。看见了吧，这哥们儿一点儿都没在乎穿封戌曾向他抡家伙的事。千年来，楚灵王一直被丢在残暴无脑的国君分类里，但想想，他若真是那样，还能做到如此潇洒大度吗？

灭国这种事已多年未现，所以楚灵王的疯狂让列国皆惊。面对国际的指责，他依然用最擅长的招式来为自己辩解，也就是瞎掰：我只是不小心……（《春秋左氏传·昭公八年》：冬十一月壬午，灭陈。）

本着息事宁人的态度，包括晋国在内的诸侯们都选择了容忍。毕竟陈国只是个小不点，弱国无外交，没人愿意为它跟楚国这种传统列强撕破脸。按大家的想法，让楚灵王闹闹也就完了，可哪知道这哥们儿一点都没想消停。公元前531年，楚灵王又一次发动战争，将蔡国灭掉。与之前不同的是，他这回连借口都懒得找了。（《春秋左氏传·昭公十一年》：冬十一月，楚子灭蔡，用隐大子于冈山。）

新的殖民地到手后，楚灵王对管理者的选择比上次还让人出乎意料，那就是他的五弟熊弃疾。当年的熊孩子如今已长成了挺拔青年，生着一张人畜无害的脸，性格又极为乖巧，深受楚灵王赏识。不过按贵族家庭的传统来讲，防兄弟应该比防贼更甚之，所以楚灵王到底是任性还是自信，实在让人摸不透。（《春秋左氏传·昭公十一年》：使弃疾为蔡公。）

再继续看国际形势。一顿折腾之后，楚灵王遥望北方，想看看晋国的反应。其实不光是他这挑事儿的，那些以晋国马首是瞻的诸侯们也同样在观望。

但此时的晋国实在有点进退维谷，因为——出手？那就彻底坏了自己定下的和平协议；旁观？那协议就名存实亡了！而就在晋国纠结时，亢奋的楚灵王又掉头杀向了吴国，简直是狂到极致。说实在的，别看楚灵王这么任性，但要是没后院起火，他或许还真能中兴楚国，证明“天意”有误。但可惜啊，一切突然就转向了失控的状态……

④ 败亡

连年的征战，让楚灵王留在国内的时间变得很少，而精力，就更少了。尤其这次对吴战争打得并不轻松，一心求胜的他几乎忘了自己还有个国家要管理。

就这样，楚国政坛反对派的势力在无压制的状态下，疯狂地生长起来，为首的就是曾被抄家的蒍氏遗族。他们在几年间联络了诸多对楚灵王不满的政治人物，比如一个叫蔡洧的，楚灵王一直对他很不错，升官发财的事从少不了他。但上次的对蔡战争中，他父亲纯属意外地躺尸阵前，这哥们儿就不乐意了，非把倒霉事归罪于灵王，发誓要为父报仇；再比如一个蔓成然的，这是个老贵族，论起来跟楚灵王还是同一个祖宗，日子过得特富裕。但很倒霉，因为打仗缺钱，楚灵王就把他家不少产业给充公了……唉，说白了，不管用人还是做事，导致的结果都是任性惹的祸。

公元前529年，趁着楚灵王依然未归，反对派发动政变，将楚灵王的妻子家眷尽数屠戮，血浸王宫。想起当年楚灵王残杀侄子一家，再转头看如今，真的好似轮回。同样的地方同样红的血，从不同的人身上汩汩而出，所谓出来混总是要还的。

噩耗很快传到前线，楚灵王似乎在瞬间被抽空了全身的气力，从战马上翻身摔落，声嘶力竭地号哭起来。（《春秋左氏传·昭公十三年》：王闻群公子之死也，自投于车下。）

造反这种事都讲究彻底，别看楚灵王还活着，可众多反对派却依然强行推举了新的国君——熊比（老三）继位。

熊比本意是不想掺和这事的。他这人信命，从来都对权力没有啥念想，但又拗不过那些大臣，只能无奈去做傀儡。但屁股刚挨到国君椅子的一瞬间，这哥们儿心底就是一颤，着实胆战心惊。这确实不是个当国君的料子。

当然了，别看造反派们在国内折腾得挺欢，但他们也清楚枪杆子里出政权的道理，而现在国家的大部分兵马还跟在楚灵王的身后。为了彻底击溃楚灵王，他们决定采取心理战术——让军属们联名写信召唤军人们回家，并且借熊比的口宣布：弃暗投明者有奖，火速回归者重奖！（《史记·楚世家》，先除王宫，观从从师于乾谿，令楚众曰："国有王矣。先归，复爵邑田室。后者迁之。"楚众皆溃，去灵王而归。）

前线的士兵们早厌倦了不停地征战，所以当知道灵王在国内失势，就都开始对未来想入非非，而如今一听说当逃兵还有奖励，更是争先恐后地奔逃而散。原本不可一世的楚灵王几乎在瞬间成了光杆司令，孤单的他骑在马上，看着人们像躲避瘟疫般地离他而去，是欲哭无泪了。家毁人亡事业破败，往昔闪耀飞扬的如歌岁月如梦似幻，"天意"终究把他的人生碾碎。

可就算楚灵王到了如此田地，熊比依然对二哥心怀畏惧。他决定派出一支小分队进行追杀围剿，死要见尸。要不把这事确认了，他是天天都做噩梦睡不着。

与三哥的表现不同，老五熊弃疾对一切丝毫胆怯没有，反倒兴致勃勃，一看要对二哥赶尽杀绝，是立刻表示："派我去！保证完成任务！"别看楚灵王一直都对他不错，但这孩子连丁点感恩之心都没有，符合权力游戏中职业玩家的基本素质。怪不得楚灵王喜欢他，或许就是在他身上看见了自己年轻时的影子，却没防备他与自己一样的无良狠辣。

于是，熊弃疾带人抄起家伙就冲了出去，直奔情报机构显示的楚灵王的位置——芋。

楚灵王此时正躲在一个叫申亥的人的家里。申亥是个官二代，他敢窝藏这么个灾星，绝不是因为脑残，而是为了报恩。其父亲申无宇是芋地的县官，因行政错误曾两次被人举报，可却未受到惩罚，原因是楚灵王给了特赦。申家跟楚灵王确实没啥关系，申无宇能如此幸运完全又是因为灵王的任性：没啥，就是看他顺眼。不过也正是曾经的无心之举，楚灵王才得以没被饿死。事情是这样的——

几天前，各地下发了通告：胆敢救助楚灵王者，与叛国同罪。所以惶惶逃命的楚灵王已多日米盐未进，眼看就要嗝屁。好在，关键时刻正好遇上了申亥。楚灵王问："救我……你不怕死？"在饿晕前，他恍恍惚惚听见一句话："听说你逃至此处，我特地寻找而来。因为当年你救了我爸，所以今天我要救你！"就这样，当楚灵王再次清醒时，就已在申亥家中了。（《春秋左氏传·昭公十三年》，芋尹无宇之子申亥曰："吾父再奸王命……吾其从王。"乃求王，遇诸棘围以归。）

但这并没让楚灵王再多留人间几时。在吃过几顿饱饭后，平静下来的他开始在回忆中游弋，不知不觉又回到了三十年前祭祖的那天，一幕幕都栩栩如生但却恍若隔世。等再回过神儿，他仰头看了看高高在上的天空，不禁释然一笑……

公元前529年五月二十五，楚灵王在申亥家上吊自尽，逆天狂人为自己的一生画上了黯然的句号。（《春秋左氏传·昭公十三年》：夏五月癸亥，王缢于芋尹申亥氏。）

按说故事到这儿就该结束了，但关于一些事还是要多说几句，因为曾经的那个"天意"还在影响着楚国的未来。

熊弃疾并没有离开楚都多远，因为他知道落寞的二哥再不会有机会东山再起了，生死无异。而在约莫时间差不多后，他传消息回国都："二哥已卷土重来，实在太牛了！我根本顶不住，他发誓要回来虐杀我们哥儿几个！"想想也是好笑，他居然跟楚灵王一样擅长瞎掰。

当年的熊弃疾还是小孩子，屁都不懂，但在长大后也听说了那次算命事件。在他看来：趴着当然比站着正点，国君本该是我啊！只不过强势的大哥二哥一直让他的欲望毫无机会，所以才总装作乖巧无害。而事到如今，他知道如果再不抓住机会，那就等到白头也枉然了。

熊弃疾太过清楚他三哥四哥的性格，都是超级胆小之辈，根本禁不住吓。

果然，他在都城的密探很快传出消息——熊比与熊黑肱都已因畏惧楚灵王归来复仇而自杀身亡。

公元前528年，熊弃疾于一片混乱中轻松胜出，渔得国君宝座。史称，楚平王！一场由“天意”而起，后蔓延几十年的萧墙之祸才算告一段落。

作者按：

每每说到楚灵王，史家向来是无一例外地鄙视抨击，都说其是无脑暴君。但本人却深感未必，因为翻看正史，再将史官的个人情感剥离掉，就会发现其实这哥们儿做的一切，都并不比同时代的其他君主差劲多少。比如战争，有点能耐的国君哪个不打仗呢？而在“任性”地打破和平协议后，晋国也并不敢轻易插手干预，也从侧面说明了楚国在灵王时代的强悍。再比如人心，造反派中又有哪个不是为泄私愤呢？所以说白了，一切不过是成王败寇罢了。想来，楚灵王若是功成寿终，那或许史料上对其就有截然相反的评说了。

嗯，再说一点。关于楚灵王最出名的“劣迹”，就是喜欢细腰美女。姑且不论事件的出处——《墨子》有多少可信度，只单纯说这事儿，难道有点偏好地爱美女也是罪吗？未免太扯犊子了吧。还有，说他的大臣们因此减肥到浑身无力，须扶墙而行。但这能怨他吗？为领导的嗜好疲于奔命者，从古至今屡见不鲜吧。

---

①成语“上下其手”的来历。

②《史记》与《春秋左氏传》记载稍有出入，区别在宋国是否有去。

复仇者之路迢迢

跟错了老板就像嫁错了郎，让生活黯淡无光不说，还有可能被家暴。尤其是在那遥远的封建春秋时代，不管是倒霉的女子还是悲惨的才子，当遇人不淑时，大多数的选择都是认命。但偶尔也会有不服的，就比如齐国的美女文姜，或者马上要说起的这位楚国汉子。

有人说春秋末期就是吴越的故事，也有人说吴越的故事就是他的一生！

1 小人

楚国的东方边境有个关隘，名叫昭。出了昭关，就会进入死敌吴国的地盘，所以一般来说，这个关卡的防守最为严密。这不光是为了防范外敌入侵，也是为了拦截本国的逃犯越境。因为敌对国家间没有引渡协议，所以单从这点看，吴国堪称是楚国逃犯们的天堂。这不，在公元前522年，昭关的气氛一直很紧张，保持如临大敌的状态长达半年多，但楚吴之间却并未发生战事，也完全没有开战的迹象。关卡之所以如此紧张，其实只是为了一个人，他叫伍员，是个全国通缉犯。

伍员没犯事儿前，在楚国的身份是官二代，他爸伍奢是个高级教书匠。故事就是从他爹那儿开始的。

伍奢教的是一对一的小班课，唯一的学生是楚国太子——熊建。给太子当老师绝对是个美差，走到哪儿都倍受尊敬，这倒不是因为文化程度能有多惊世骇俗，只是可以狐假虎威罢了。好工作总会让大群人挤破头，有本事就拼才艺，没学问就走后门，反正是各有各的门道。所以最后上岗的人并不见得有多优秀，但肯定是不简单，就比如伍奢的同事费无极。

与堪称全国模范教师的伍奢不同，费无极就是个政治混混儿，而至于他是怎么通过海选，又是怎么过关斩将拿到名额的，一直都是个谜。当然了，肯定有知道谜底的人，但绝对不会说，不然怎么叫暗箱操作呢。水平不过关，上课就没劲，学生就有抵触情绪。所以久而久之，熊建开始偏科，成天追在伍奢屁股后面提题，却对费无极爱答不理。同事矛盾就这样就出现了。

费挺大劲找个工作，费无极可不是来混工资的，他图的是美好的明天。太子虽然属于测试版的天降伟人，但升级为正式版是早晚的事，到时候国家领袖的师生情谊绝对会成为官运亨通的极大资本。不过搞成现在这种局面却是他始料未及的。按说客户满意度不达标，就该想办法提高自身修养，但像费无极这种聪明人可不喜欢老实人的笨方法。客户不满意？那让他滚蛋，咱换个客户做；同行能力太强？傻子才玩竞争呢，办公室政治就能搞死丫。这不，他马上就开始放招了——

公元前527年，进入青春期的熊建将要为国进行首次献身——娶媳妇，女方是秦国公主孟嬴。这属于华夏传统，所谓拉关系全靠搞对象，楚国需要强力的亲家来帮忙制衡宿敌晋国。去迎亲的领队是费无极，这是他拼命争取到的。熊建见费无极对自己的事如此上心，还有些感动，觉着这老师业务能力虽然差点儿，但心地还是极好的。少年对世界总有着善意的想象，所以费无极接下来要干的事，他是脑洞开多大也想不到。

到了秦国，费无极猴急地要先看看新娘到底长什么样，弄得像品相不好能拒收似的。秦国也不好拒绝，就让他瞄了一眼。

秦人本身就有少数民族血统，而孟嬴又是一国公主，基因决定颜值必须高，所以美貌加异域风情，那真真是能迷死人。费无极看完浑身都是一麻，面对秦人略带自豪的提问："咋样？"他狠狠点头："好评！"然后又一脸神秘地说："领队得找代理了，因为我得马上回去通知国内准备最高规格的婚礼！"秦人仔细玩味了一下这句话，心领神会地应允。

驾专车狂飙回国，费无极进了楚王宫却没去找熊建，而是直接求见了楚平王。一看他那火燎屁股的样儿，楚平王以为出了什么大事，赶紧问："什么情况？"得到的回答很无厘头："婚礼搞错啦！"见老板莫名其妙，费无极赶紧解释："新娘太美！臣实话实说，不挑事。太子娶她真是暴殄天物了，国君相配才叫天作之合啊！"别看这家伙学问做得不咋的，但却是研究人性的大师。楚平王本就是出了名的好色之徒，更奈何费无极接着又投其所好地强调（胡扯）了一下孟嬴的特点，所以他再也把持不住："说到底，忠心的还是你啊！"

就这样，当孟嬴被接亲队伍带回楚国，楚平王在确定了费无极不是胡诌后，现场就把儿媳妇升级成了媳妇。（《春秋左氏传·昭公十九年》：及即位，使伍奢为之师。费无极为少师，无宠焉，欲谮诸王……正月，楚夫人嬴氏至自秦。）

对秦国来说，拉拢当权者可比投资继任者更划算，很是乐意如此。但熊建就太窝火了，倒不是说他对没见过的未婚妻能有多深的感情，而是这事太窝囊。不过借他个胆子也不敢跟老爹叫板，所以就想到了要找始作俑者泄愤。但还没等他想出报复策略呢，费无极就放出了威力狂猛又非常经典的第二招——造谣。

造谣的精髓并不是追求编得完美，因为再胡扯的事，只要听众愿意相信就行了。就像楚平王，自从娶了新媳妇就没睡过安稳觉，别想歪了啊，他只是怕儿子为妞造反。因为他自己就能干出这事。故此，费无极那本是磕磕绊绊的谣言，在他看来就成了头头是道，进而大怒：逆子图谋他小妈的美色就算了，居然还敢蓄谋加害老子，非弄死这小兔崽子！

费无极一看奸计得逞，当即决定再加点附带伤害："其实吧，太子原本也不坏，这全都是伍奢教的。"再傻的爹也不愿意承认自己儿子天生就坏，毕竟那是他的种，所以楚平王茅塞顿开："有道理！杀，必须极刑！"这可不是闹笑话，楚平王时代的酷刑花样可老多了，像什么剥皮抽筋大卸八块都是正儿八经的死刑套餐。费无极顿时一脸崇拜："英明！"然后又跟了一句："伍奢还有两个儿子，分别叫尚和员，是不是也该……"想到伍奢才是祸根，楚平王狂吼："灭门！"

有人说千万别得罪小人，但事实上呢，小人总是你在不知不觉中得罪的。就像伍奢，被抓进监狱了才弄明白，同事想坑他不是一两天了。熊建倒是跑了，这是因为有人故意放水，但不管怎样，他都与王位彻底无缘了。（《春秋左氏传·昭公二十年》，费无极言于楚子曰："建与伍奢将以方城之外叛……其事集矣。"王信之，问伍奢……王执伍奢。使城父司马奋扬杀大子，未至，而使遣之。）

伍奢的两个儿子此时都不在国都，这让他很庆幸，但让费无极很不爽。这不，他刚在牢里安顿下来，费无极就带着刀子来探监了……

2 奔命

看着摔在眼前的刀子，伍奢挺开心：难道这是让我自尽？那可太好了，少遭罪啊。但听见费无极的冷笑，他又瞬间明白没这好事儿。

啪！从费无极手中又甩出几根竹简，正好砸在地面的刀子上，青铜刀身被震得嗡嗡鸣响，在昏暗的监牢中让人甚是心惊。见伍奢疑惑，费无极撇着嘴说："给你那俩儿子写信，让他们赶紧滚回来！"斩草除根首先是为了泄愤，小人都小心眼儿，一朝得势要不把对手碾成渣，浑身都不舒服。但最重要的，还是为了以防后患，毕竟混楚国政坛的人都知道，伍奢的二儿子伍员可不是盏省油的灯——江湖传言，他上马能杀敌灭国，提笔可治国安邦，属于战斗型学霸。没人想自己有这种能力值爆表的仇家。

伍奢不屑地看着前同事："写不写我不都是死。"费无极扬扬自得："必须的！但那样你就不得好死了哟。"赤裸裸的威胁，那些脑洞大开的死刑套餐确实叫人惧怕，但又怎敌得过父子亲情。冷哼一声后，伍奢不再去理会眼前的小人，只在费无极气急败坏地离开时说了一句："不论你用什么损招，都别想坑到伍员。只可惜伍尚是个老实孩子！"

果然知子莫若父，当发自楚王宫的消息传至方城的伍氏兄弟那里，一场激烈的争论爆发了。

——哥，你也太实在了吧！我们回去，爹就能无罪释放？糊弄鬼啊。

——我是没你聪明，可也没蠢到听什么信什么吧！但作为儿子，只要有一丝能拯救父亲的机会，哪怕是火坑，也该跳！

——愚孝！与其送死，不如复仇。

——各人有各人的想法，何必勉强对方！况且退一步讲，我总不能让父亲一个人孤单地上路。至于复仇，我本就没那能力，所以就靠你了！

就这样，伍氏兄弟在方城门口洒泪分别。伍尚平静地南下楚都，而伍员则激动地北上宋国，因为他听说熊建逃到了那里。（《史记·伍子胥列传》，无忌言于平王曰："伍奢有二子，皆贤，不诛且为楚忧。可以其父质而召之，不然且为楚患。"……王不听，使人召二子曰："来，吾生汝父；不来，今杀奢也。"伍尚欲往……闻太子建之在宋，往从之。）

对于伍尚的结局，那是想都不用想，刚到楚都就跟他爸一起被咔嚓了。而伍员呢，则在堪称传奇的复仇之路上启程了，只不过这路上有点忒坎坷。这不，他刚在宋国找到熊建，气还没喘匀呢，就又得开始奔命。这是因为宋国发生了内乱，而作乱者正是宋国内的亲楚派——华氏。他们因与国君宋元公发生口角，以致大打出手，其实说白了，就是赤裸裸的君臣争权。政治斗争混着血腥武斗，宋国上下是乱得一塌糊涂，对于熊建和伍员这两个楚国重要逃犯来说，真是太容易躺枪了。所以赶紧跑，才是上上策。

一溜烟，这两位就逃到了相邻的郑国。但在这儿待的时间也不长，因为熊建非要作死。事情是这样的——

郑国对熊建和伍员还是很不错的，这倒不是说心地多良善，只是不敢贸然行事，以防得罪人罢了。毕竟熊建的身份特殊，怎么说他是楚平王的儿子，外人肯定弄不明白这爷儿俩到底是什么仇什么怨。也正因为如此，熊建与伍员的复仇大计也就得不到郑国的支持，人家可不想掺和这些破事。况且，郑国也没有跟楚国叫板的实力。但熊建和伍员可不是有口饭吃就知足的人，所以很快，他们就跟楚国的老对手晋国搭上了关系。

东周列国间已多年没发生过大型战争，这是因为有一份各国共同起草并通过的和平协定，但国家间的关系永远都像荒野丛林中的食物链一样，弱肉强食。这没法自控，也无法管控，就像前些年楚国在国际舆论的谴责声中，依然吞并了陈蔡两国。所以规矩屁用没有？当然不，因为楚国每次都打了擦边球，比如对陈国就美其名曰是帮其平定内乱，结果“失手”把人家给灭了，而对蔡国也有这种类似的强词夺理。所谓规矩，就是为钻空子准备的。（详见《逆天狂人》）

楚国搞东搞西地扩大地盘，晋国是看得又羡又妒，但却一直没找到跟周边小国耍无赖的好机会。一看熊建猴急地想找个靠山，助他杀回国内，坏主意立马就冒出来了：“干大事得有块根据地啊。你看郑国咋样，要不里应外合灭了它，把地盘给你用？”熊建这哥们儿特实在，一听这话，感动得都快哭了：“好人啊！什么都替俺想好了。”对晋国的提议是疯狂点赞。

但这事在伍员看就是另一个角度了，他与熊建的分歧也由此而来：“这明显是坑你嘛。如果真想帮忙，那直接发兵不就得了。我跟你讲，只要你在郑国一搞事，晋国分分钟用帮忙‘平乱’的借口干死你，再趁机吞并郑国。”

或许是再难忍受奔波之苦，或许是自视过高，总之熊建对伍员的劝说嗤之以鼻。在他看来，伍员的心理太过阴暗；在他眼中，晋国是唯一的救命稻草。不过呢，谁对谁错是没法证明了，因为熊建的逃亡团队里出现内奸，跑去告了密。所以还没等熊建开搞呢，就被暴怒的郑定公给干掉了——白眼狼，该死！（《史记·伍子胥列传》：郑人甚善之。太子建又适晋……郑定公与子产诛杀太子建。）

早觉着事不靠谱的伍员侥幸逃脱，但依然成了郑国的通缉犯，为了活命，他只能选择作死。因为郑国大幅度提升了边境的巡防标准，所以伍员选择了安检相对薄弱的方向越境——楚国。看着是胆儿肥，其实是无奈，走投无路时只好拼死一搏。就这样，伍员再一次踏上了祖国的地面，却片刻不敢多留，一路向东直奔昭关。

故事开头就说了，昭关这大半年一直都处于紧张状态。伍员之前流亡郑国并不是秘密，难道楚平王或是费无极有那么神，能算到伍员的去而复返？当然不，他们只是忘了这碴儿，一直没撤销命令罢了。领导嘛，总是忙得什么也记不住，但伍员就倒霉了，在城门口转悠了好几天也不敢过关。查得也忒严了！别看当官的都不在乎了，可当兵的却不敢大意，因为在楚国犯错误是真承受不起，不得好死谁都怕啊。

其实如果伍员长得能正常点，或许化化妆也就混过去了，但可惜啊，哥们儿的形象实在有点非主流。按照《吴越春秋》中的说法：身长一丈，腰十围，眉间一尺。翻译过来就是：身高两米三，腰围七米一，俩眼睛相距23厘米。这还是人么……记录或许不靠谱，但至少能说明伍员绝对是一看就跟正常人不一样的品种。所以转悠了好几天也没想出办法的他，最后只能把心一横，大踏步直接走向城门——爱咋咋的，走一步算一步！

不用说，就他那个超标的造型当然是分分钟被拦下，守门小队长一看：

“哟，你不是通缉犯伍员吗？胆儿挺肥啊！”伍员瞄了眼四周，没看见什么级别高的官员，当即开始瞎掰：“你知道为什么通缉我不？因为我有一颗宝珠，楚王想要我不给。知道为什么不给吗？因为我弄丢了，但他不信啊。我跟你说，今天我要是没跑掉，等老子见到楚王就说珠子让你给吃了。”小队长上班也挺无聊，就跟着瞎贫：“你咋证明是我吃了？”伍员冷笑：“那就不是我的事了，楚王估计爱宝心切，得把你丫的肠子掏出来翻翻吧。”小队长立马就笑不出来了，他不知道“宝珠”的事纯是胡扯，所以紧张地闭眼怒喝：“赶紧滚蛋！”（《吴越春秋·王僚使公子光传》，到昭关，关吏欲执之，伍员因诈曰：“上所以索我者，美珠也。今我已亡矣，将去取之。”关吏因舍之。）

就这样，伍员既惊险又逗B地从楚国二次越境而逃，但复仇之路依旧遥遥……①

③ 入吴

出了昭关有道江，江边有条渔船。伍员上了渔船就后悔了，因为那渔夫总是在偷瞄他——不是要去举报我吧！故此，安全到达对岸后，伍员把身上的宝剑摘了下来，递给渔夫：“送大哥了，这可是极品啊！不光实用而且名贵，当年……”渔夫打断了他的胡诌：“我知道你是通缉犯，赶紧跑吧。”伍员有点尴尬，但还是不放心地又问：“回头你不会去举报我逃跑的方向吧？”渔夫冷哼：“我都已经是共犯了好吗？不放心是吧，那我死给你看！”说完，投江自尽。

有点雷是不，伍员也有点蒙，搞不懂这哥们儿到底是个什么情况。想来，渔夫或许是对政府不满的一族吧。这事在未来还有继续，到时再说。（《吴越春秋·王僚使公子光传》：二人饮食毕，欲去，胥解百金之剑，以与渔夫……子胥行数步伐，顾视渔者，已覆船自沉于江水之中矣。）

公元前522年，历经艰险的伍员终于抵达了吴国，凭借五颗星的知名度，他很快得到了吴王姬僚的接见。这算是吴国的传统，大凡有楚国的著名政治犯在境内出现，时任吴王都会开国宴予以招待。因为敌方的坏叛徒，就是己方的好帮手。当然了，吃饭只是个噱头，谈事才是关键，所以大家很快就找到了共同话题：吴楚局势。两个接壤的强国间——吴国是后起之秀，楚国是传统列强——永远都缺乏信任和安全感，故此，伍员慷慨陈词："最好的防守就是进攻！楚平王贪玩残忍太任性，民意支持率下降严重，至于国内的政治经济，也都被喜欢争权贪污的宠臣费无极给搞坏了。所以说，现在是打击楚国的最好时机！"见姬僚没表态，他又说，"这些年跟楚国打，吴国赢过几次？如果把握住此时的机会，您将创造崭新的未来啊！"

领导嘛，都喜好名声，一想到能被国人永远传颂，连姬僚这种优柔寡断的老实君王也不由得笑容浮现。伍员察言观色，大乐：看来复仇有望啦！可惜就在这个节骨眼儿上，有人插嘴破坏气氛："扯淡！"他叫姬光，是吴王姬僚的堂弟。他还有一个更敏感的身份，上一任吴王余昧的长子。

没错，余昧的王位儿子没得着，而是到了大侄子的手里。倒不是余昧办事非主流，一切都是因为他爸——也就是姬光的爷爷——梦寿曾经的胡闹。

吴王梦寿有四个儿子，分别叫诸樊、余祭、余昧和季札。别看他身居一国之巅，可等回到家里，就跟普通百姓家的小老头没什么区别了，对小儿子是忒偏心眼，什么好玩意儿都想给季札留着，甚至包括王位。按照当时的普世价值，长子对家族产业拥有绝对的继承权，但梦寿却不理这一套——老子的东西，想给谁就给谁！不过呢，季札也不是一般人，面对老爹给的绝世豪礼，居然说死不要，急了还跟梦寿掰扯：不合规矩，影响不好。

可能是年纪大了都有点拗，梦寿跟这事就较上劲了。讲规矩是吧？那老子就给你立一个。于是，吴国奇葩的权力交接制度就此诞生了：王位，兄死弟及。按他的逻辑：这回有规矩了吧。王位从诸樊开始传，早晚传到你小子！

国家大事能如此乱来，也是叫人醉了。梦寿折腾完就嗝屁了，好在他的那三个儿子倒都是乖仔，很听爸爸的话，一个接一个地击鼓传花，但到了季札就又不行了。或许梦寿喜欢他，就是因为爷儿俩太像，都是那么一根筋。为了躲避继承王位，季札一看三哥余昧要挂，居然提前离家出走了……真的好任性。

就这样，吴国上下遭遇了比战争更叫人头疼的事——天哪，谁来领导我们啊！

迫于无奈，众人最后推举诸樊的长子，也就是姬僚继位。理由很简单：既然新规矩行不通，那就用老规矩呗。按照老规矩推理一下，当然是姬僚最根正苗红，大家也是拨乱反正的意思，希望一切从此回到正轨。不过什么都是破坏容易恢复难，这不，作为实权人物的姬光就不乐意了：讲规矩咋还带挖坟的呢，就不能从我这儿开始算吗！他的想法可以理解，毕竟羡慕嫉妒恨本就是人之常情嘛。

不过呢，鉴于姬僚的民意支持率太高，姬光也就没敢立刻跟堂哥叫板，但他心里可一直都没忘了图谋不轨。所以一听伍员要帮姬僚开创美好未来，登上完美巅峰，他必须得把事给搅黄："哥，这货就是一报仇心切的骗子啊，他拿您当枪使。以我多年征战在外的经验来看，与楚全面开战一点都不靠谱！"从吴王余昧的时代开始，姬光就常在前线，于军界树立了极高的威望。故此，他的话足以左右国家的对外政策。

姬僚没什么主见，属于听什么都是有道理的类型，相较一个陌生人而言，他当然更愿意相信自己的堂弟。况且如没有姬光的支持，想开战也是不可能的。所以他对伍员表示：好好吃饭，回头给你再找个住的地方，没事别跟我瞎掺和了。就这样，伍员眼看成功的复仇计划转瞬破产，但他却从这些简短的只言片语中，看出了点吴国政坛的门道。在宴席散去时，他暗地里对姬光表示：我懂你，回头见。

虽然没采纳伍员的建议，但姬僚做人还是挺讲究的，买房子置地都不在话下。至此，伍员彻底在吴国定居下来，结束了逃亡生涯。（《春秋左氏传·昭公二十年》，员如吴，言伐楚之利于州于。公子光曰："是宗为戮而欲反其仇，不可从也。"……乃见鱄设诸焉，而耕于鄙。）

老婆孩子热炕头当然不是伍员的人生追求，所以他开始了每天不停地暴走，到处八婆看热闹。就说那天吧，他溜达到了一个小渔村——堂邑（今江苏省六合北），正好看见一群村仔混战。准确地说，是十来个人被一个人暴揍。伍员瞬间就跟打了鸡血似的，屁颠屁颠往前凑，也不怕被误伤。而当双方交战正酣时，忽然传来女子的斥责："你又去打架！"那年轻的妇人气红了脸，手里攥着的拐杖不住地往地上戳。单挑众人的生猛汉子瞬间像被下了咒，定住不动了，然后转脸对屁滚尿流之辈们表示歉意："媳妇不高兴啦，就先不陪大家玩了。"言毕，潇洒而去。

伍员跟上去问："大老爷们儿怕媳妇……你不觉着丢人吗？"按当时的三观，这问题很靠谱，而得到的回答很非主流："怕媳妇，才是纯爷们儿！"他叫专诸。此时的他并不知道，眼前的这个看起来事事儿的人，将改变他的人生。（《吴越春秋·王僚使公子光传》，伍胥之亡楚如吴时，遇之于途。专诸方与人斗，将就敌……其妻一呼，即还……专诸曰："子视吾之仪……夫屈一人之下，必伸万人之上。"）

④ 刺客

姬光的强势与心机在伍员眼中清清楚楚。他明白，要想依靠吴国复仇，姬僚是肯定指望不上的。所以，如果姬光一直没法上位，那对他来说就有点悲剧。人们日常标榜的各种高尚品质，每与任何利益狭路相逢时，总是会轻易落败。伍员可不管吴国的选举制度合不合理，或是谁对谁错，帮姬光干掉堂哥才是当务之急！况且倘若成功，那他就是姬光的开朝元勋，所谓关系硬才好办事。

伍员成天走村串镇当然不是闲得慌，一切都是为了招聘。相邻的楚越两国一直都在伺机痛殴吴国，所以搞军事政变是最不靠谱的。把国家搞得内乱动荡，那或许刚拿下国君宝座，就把国家给混没了。故此，经典的政变策略——暗杀，才是最优选择。当然了，想必姬光也清楚事儿得这么办，只是苦于没机会罢了。

毕竟堂哥虽然尿，但并不傻，不管是间谍渗透还是安保级别，都对堂弟是严防死守。可惜防不胜防啊，他怎么也想不到会有伍员这么个“义务”猎头。

刺杀国君的杀手要满足三个条件：首先是技术性，也就是必须得猛；其次要有职业操守，愿为工作奉献一切；最后一定得是吴国本地人，因为这样更容易隐藏身份。在遇到专诸前，伍员已找到了一个非常符合标准的人，他叫要离。如果只看这哥们儿的外表，没人会相信他是职业玩命人士——身高属于二级残废，而且瘦得跟猴似的。但见过他干架的人都清楚，那绝对是不介意杀敌八百自损一千的天生暴力狂。不过呢，正是因为他戾气外漏，且形象不佳，伍员才把他定为了B计划。毕竟一看就不是善类，又怎么能接近国家首脑呢。

于是几经寻觅，伍员遇到了更好的选择，也就是专诸。按照《吴越春秋》对其形象的描述——碓颡而深目，虎膺而熊背。也就是宽额头深眼眶，五官长得很有立体感；身材威猛雄壮，好似虎熊。如果把他和要离摆在一起，单看外形，绝对是男神与男屌丝的对比范例。唉，世界太残酷，玩命也是要看脸的……

但专诸也有个问题，那就是——小日子过得不错，凭什么给人当枪使啊？对此，伍员当然也有对策。或许是因为体型相近吧，专诸对伍员的第一印象不错，还请他回家吃了顿饭。为了表示自己很实在，两杯酒后，伍员就掏心掏肺地把自己的悲惨遭遇讲了一遍，收获了专诸一家的同情。（《吴越春秋·王僚使公子光传》：知其勇士，阴而结之，欲以为用。）

介绍一下，专诸家有四口人，分别是：妈、媳妇和儿子。之前他媳妇手里攥着的那根拐棍就是他妈的，所谓见棍如见妈。他这人不光怕媳妇，还特孝顺。故此，突破口在哪儿就很明显了。能说会道的伍员很快就得到了老太太的喜爱，然后他又时不时地给这一家人洗脑，把生活中一切不如意都归咎在吴王姬僚的身上，继而将干掉一国领袖描绘成拯救万众同胞的英雄壮举。每当说到这些，他总会激动得难以自抑，为吴国这个“第二故乡”愤愤不已，感叹若是自己能有专诸那一身武功就好了——唉，心有余而力不足啊！

就这样久而久之，老太太先动了心。在她看来，自己儿子是天生的救世主，该去完成注定的使命。专诸自己就不用说了，男儿都有英雄梦嘛。只有媳妇不想老公去跳火坑，但也只能泪眼婆娑地静默不语，因为她实在找不到任何有说服力的理由，去阻止专诸去成为一个“伟大”的人。终于，在伍员的引领下，“英雄”起程了。

当伍员再次见到姬光，俩人心照不宣。专诸理所当然地受到隆重的招待。他觉着面前的贵族是个好人，待人亲切得很，没有丁点儿架子。这也打消了他的最后一丝顾虑——看来伍哥没骗我，好人必须帮！（《史记·刺客列传》：光既得专诸，善客待之。）

不过暗杀不是说干就能干的，毕竟在位这么多年，姬僚也有大批的亲信。最铁杆儿的是他的两个亲弟，分别是掩余和烛庸，手里都有兵权。如果自己老哥被干掉，这哥儿俩肯定得找姬光死磕到底，所谓打仗亲兄弟嘛，更重要的是会损害他们的前途。故此，万事俱备的姬光，开始了耐心的等待，直到公元前516年。这一年对伍员来说也很重要，因为仇人之一的楚平王死了。

得到消息，伍员差点儿被气死，因为他做梦都想亲手卸了楚平王和费无极。但这事也有个好处，就是谋反团伙终于得到了机会。

按照楚吴两国的传统，不管谁家里出事了，对方必须得趁火打劫一下，不然饭都吃不香，所以吴王姬僚立马就派了掩余和烛庸去攻打楚国。这属于明目张胆地照顾裙带关系，在这个己强敌弱的节骨眼儿上，那是分分钟建功立业啊。所以见堂弟笑呵呵的，一声没吱，姬僚还觉着挺奇怪：哟，居然没叽歪……

第二年四月，在确定了前线战事正酣后，姬光终于动手了！事情是这样的——

那天姬光屁颠颠地去跟堂哥说：“我刚发现一好厨子，特会做鱼，您试试他的手艺？”吴王超爱吃鱼，全国人都知道。一听说有好吃的，姬僚连丁点儿抵抗力都没有：“赶紧来一份尝尝！”很快，一身厨师装的专诸就出场了。他端着个托盘，里面盛着条烹好的鱼，不太大，一尺左右。

姬僚也不是没防备。专诸是在浑身上下都被安保人员摸了一遍，确定没武器后，才被允许接近。但姬僚是万万没想到啊，他即将要面对的是刺客行业的第一次创意革新。香喷喷的美味到了面前，还没等尝呢，他就发现厨师把手伸到了盘子里！惊愕间，一把匕首从鱼腹中被掏了出来，汤汁化成的热气在锋刃上缭绕，但遮不住那冰冷的寒光。②

“大胆！”姬僚怒喝，但根本无法阻止那把匕首在他身上狂捅，一代君王就在不甘中，命丧黄泉。而专诸作为大逆不道的行凶者，当然也没有好下场，片刻间，他就已被狂乱的侍卫们乱刃砍死。（《春秋左氏传·昭公二十七年》：鱄设诸置剑于鱼中以进，抽剑刺王，铍交于胸，遂弑王。）

不管是杀手还是被杀者，都不过是权力游戏中的炮灰，在死去的那一瞬就飘飞散尽，只有活下来的幕后人物们，才有资格成为新的玩家。早已让私人武装就近待命的姬光，很快就调兵攻进吴王宫，将与姬僚关系亲近者统统剿杀。至此，历经七年的策划与等待，伍员终将姬光扶上了国君的宝座，史称吴王阖闾！

但此时的楚平王已死，伍员还会去报复吗？答案是必须的，毕竟费无极还活着嘛。但他接下来的疯狂是没人想得到的……

对了，得说一句，在这次政变行动中一举成名的人很多，比如专诸或是姬僚，都在历史上留下了浓墨重彩的一笔，但他们都比不了那把凶器，因为它就此成为了被千载传说的神兵——鱼肠剑！

5 谋楚

剿杀行动进行得很顺利，但不完美，因为姬僚的儿子庆忌这会儿正好不在家，躲过了一劫。

阖闾这人还是挺讲究的，上位后，他不光安排专诸的儿子进国务院工作，还给了正部级的头衔。而始作俑者伍员当然更受重用，一举成为在吴王面前说一不二的重臣，但能力越大责任越大，所以剪除“叛国者”庆忌的艰巨任务就落在了他的身上。

别看庆忌身为太子，但干架却是一流的，世间传言是吴国第一猛人，号称万人敌，况且他还拥有数量可观的私人武装。故此，暗杀依然是解决问题的最好方式。重点在于，什么人能杀得了这个单挑王？于是曾经的B计划——要离，出场了。（《吴越春秋·阖闾内传》，王曰："庆忌之勇，世所闻也。筋骨果劲，万夫莫当……射之暗，接矢不可中。"）

阖闾见到要离直咧嘴，问伍员："看这哥们儿的模样估计连一般人都干不过吧。"要离就在旁边，插嘴道："不信咱就试试！再说了，除了我也没别人敢去了吧。"阖闾问："就算让你去，你又怎么接近庆忌呢？他现在肯定对陌生人严防死守。"要离一笑："这好办，你把我家里人都宰了，他就相信我不是你的人了。"这种回答任谁听见都得满头黑线，阖闾不可置信地看向推荐人伍员，得到的回答是："靠谱，他全家都跟你哥有仇。"③

于是要离的奇葩申请得到批示执行，全家被灭门了……（《吴越春秋·阖闾内传》：要离乃诈得罪出奔，吴王乃取其妻女，焚弃于市。）

但不管怎么样，这招确实管用，当他来到庆忌的驻扎地时，几乎没费劲就得到了接见。正常人当然想不到灭门这事里还能整出来猫腻儿，所以庆忌很自然地把他当成了同仇敌忾的战友，成天混在一起玩耍。这不，那天两人又结伴泛舟于江上，赶巧一阵大风袭来，吨位不够的木船猛然倾斜，使庆忌在踉跄中向要离跌去。天助我也！要离突抽利刃疯狂刺出。因为站立不稳，所以命中率有所下降，并没有正中心脏，但也重创了庆忌。

庆忌的生猛绝不是吹的，惊怒之下，拎起要离是一通狂殴。但大量失血让他渐渐力竭，最终他推开了只剩半条命的要离放声大笑："为杀我连家人都赔上了，你是真够拼啊！"转而阻止欲将要离碎尸万段的手下们："让他滚吧，这不过是姬光手中可有可无的棋子罢了。"语毕，倒地身亡。虽说庆忌不屑于要离的性命，但大仇得报的要离却选择了自刎。也是，媳妇和妈都已为复仇献身，他又怎能独自苟活。

至此，除去内患的阖闾彻底坐稳了王位。他叫来了伍员："你不是想复仇吗？说吧，怎么弄！”这纯粹是假仗义，因为以楚国目前的情况，任谁是吴王都会选择开战。之前的楚平王把国内的政治经济全部玩坏不说，继任的楚昭王也才仅仅十岁而已，曾经称霸南方的楚国如今已是锋芒不再。不过伍员向来只看结果不问缘由，因为深知矫情没有用。面对老板的提问，他的回答是：“首先，咱们得去雇个人。”

这个人很出名，他是齐国人，名叫孙武！不过在当时，除了伍员还没谁注意到这个被后世称为“军圣”的强人。

说实在的，年轻时的孙武在外人看来，那是相当不着调。身体倍儿棒却不在家好好务农，反而喜欢说走就走的旅行，从北到南踏遍东周列国。伍员第一次见到他时，也觉着这人挺奇怪——怎么不管到哪儿都像搞勘探似的呢，不停地写写画画搞记录，什么气候的区别变换啦、风土民情山河地理啊，是逮什么记什么。后来一聊天，伍员才发现：这不是人，是神啊！因为孙武侃了一段“兵法”，直接把战争这事上升到了科学与艺术的层面，超越了时代的认知局限。

所以听阖闾一问，伍员当即建议把孙武找来当“伐楚”总司令。鉴于伍员之前完美的HR业绩，阖闾毫不迟疑：那赶紧办！

于是，孙武就如同专诸和要离一样，被伍员带上了命运的转轮，从此改变了人生。与此同时，一位之前同样受到楚平王迫害的楚国重臣——伯嚭，因为听说伍员在吴国混得不错，也前来投奔。这也是个能人，在理财上很有一手。至此，吴王阖闾拥有了春秋版的“三杰”阵容。④

目前是万事俱备，只差借口。国与国之间干架总得扯一下理由，但这根本不是问题。还记得吴王姬僚的两个亲弟掩余和烛庸吗？之前他们去攻打楚国，在得知国内生变后，本想回去死磕，但情报却显示政变后的国内局势相当稳定，所以他们只能无奈地选择了投降楚国。故此，阖闾的开战声明很简单：楚国欺人太甚，居然收留我国的叛贼，必须予以武力交涉！纯扯淡，但反正意思到了就行了。

就这样，在公元前512年，吴国出兵伐楚。

楚昭王还是个孩子，而大臣中稍微有点本事的，也差不多都被他爹给撵跑了。朝堂上下一看吴国来势汹汹，竟然全部吓尿，考虑到掩余和烛庸的驻扎地是在楚国外围，所以众人一致认为：既然他们是来讨伐叛贼的，那咱们就当看不见，别管这事。没了强力后台，虽说那哥儿俩也是骁勇善战之辈，但与吴军从硬性指标上来讲就不在一个级数，所以勉强支撑后，终没逃过被击溃的结局。

胜利让阖闾大为兴奋，按他的思路，既然楚国这么㞞，那就直接攻打楚都，灭了它得了。但这事被孙武阻止："老板，这可不行啊！瘦死的骆驼比马大，死磕起来，咱们也得武功半废。暂时回国休整才是上策。"这就叫大局观，孙武担心的是吴国后院起火，因为另一侧的越国一直在虎视眈眈。倘若吴国实力大幅度下滑，那国家安全就会面临严重风险。

阖闾脑子不坏，知道孙武说得在理，当即把自己的亢奋压了下去，不过他还是要问问伍员："你说吧，咱干它不？"一路走来，伍员已用事实证明了自己的能力，虽然单论军事才干他不如孙武，但其在阖闾心中的地位却是无人能及。所以在这种可能会掺杂太多私人情绪的事情上，阖闾依然极为重视伍员的意见。面对老板的询问，伍员表示认同孙武的看法：在理！

就在看起来形势一片大好的情况下，吴国全军退去。（《史记·伍子胥列传》，阖闾立三年，乃兴师与伍胥、伯嚭伐楚……将军孙武曰："民劳，未可，且待之。"乃归。）

难道伍员为了第二故乡可以放手自己的仇恨？当然不！他在撤军时，抛向楚都的冷笑与阴毒眼神就说明了那绝不可能，仇恨早成为不可化去的心魔。从父兄被害至今，已有十年，心魔让他夜夜难眠，熬白了满头的黑发。

我要让你死不安身，我要让你的国家陪葬！当伍员忆起曾经往事，对着虚空如是说。相较于费无极，他更恨楚平王，因为在他看，就算绝世明君面前，小人的出现是不可避免的，但既然君主享受着超人的权力与财富，又身负国家的兴亡与安危，就总该明理有担当！

6 虐尸

其实不论是阖闾还是伍员，甚至是伯嚭和孙武，都对楚国有必杀之心。虽然大家内心的出发点不同，或许是为了事业功勋，或许是为了仇恨怨气，但总归是有一个共同的目的。所以回国后，这帮人就成天聚在一起参谋该怎么把楚国彻底搞废。最后定下来的策略是由伍员提出的：扰楚、疲楚、懈楚。这六字方针展开后，用一句话就可以概括——至贱则无敌。具体操作起来是这样的——

撤军后的第二年，也就是公元前511年，回家没几天的吴军又突然奔着楚国杀了过去。出其不意间，就拿下六和灊两座城市，然后没等楚军集结起来，是撒腿就跑。没错，吴军是故意的，所谓“扰楚”就是没事挑事，而“疲楚”就是让楚国穷忙活，白搞紧急集合。至于“懈楚”就更贱了，打这儿开始，除了公元前510年要进行对越国的自卫反击战外，吴国几乎每年都要去挑逗一下楚国，而且次次都搞不上台面的打一下就跑。久而久之，楚国开始认为吴国根本没实力搞大规模进攻，而如此讨厌，只是后起之秀习惯性地装B找存在感罢了。（《史记·伍子胥列传》：四年，吴伐楚，取六与灊。五年，伐越，败之。六年……取楚之居巢。）

所以，楚国紧急集合慢慢变成了走形式，连丁点儿的紧张气氛都没有了。虽然偶尔会丢些地盘，但因为君主年幼且国家积弱，群臣们中也无能之辈居多，故此就尽量地展现“大国风范”——能忍就忍。曾经那个称霸南方、逐鹿中原的生猛国家，就这样消失得无影无踪。

公元前506年，阖闾实在憋不住了，他叫来伍员和孙武：“当初吧，你们说干掉楚国有风险。现在这么多年过去了，我们国库丰盈军备富实，楚国却一天不如一天。我估计咱们要是再不搞它，恐怕北方的晋国齐国就要去捡便宜了。”伍员倒是不急，他希望的是能做到一击必杀，所以没吱声，安静地等待孙武对当下情况发表的专业测评报告。孙武环顾众人不住点头，而后攥拳挥臂：现在我们就去干翻楚国！

当年冬天，阖闾倾举国之兵，对楚全面开战，一路势不可挡。后，于十一月十八日，与勉力支撑的楚军在柏举隔河对阵。其实战争从一开始就没什么悬念，楚人本以为吴军还会像过去一样，闹一下就回家，所以心态就不够积极。等发现不对劲就太晚了，开始被吴军追着屁股揍，这会儿好不容易刹住阵脚，却再无气势可言，人心惶惶已无法再战。

面对即将到来的巨大胜利，吴国整个权力层都在克制自己的兴奋，谨慎观察着楚军的情况，以防大意出差错。但愣头青是永远都存在的物种，这不，阖闾有个弟弟叫夫概，在申请即刻出战被否决后，竟然带着自己的私人武装杀了出去。美其名曰：都这局面了还小心个鬼啊，大不了老子跟它玩命！（《春秋左氏传·定公四年》，夫概王曰："所谓'臣义而行，不待命'者，其此之谓也。今日我死，楚可入也。"以其属五千，先击子常之卒。）

其实只要楚人稍能稳住军心，干掉夫概这点人就不是难事。但没办法的是，士兵们都已被打得心神俱裂了，一见有吴军杀过来，是纷纷丢盔卸甲狂奔而逃。所谓傻人有傻福，夫概凭借区区五千人就把楚军揍得屁滚尿流，为此他不禁自豪感顿生，开始意淫自己才是有能力领导国家走向辉煌的人。不过先不理这傻帽儿，继续说战况。

大部队一看楚军竟然如此之渣，那就再无顾虑了，是痛打落水狗，在经过五战五捷后，终于抵达楚都——郢城。十七岁的楚昭王一看兵临城下，是当场吓尿，全无先祖们的英豪神武，立马就带着家属们从后门逃之夭夭了。就这样，吴军不费吹灰之力，就占领了宿敌的首都！步入楚王宫的阖闾欣喜无比，他拍了拍身旁情绪难以自抑的伍员："去吧，你想怎么搞，就怎么搞！"（《春秋左氏传·定公四年》：己卯，楚子取其妹季芈畀我以出，涉睢……庚辰，吴入郢，以班处宫。）

阖闾知道在几年前，伍员的另一个仇人费无极因在国内争权失败，已被政敌干掉了。这样一来，面对仇人死光光的情况，真不知伍员该如何发泄那积压了十六年的恨。所以，他给了这位帮他上位助他创业的功臣“随便搞”的特权，这是伍员应得的。

虽然楚国都已几乎被灭（国君未死），但这也只是稍稍消减了伍员那不再压制的怒火。他先让手下去搞了根结实的马鞭，然后直奔楚平王的陵墓而去。没错，他已经让楚国为平王陪葬了，接下来，他要兑现另半句怨毒的誓言——我要让你死不安身！

于是，楚平王很快就从墓里被刨了出来。生前再牛，死后也不过是一堆惨白衰朽的枯骨，只不过相对于平民百姓，王侯的身上要多出几件华丽的寿衣，去表明生死皆有贵贱。可惜，这些普通人家几辈子也见不到的稀罕物，很快就在伍员的马鞭下碎裂分崩。“啊！啊……啊！”几近癫狂的伍员对着楚平王的尸身乱抽一气，拼命地嘶吼。看着那些溅起的碎骨头渣，他泪流满面，断断续续地吐出无人听得清的诉说。

直至力竭，伍员才停了下来，然后四肢大张地瘫倒在地，望着天空再也无言。

其实要按伍员原本的想法，一会儿歇够了还得起来抽丫的，因为一次不过瘾啊，但一个人的出现却让他停下了疯狂的举动。那是个穿得破破烂烂的老人，叫嚷着挤过人群：“你还记得我吗？”见伍员皱眉迟疑，他又说：“当年昭关城外，你曾在谁的船里吃饭喝水？”原来是他！伍员终于认出这个老人，就是当年帮自己逃命，又神经质地投河的渔夫。

没死啊！害得我还自责了好久。伍员不禁满头黑线。不过一想也是，渔夫咋能被水淹死呢。

一看伍员还记得这人情，老头开始说教：“孩子啊，气大伤身！听叔的话，拉倒吧。”他是好心。也确实，跟骨头渣置气，犯得上吗。况且伍员如果持续不停地情绪激动，弄不好还真会整出什么病症，或许在精神上，也或许在神经上……

记仇不忘恩，就这样，渔夫的一句话就止住了伍员的疯狂。（《越绝书·外传纪策考》，吴使子胥救蔡，诛疆楚，笞平王墓，久而不去……有野人谓子胥曰："止！吾是于斧掩壶浆之子、发箪饭于船中者。"子胥乃知是渔者也，引兵而还。）

十六年仇怨，至此而终！

故事到这儿，就暂时告一段落了，至于伍员的后半生是平淡安逸还是风雨如晦，那是另一个故事。最后再交代几件事，首先是西北列强——秦国，在楚国的贿赂加恳求下，发兵支持楚昭王复国。吴国在试探性接触后，知难而退，毕竟秦国的战斗力自穆公始，就常年保持在超一流水准；然后就是夫概[5]。这货最后意淫到无法自控的程度，居然偷偷先跑回吴国称王了。当然，他觉着自己挺牛，但实际就是一饭桶，孙武分分钟就干翻了他。侥幸逃得一命后，他跑到了重建的楚国寻求政治庇护。唉，南方诸侯间的恩恩怨怨真是剪不断理还乱啊！

好吧，欲知后事如何，请听下回分解。

---

①关于"过昭关"最出名的段子就是"一夜白头"，但因为出处是《东周列国志》，地道的野史，所以本文未加引用。

②这招在未来将被多次重复使用，比如荆轲刺秦，区别只是藏武器的道具变了。

③关于要离的极端思想没有史料给出答案，"与姬僚有仇"是本人的推测。

④单以才华论，此三杰绝不逊于二百多年后的汉初三杰。

⑤夫概的后代后来去了朝鲜半岛，建立了百济国，地盘大概就是现在韩国的西半边。不知道韩国将来会不会也来争一下这傻帽儿的国籍归属……

复仇者之黄泉恨

① 往事

公元前484年夏末的某日，钱塘江上漂浮着一个灰白色的物品，远观即知体积不小，在波涛中翻滚浮沉，被湍急的江水裹挟着一路向东疾去。别乱想，这当然不是莫名而来的死猪，不然岸边那些肃穆而立的男女老少们就显得太过诡异了。他们有的眼中有泪，有的眼中有怒，但无一例外的是，脸色终都随着那个物品的渐行渐远，渐黯然。

简单说，那只是一张用麻绳捆扎起的破马革，但包裹在里面的，却是春秋末期的一代传奇。至于传奇为啥会泡了水呢，这就得从吴、越两国没完没了的斗争开始说起了。一切起源于六十年前……

吴国虽然往祖坟上刨[①]，跟周王室也是近亲，但因为先祖太过潇洒，视名利为粪土，所以后代们就只能在穷乡僻壤里讨生活了。最倒霉的就是，居然还跟楚国这种暴力分子是邻居，动不动就得挨欺负，导致国内的经济水平常年保持在列国倒数。对这种悲惨的局面，吴人想靠自己去改变是不可能的，毕竟每天解决吃饭穿衣的问题就已经够头疼了。但事情在公元前584年突然有了转机，因为有人来主动扶贫，那就是晋国。

这当然不是出于什么人道主义关怀。为了争霸，晋国与楚国纠缠了几十年，所以这也不过是权力游戏中的一部分罢了。按晋国的说法是：楚国没事就欺负人，我都看不下去了。这么地吧，哥帮你搞发展，完了你就跟它干!

于是，在外援的帮助下，吴国的实力突飞猛进，慢慢摆脱了无限挨揍的局面，甚至偶尔还会主动出击，搞得楚国不胜其烦。虽然楚国的创新能力差点儿，但反应还是很快的，在连续被骚扰了几年后，也把这里的弯弯绕给琢磨明白了。所以赶紧做出补救措施——给吴国也找了个烦人精，那就是越国。

要论起资历，越国可比大多数诸侯国老得多，据说远在夏朝时就有他们这个帮派了，而且血统高贵，是禹帝的后裔。不过因为建国者——无余，在当年是夏王少康的庶子，所以分到的地盘也只能是边角料。在靠天吃饭的年代是地盘决定命运，说起讨生活的过往，越国真是一把辛酸泪啊。故此，当楚国和蔼可亲地抛出橄榄枝，它是一把就攥了在手里。

就这样，春秋末期的著名冤家——吴和越，就在大国的操纵下，先后登上了历史舞台，开始了经年持久的战斗。两国的第一次激烈冲突是在公元前544年，也是打那儿起，开始了不死不休。当时吴国已经摆脱了第三世界的帽子，正努力向发达国家进军，而越国却刚刚达到温饱线而已。事情是这样的——

别看它们在列国里都算是劳苦大众型的角色，可却一点都不想成为知己好兄弟，尤其是看见对方过得稍微好了那么一丁点儿，心里就说不出地难受，生怕自己被比下去。这也是人之常情，因为比不了牛的，那能比下去个傻的，也够晚上做个美梦了。所以呢，根本用不着别人挑拨，只要让它们都过得富裕点，那干起来就是分分钟的事。这不，吴国看越国马上就不再是苦哈哈了，当即就抬脚爆踹，意图阻止其天天向上的节奏。

这会儿的越国肯定不是对手啊，就算有楚国帮忙搞生产建设，那也得需要时间不是。吴国几乎是以碾压的姿态把越国一顿暴虐，完了还抓了堆俘虏回去做奴隶。俘虏们的主要工作是看守船只。战船一直都是吴国引以为豪的物件，因为如果拼水上力量的话，估计东周没谁是它的对手。有传言当时的吴国已超越江河，拥有了海战的能力。

不管谁有点稀罕玩意儿，肯定都喜欢没事就欣赏一下，时任吴王余祭也不例外。这不，那天他就又兴高采烈地去港口视察了，但到了地方还没走两步呢，就觉着有杀气。然后就出事了——遍地的越人奴隶是一声号叫，拎家伙抄石头就都冲了过来。这当然是有预谋的，不然行动不会那么整齐划一。也可以理解，本来都在家寻思着奔小康呢，就天降横祸被逮来做奴隶，换谁也接受不了。

由于事发突然，而且吴王余祭也是大意了，没带多少的安保力量。故此在混乱中，他不知是被奴隶甲还是奴隶乙给捅了一刀，当场嗝屁。（《春秋左氏传·襄公二十九年》：吴人伐越，获俘焉，以为阍，使守舟。吴子余祭观舟，阍以刀弑之。）

一国之君被外国人干死，这在整个周王朝都是小概率事件，多少年都见不到一起。所以吴人在悲痛国君亡故的同时，也觉着：这忒窝囊了！必须跟越国干到底！

于是，没完没了的争斗大戏就因为突发的奴隶起义事件，而拉开了帷幕……

② 谋霸

因为有楚国在后面罩着，所以吴国想灭了越国真是太难，但多年来这两家你拽我嘴我踢你腿，也没少掐架。直至公元前505年，旷日持久的小规模纠缠终于迎来了一次正儿八经的战斗。这事其实要论起来，也分不出到底该怨谁，因为当时的情况是这样的——

自从身负父兄大仇的伍员在进入吴国权力层后，灭楚就成了国家的头等大事，得到了时任吴王阖闾的全力支持。阖闾的信任是有回报的，因为手握国家发展方向盘的伍员，把吴国带入了成为东周强国的快车道。也在最终，携如日中天的吴军攻入楚都郢城，震惊列国。而后，大胜的吴军却如潮水般迅速退去。为啥？这原因可就复杂咯。

首先，侥幸逃命的楚王找了强悍的秦国当外援，不管是阖闾还是伍员，都一致认为犯不着跟秦人死磕；其次，阖闾有个二货老弟——夫概，偷偷溜回家自称为王了；最后，这点才是最重要的：趁吴国内部空虚，越国发兵大举入侵！（《春秋左氏传·定公五年》：越入吴，吴在楚也。）

越国出手当然不是闲的，毕竟差点儿被人家灭掉的是它老大，在这节骨眼儿上要不施以援手，那以后可就得孤军奋战了。而且傻子都明白，吴国若是吞并了楚国，那下一个倒霉的就必须是越国了。所以别看是它主动找事，但也是为了自保而已。不过这可真把吴国气得够呛：老子本想过段日子再收拾你，怎么的，就这么急着挨揍？！

于是，在回国轻松剿灭了夫概乱党后，吴军就马不停蹄地奔越军的方向杀了过去。其实也没多远，因为此时的越国可比40年前强多了，竟然差点儿干到了吴王都。但那是趁人不备，而现在是正经开战，实力的真正差距就出来了，它是真扛不住如日中天的吴军之怒。在强撑着过了几招后，越军溃败而逃，从吴国退出来还不算，最后连自家的地盘都弄丢了一大块。

说实话，阖闾是真想一口气推平了越国，但却被伍员阻止了：我说咱先歇歇，您想想啊，这一年我们都打多少架了。光是对手就换了仨——楚秦越，见好就收吧，回家调整好状态回头再抽丫！反正它在那儿又跑不了。

这话搁平常谁都会说，根本没啥技术含量，说白了不就是嗨过头了会出事嘛。但在老板正亢奋异常的情况下敢去泼冷水的，那必须是从私交到资历都得杠杠的人物。阖闾立马就冷静了下来，但多少还是有点不甘心，转脸去看干架总司令孙武，得到的回答很肯定：“伍哥说得在理！要真把越国逼急了，死磕起来我们也不好受。”（《孙子兵法·军争》：归师勿遏，围师必阙，穷寇勿迫。）

就这样，吴军凯旋归国，又一次暴虐了老对手。打了四十年的败仗，越人也是够憋气，按说打不过就老实点得了，可看他们的目送吴军的眼神，那真叫一个怨毒啊。很明显，斗争远未结束，战争还会继续……

不过先耐不住性子的还是吴人。这不，刚回国阖闾就开始跟伍员嘟囔：你看咱们得歇多久呢？

要说在灭楚复仇前，伍员于吴国还存私心的话，那现在的他是真把这儿当成了祖国。毕竟人生总得有点追求，不然多无聊，现在他想的就是怎么帮阖闾走上列国之巅。所以，面对阖闾的急性子，他继续泼冷水：很久！

没错，别看吴国作为黑马败了东周四强之一，可这正好是楚国百多年来最弱的一个时期。故此，胜利说明吴国确实强，但绝不是很强。想去争霸的牌桌上玩玩？那还得再蓄点能量值才行。具体操作起来还是很简单的，因为伍员早在攻楚前就已给吴国制定了发展攻略，说直白点就是：多屯粮多磨刀。只要继续按着路子走就妥妥的。（《吴越春秋·阖闾内传》：立城郭，设守备，实仓廪，治兵库。）

我们现在知道，吴越所属的长江下游那片儿，其实都是好地段，土地肥沃又气候温暖湿润。而当初谁都瞧不上，并不是说古人们都眼瞎，首先是因为周王都在北方，大家肯定都想离权力中心近点；其次就是科技水平决定了思维方式。这里曾经林木茂密，但想开垦耕地那真是忒困难，为啥？没工具啊！在青铜时代，青铜物件可都是奢侈品，各国一年也生产不了多少，还基本都得供给军队。毕竟想要和平，就离不开武器。

不过一切都因为冶铁技术从西方的传入而改变，所谓科技改变世界嘛。因为跟青铜比，铁有的是啊，吴越地区的大量耕地也因此而生。所以“多屯粮”这个事，对吴国来说是太轻松，在那个粮食就是经济的时代，短短几年就成了东周最富裕的国家之一。而“多磨刀”也不难，因为吴国最不缺的就是金属专家，比如很出名的欧冶子啦（鱼肠、巨阙等神兵都是他造的）、干将莫邪啊，全都在这片儿混，从而直接影响了吴国的军备品质。

就这样，低调了没几年，吴国的土豪范儿就出来了，真是要啥有啥。（《吴越春秋·阖闾内传》：禾稼登熟，兵革利坚。）

至此，吴国离逐鹿天下只差一步，那就是灭掉越国。因为不把这捣蛋鬼给干掉，出门就总得担心后院起火。于是在公元前497年，当越王允常病逝，吴国终于出手了！落井下石一向是邻居间的交往传统。所以越国对此也早有防备，新任国家领袖是个名人，他叫勾践。哥们儿很清楚，搞不好这就是人生的最后一战了，不玩命不行啦。第二年夏末，吴越先后抵达约架地点——携李（今嘉兴南），战争一触即发！（《春秋左氏传·定公十四年》：吴伐越。越子勾践御之，陈于槜李。）

此战对双方来言都极其重要。于吴国，这是踏上争霸之路前的最后一次能力测试，而于越国，则关乎生死。所以勾践连个招呼都不打，直接就派敢死队冲向了吴军，以图打对方个措手不及。可惜这种小伎俩吴国根本不放在眼里，嚣张屹立不动，也不反击，却让越军一次次无功而返。这很正常，想争霸要是连这点能耐都没有，那还是早点回家洗洗睡吧。

阖闾满脸冷笑，嘲讽地盯着对面：你当我这十年都在发呆犯傻啊！哥现在真的很牛好吗！

不过接下来的一幕却让阖闾的笑容凝固在了脸上——越军再次冲出大批人马，可奇怪的是，奔到中场就都停了下来，然后雷人的举动就出现了。士兵们抡起家伙，就像报数一样，开始一个接一个地砍自己脖子，登时就血染沙场。喷溅在空中的鲜血被烈日蒸发，好似一层猩红雾气在微风中飘荡……

搞什么啊！别说阖闾，就连伍员都凌乱了。

③ 遗患

勾践也是被逼急了，不然真不想用这招儿。毕竟对手站着随便打，你都干不掉人家一格血，那就只能弄点没节操也没底线的套路了。不然等吴国一还手，肯定是分分钟死翘翘。

想以弱胜强，趁其不备永远是上上策。不过此时大家对着站，互相干瞪眼，都全神贯注呢，根本没机会。那就得制造机会，所以毁三观的自杀表演最终出场。吴国全军上下，包括智谋盖世的伍员和孙武都瞧傻了眼，别看孙武没事就爱嘟囔兵不厌诈，但他是真想不到“诈”还能这么玩。机不可失，一看吴军全部进入呆滞模式，勾践一声狂吼：快跟我冲啊！

全体越军孤注一掷般向对面狂涌而去，反正怎么都是死，还不如用命拼一下。然后奇迹居然就出现了。

首先是注意力被严重分散；其次真是被吓到了。拿自己的命都不当回事儿，这种亡命徒谁都怕，而恐慌的情绪很容易传染。故此，从装备到人数都高出对手几个量级的吴军惊慌后撤，防线瞬间崩溃。紧接着，局面彻底失控，雄师一秒变废物，被越军追着屁股揍。太戏剧性，也太悲惨，不过更惨的还在后面呢。

一片混乱中，阖闾的贴身保镖们被人群冲散，这种时候出事是必然的——有个越人突然在旁边冒了出来，抡戈劈砸。其实阖闾武功也不错，但现在形势转变太快，他实在有点蒙，所以反应也稍微迟钝了点。“咔！”金戈交击，阖闾“啊”的一声惨呼，大脚趾头应声落地。行凶者还要动手，却被重新聚集的保镖们拦下，然后他们护着老板狂奔而逃。阖闾这才保住一命，但仅是暂时的。

可别以为掉个脚趾头不算大事，要知道以当时的医疗水平，伤口感染差不多就是绝症了。再加上火大（仗打成这样换谁都憋气），所以没等到家呢，阖闾就不行了。至此，吴国已被越国干死了两位国君，而且每次都是被逆袭。（《春秋左氏传·定公十四年》：还，卒于陉，去檇李七里。）

吴国在办丧事的同时，也完成了权力交接，阖闾的二儿子夫差成为新任国家领导人。这是因为大儿子早年病死了。夫差是个地道的贵族公子哥儿，好大喜功又自命不凡，作为HR精英的伍员很不看好他。不过也没办法，毕竟员工不能选老板。

夫差上位后，做的第一件事就让伍员大跌眼镜——这哥们儿找了个嗓门亮的侍从，成天蹲在自己房门口，每当他出门，那侍从就得叫唤一声："谁杀的你爸？"然后夫差会喊着回答："越国！"按他的解释，是要提醒自己不能把事儿给忘了。这不纯有病吗！父仇还用得着别人天天提醒？缺心眼儿吧。就算是为了作秀，也太低级了点。（《春秋左氏传·定公十四年》，夫差使人立于庭……则对曰："唯，不敢忘！"）

但伍员也不好说啥，因为他跟新老板的关系远不如与前任那么铁，除非迫不得已，也不想给自己没事找事。

吴国的权力层除了国君，主要靠三个人撑着：HR总长伍员、干架总司令孙武和理财大师伯嚭。伯嚭跟伍员是老乡，祖籍都在楚国。早年他也常跟着阖闾去干架，但后来因为实在不擅长，还会拖后腿，就不怎么去了。他是管财政的，加上常年在国内待着，所以跟夫差的关系明显好过其他两人。故此，政府完成换届后，伯嚭的地位也跟着水涨船高，眼看就要超越伍员这个前首席大臣。

伍员很看不上伯嚭，倒不是因为办公室里的羡慕嫉妒恨，而是这老乡爱财爱得没节操，跟他这种满脑袋天下大事的人，完全不在一个频段上。不过伯嚭平时对伍员可一直都称兄道弟，他傻？当然不，两面三刀这技能都不会，还怎么当小人。就这样，刚刚步入巅峰的吴国，因为阖闾的意外死亡，而现出了诸多隐患。可惜的是，根本没人注意到。

不管怎么说，夫差为父报仇都是必须，这不光是诚信问题，也会直接影响他的执政合法性。因为跟越国死磕，是吴人的集体价值观。于是，在休整了两年后，夫差亲率大军，再次伐越！别看他有点脑残，但富二代的优势就是老爹给留的本钱多，而短短两年的时间，也不够让越国去华丽转身。故此，夫差在夫椒大败越军。勾践这次是真没招儿，不能总靠忽悠过日子，毕竟谁也不能上两次当。

吴国在胜利后并没有停下脚步，而是直接攻入了越国。勾践边打边跑，直至逃上会稽山，才凭借地形稳住了脚步。他四下看了看，几乎绝望，因为身边只剩了五千兵卒。（《春秋左氏传·哀公元年》：吴王夫差败越于夫椒，报檇李也。遂入越。越子以甲楯五千，保于会稽。）

要搁一般人，遇着这么大打击肯定就自杀了，但勾践不知是天生乐观还是绝对怕死，反正他是没准备放弃："谁还有啥招儿没？赶紧说，要不咱们都得嗝屁！"其实也就是随口一问，他没想到真会有人回答。这人叫文种，以后会非常出名，但现在还只是个小官："逆袭是不可能了，保命还有希望。可以尝试贿赂一下吴国。"勾践一翻白眼："你逗哪，他爸都被我干死了，这是钱能摆平的事吗？"文种又答："您理解错了，我的意思是贿赂伯嚭。这人既贪财又得宠，最重要的是，他本不是吴国人，所以应该没啥爱国情操。"没错，伯嚭也来了，这滑头当然不会错过必胜的战争，因为怎么都能跟着混点业绩。

勾践略一思索，当即拍板："那就这么办，反正人死了钱也没有用，不如试试。"就这样，把当时能划拉到的财物都凑了凑，由文种携带，偷偷潜入了吴国营地去找伯嚭。

吴军这儿可不是松懈，而是故意的。因为按照孙武的理论，都打成这样了，根本犯不上再逼对手死磕，除了越王勾践，其他人想走随时放行。故此，文种很顺利地见到了伯嚭。作为一个职业贪官，不用说话也明白人家的来意，伯嚭不光把贿赂照单全收，临送文种出门时还说：以后常联系啊！

然后第二天，他就屁颠颠地去找了夫差：真没必要赶尽杀绝，甚至放过勾践对我们会更有利。您一直想当霸主是吧，那实力和名声就都得达标，别人才能心服口服啊。现在如果您连勾践都能放过，就凭这胸襟，谁知道都得给点赞。反正您就信我，准没错！

胡扯！伍员在旁边一听就急了："越国与我们接壤，又世代结仇，若现在不将其彻底灭掉，那将来肯定是个祸患啊。"一听这话，夫差就不乐意了：怎么着，就越国这小样儿，还能翻了天？老子还真没瞧得起它。行啦，就按伯嚭的意思来！（《史记·伍子胥列传》：使大夫种厚币遗吴太宰嚭以请和……吴王不听，用太宰嚭计，与越平。）

于是，吴越签署了停战协定，勾践向夫差称臣。伍员不禁仰天长叹：看来亡吴必越啊！

话不能乱说，尤其得注意场合。这不，夫差阴毒的目光已扫了过来……

4 成恨

凯旋后，夫差开始日益疏远伍员。他觉着这人太烦，说话不走脑子。不过因为还用得着伍员的各方面能力，所以暂时也没把他怎么样。

先后碾压了楚越两国后，吴国在南方再无敌手，终于把目光移向了中原地区。想称霸，就得先立威；想立威，就得找个好对手——够强，但绝没自己强。就这样，齐国被盯上了。作为中原三强，秦晋是长盛不衰的存在，夫差再狂妄无脑也不敢与之死磕，所以就剩下自桓公后，一直在走下坡路的齐国。

对这事，伍员又出来唱反调：咱们跟齐国中间还隔着两三个国家，长途跋涉去折腾一下犯得着吗？想干架，还不如去把越国彻底灭了呢。（《史记·伍子胥列传》，其后五年，而吴王闻齐景公死而大臣争宠……伍子胥谏曰："勾践食不重味……不亦谬乎！"）

一听伍员又扯越国这碴儿，夫差理都没理，转身就走，心里对其反感更增。不过也正因此，他倒是又等了等，在仔细观察了齐国的形势后，才出兵远征。但其实这都多余，当时的齐国内部正乱得可以，权臣横行君主孱弱，成天闹得是鸡飞狗跳，根本无心也无力对外。所以在公元前484年，当两军在艾陵相遇，吴国赢得几乎没费劲，甚至比对越国的那一仗还要轻松，大败齐军[②]。

别看齐国主要是败在了自己身上，但其他人可不会想太多，就比如周边的鲁邹之类的小国，一看江湖大哥都被爆揍，立马就向吴国表示：我害怕，我服了。

就这样，吴国第一次进军中原就威震天下。此时的夫差乐得都快飘起来了，看伍员都只用眼角：你就是一傻×，看见没，老子现在多风光！至此，伍员算是在吴国权力层彻底失去了国君的信任。

胜利后，不可一世的夫差并没有选择回国，而是准备继续进攻，想把齐国吞并掉。对此，伍员又“不合时宜”地插嘴了：“吴齐两国相距太远，就算您真能收编了它，也根本没法去管理。况且齐国再弱也是传统列强，真要死磕到底，必然会损失惨重。得不偿失啊！”都是大实话，但夫差这会儿正沉浸在“我好牛”的梦幻感觉里，根本听不进去。

而最损的就是勾践。战败求和后，他开始在吴王宫做家政，这也是没办法，因为是夫差的要求。在此期间，他与伯嚭建立了深厚的“友谊”，大量的财物定时定量地从越地运到了伯嚭家里。钱当然不白花，伯嚭经常会跟夫差没话找话，中心思想都是一个：勾践这人其实挺好，绝不会是吴国的威胁，您可千万别听伍员在那儿瞎叨叨。这种洗脑式聊天的效果是立竿见影的，勾践不光因此保全了性命，甚至还在六年前，得到了特许回国的“恩典”。

但活着可不是最终目标，勾践每天都在做研究，研究的对象就是吴国。他最后得出的结论是：不能让吴国闲着，否则让它平稳地发展下去，越国就永远都追不上差距了，一定得让它不停地征伐损耗才行。故此，一听说吴军打了胜仗后，他立马就从越国运去了大批财物，帮着夫差犒赏三军，以示鼓励。然后又专门给伯嚭开了小灶，相较以往，这次的贿赂更为可观。（《春秋左氏传·哀公十一年》：吴将伐齐，越子率其众以朝焉，王及列士，皆有馈赂。）

伯嚭没节操，但讲诚信，拿了钱就给办事。这不，他立马就去找夫差嘟囔了：很多人觉着我们之前胜之不武……话还没说完，夫差当场暴走：我真的好牛啊！这次必须正规约架。

伍员在旁边都崩溃了——这是逗B吧！他实在憋不住，只好继续苦口婆心：“勾践才是吴国的最大威胁啊，您要是真想干架，就把越国先灭干净了再说。”而得到的回复却是夫差的疯狗式咆哮：一天怎么就你事儿多呢，没看见人家都给钱了吗！行了，我现在就派你去给齐国下战书。（《吴越春秋·阖闾内传》：嚭喜受越之赂，爱信越殊甚，日夜为言于吴王……吴王不听，使子胥使于齐，通期战之会。）

哀莫大于心死，伍员木然地看着夫差，最终摇摇头，无声离去。他实在想不通，英豪一世的阖闾怎么会生出这么个智障！但再失望，也君命不可违。别说他为什么不跳槽到别的公司，因为吴国的辉煌几乎就是由他一手缔造，又怎忍心弃之，甚至毁之。况且先王阖闾的恩情，也让他绝难做出不义之举。就这样，他带着儿子上路了。

下战书这事一点都不复杂。到了齐国，伍员三两句话把事交代完，就去找了有私交的鲍牧——鲍氏一族的实权人物。鲍氏在齐国是历经百年不衰的大家族，实力强悍，最出名的人物就是桓公时期的鲍叔牙。所以把儿子放在这儿，他很放心。临分别，他对儿子说："吴国有多大本事我最清楚，虽然现在很强，但想灭齐国是不可能的。而按夫差这么折腾，吴国早晚得倒闭。所以我死就算了，可不能让你也跟着当炮灰啊！"（《史记·伍子胥列传》，子胥临行，谓其子曰："吾数谏王……汝与吴俱亡，无益也。"）

然后，父子洒泪分别。这真有点作死，毕竟他与夫差君臣间心存罅隙已久，如今再明目张胆地把儿子留在敌国，恐怕回国就得分分钟被处理。但他并不畏惧，在全身而退与忠贞不改中，他选择后者，相信是因为当年与阖闾之间的恩情。或许这就是所谓的吴越风骨吧——悍不畏死，快意恩仇！

其实至此，伍员的命运已经注定悲伤了，但作为一个小人，伯嚭还是要在最后阶段完成必要的补刀。他一看伍员回来，就立马去找了夫差："我觉着伍员已经丧心病狂了。自您上位以来，他就总是唱反调，而屡次不被您理睬后，明显怨恨渐生。您看，现在他还把儿子留在了敌国，这是什么行为？叛国啊！若再不处理，必成大患！"

夫差一脸的感慨："英雄所见略同啊！"（《史记·伍子胥列传》，吴王曰："微子之言，吾亦疑之。"）

就这样，刚到家没多久的伍员就收到了夫差派人送来的包裹，打开一看，里面是把宝剑。名曰：属镂。与鱼肠一样，属于顶级兵器。使臣面无表情地说："老板说你有罪，赶紧自杀吧。"

一汪清水般光滑的剑刃在阳光下精芒四射，晃得人难以直视，伍员伸手抓向了那冰凉坚硬的剑柄。一股热血冲击着他的头脑，让他不禁对使臣狂呼："等我死了，请挖出我的眼，将它们挂上吴国的城门！我要亲眼去看吴国的灭亡！"他不怕死，但不甘心。毕竟这个国家的强盛，几乎是由他一手成就，而如今眼见夫差的胡闹误国与伯嚭的小人得势，将要断送一切，实在恨意难平。

语毕，自刎身亡，结束了他传奇的一生。

伍员的遗言让夫差暴怒，他让人用马革裹住伍员的尸体投入江中，以示死无葬身之地。也正是文章开头那一幕的由来。尸体顺江而下，受到了沿岸吴国百姓的崇敬，或许这就叫群众的眼睛是雪亮的吧。但王的意志是不可违背的，没人敢去打捞，只能眼睁睁看着尸体远去，消失。吴人后来自发地给伍员在江边修建了祠堂，也世代传说着他的故事，让他的名字千年不朽[③]。（《史记·伍子胥列传》：吴王闻之大怒，乃取子胥尸盛以鸱夷革，浮之江中。吴人怜之，为立祠于江上，因命曰胥山。）

关于伍员的故事到此就彻底落下帷幕了，但他那嘶吼出的对吴国的诅咒却并没有在空中散去——在他死后的日子里，夫差依然在不停地征伐损耗，挥霍着父亲留给他的产业，而勾践，则即将带着那颗复仇的心卷土重来。复仇大戏并未结束，那将是春秋最后的传奇……

---

①吴国建立者吴太伯是周文王姬昌的大伯。

②关于"艾陵之战"的时间，《史记·越王勾践世家》与《春秋左氏传》的记载为公元前484年；《史记·十二诸侯年表》与《吴越春秋·夫差内传》的记载为公元前485年；《史记·吴太伯世家》《史记·伍子胥列传》的记载为公元前489年。综合推断，应为公元前484年。

③几大商帮之一的浙商，供奉的就是伍子胥。

权力的游戏之盗王之王

公元前481年6月某日，距薛城不远的官道上一辆马车朝着城门狂飙而来，紧随其后的是卷起厚重尘土的大队骑兵。马车的速度再快，也难以与骑兵匹敌，故眨眼间就被追上，且被团团围在中心。泛着冰冷光芒的铜戈纷纷探出，逼住了从车厢里走出的一对身着华服的男女。

女人顷刻吓得瘫坐在地，身子靠在车轮上，双腿无力地蹬踹摆动。男人倒是站得笔直，他头上戴着冕，冕旒垂下，遮住了大半面容，让人只能看清他那挂在嘴角的苦笑。这帽子可不是谁都能戴的，必须得一国君王才有资格。他就是齐国的齐简公。

齐简公很憋屈，因为一国之君被臣子明目张胆地追杀，他可是东周第一人了。但最让他欲哭无泪的是，全国上下居然没一个人觉着这事有啥不对。虽说他不是啥绝世明君，但也没干过什么缺德冒烟人神共愤的事。而能有如此悲惨的遭遇，归根结底得说是被祖宗给坑了。

事情得从五十多年前说起。别看时间跨度这么长，但重要的却只有三个片段。

① 形象工程

临淄城此时很热闹……不对，准确地讲应该是很狂热。男女老少们都从家里冲了出来，火燎屁股似的在街上狂奔。别以为这是闲人多作怪，因为街上的买卖铺面也都没开门，甚至连国家支柱产业——妓院，同样挂起了今日谢客的招牌。而花枝招展的女人们则在老鸨的指挥下，不论日常是文静还是骚浪，都人手一只麻袋，跟随汹涌的人流匆匆而去。

当各个支流进入主路混成大部队时，嘈杂的叫骂声催促声哭喊声也瞬间糅在一起，再分不出个你我他她。这场面有点熟悉是吧，不过在公元前539年可没有春运，所以能让农耕社会的人们如此躁动的，除了吃饭，就只有种地了。跑得最快的人这会儿已经到了目的地——临淄城的中心，也是齐国的中心——齐王宫。

时任齐国君主的是齐景公，最近因为身体不太好，他没怎么上班，天天在家里睡到自然醒。所以被侍从吵醒时，他很不爽，但看到侍从一脸吓尿的屃样，他压着不耐烦问：咋啦？

——我也不知道咋啦。反正城里城外的老百姓们全都往王宫这儿涌呢！忒吓人了……

齐景公登时就精神了，掀开被子起了床，心里暗自叨念：这不是要打土豪分田地吧？他的担心是有原因的，毕竟国君是全国最大的地主，而且这几年因为气候原因，田里的光景普遍不好，但税收却一直没减（国君作为富二代需要维持高消费），传言民众颇有抱怨。“大臣们呢！这帮浑蛋怎么不来护驾！”齐景公大吼，然后照着侍从的屁股就是一脚，“还不滚出去看看到底什么情况！”

侍从被踹了个趔趄，慌里慌张地跑了出去。

水钟“嗒嗒嗒”的响声让齐景公愈加心焦，等了没一会儿，他觉得像过了好半天。还好，侍从很快就从外面回来了，从脸色看就知道情况没有想象中糟糕：“宫门被田大人堵住啦，看样子乱民冲不进来！”田大人就是田乞，齐国财政大臣。从这官职就能说明很多内涵，比如他绝对出身名门，不然累死八辈子也爬不上这位子。没错，他不仅是来自齐国最大的社团——田氏，而且是族长。再比如他一定能说会道，深受国家一把手的信任与喜爱。不信你看，侍从刚把话说完，齐景公脸上的阴霾就被扒拉得一干二净："有小田，我放心。"但信任这玩意儿总是敌不过恐惧，所以又过了也就是几秒，齐景公照着侍从的后脑勺猛地一巴掌："傻愣啥呢，赶紧再去看看情况咋样了！"

这次侍从回来得更快："您别紧张了，全是误会啊。原来是田大人在放贷呢，而老百姓们都在抢着借贷。"在农耕社会，信贷业的主要业务品种就是粮食。在春耕前借出去，等秋收了再连本带利地收回来，是个稳赚不赔的生意，故此理所当然地被政府给垄断了。齐景公大感疑惑："都挤在今天借粮是什么意思呢？团购打折吗？也没听说啊。"这当然是句玩笑话，但侍从却一拍大腿："可真让您给说着了！岂止是打折，简直是亏本！您赶紧去看看吧。"

跟所有垄断行业一样，卖家永远是祖宗，买家从来是孙子。放贷这事不管在东周的哪个国家，都遵循着一个规矩：小斗出大斗进。这倒正常，借钱给利息天经地义，但给多少呢？那就是政府随意的事了。比如，要是今年元首带着官员们一起腐败，那就小斗更小，大斗更大；要是今年赶上元首良心发现，再弄点整风运动啥的，小斗或许就不会太小，但大斗一般还是很大。至于老百姓呢，是爱乐意不乐意，不满就滚蛋，等饿死吧。

所以一般人家借粮前都得仔细算计着，毕竟是关乎全家肚子的理财大事。故此，站长队抢着借粮的事别说是在齐国，就是整个东周都从来没有过。这会儿，亲身上阵充当业务员的田乞正忙得不亦乐乎呢，根本没注意到不远处的齐景公。而齐景公的情绪已从刚开始的震惊、讶异、狂喜，转变为了愤怒，因为观察了一会儿，他发现了事情的因由所在——咋用大斗往出借……却指着小斗说，回头按这还呢？

心疼不已的齐景公觉着自己是飘过去的。他到了田乞身后，抬手就是一巴掌："你丫干啥呢！"田乞被吓得一激灵，回头看是老板，当即满脸堆笑，眉毛挑了两挑："形象工程啊！"正说着呢，刚办完手续拿到粮食的一哥们儿朝田乞连连鞠躬："您是田大人吧？我记住了，您是好人！"田乞一瞪眼："说啥呢！"然后托起双手向齐景公一摆："这得说是咱们国君领导有方！"小老百姓没见过世面，一听说眼前的是天降伟人，吓得立马来了个五体投地："国君牛啊！国君英明神武！"

人一多，情绪就容易传染。见前面的人这么干，后面的也跟着学，甚至有的连为啥都没搞清楚。片刻间，人们相继拜倒，对国君的吹捧之词是此起彼伏，声势震人心魄。田乞一脸的谄媚："国库里的粮食多得都发霉了，还不如用来换点口碑，您说是不？"齐景公这会儿更飘了，但刚才那是气的，现在却是乐的："好，你办事我放心。"说完愉快离去。

等齐景公走没了影，田乞脸上升起一丝冷笑。继续发粮的他，对每一个人嘟囔：告诉今天没来的人，田大人赔本放粮，随到随取。记住，是田大人……

对这事，国家总理晏婴一眼就看出了猫腻，他心急火燎地去提醒齐景公："他是在拿你的钱，给自己买人气啊！"齐景公嗤之以鼻："他再有人气，不也是在我的领导下吗？你真是想太多。"晏婴看着眼前的活宝彻底无语——这傻×被人卖了，还帮人叫好……（《春秋左氏传·昭公三年》，既成昏，晏子受礼……叔向曰："齐其何如？"晏子曰："此季世也，吾弗知。齐其为陈氏矣！公弃其民，而归于陈氏……将焉辟之……已在齐矣。"）

就这样，在连续多年不止的公共福利大派送后，只要跟齐国老百姓提到好人，他们都会条件反射地想到田大人。田氏家族的人气已隐隐超越国君的宗族——姜氏。

2 营销策略

齐国的田氏其实本不姓田，而是姓陈。家族的初代建立者叫陈完，曾贵为陈国太子，后因国内政变而逃往齐国寻求庇护。当时齐国正处在最辉煌的桓公时代。土豪范儿的齐桓公不仅收留了陈完，还送钱送地送官衔，让他得以在齐国安身立命。之后，陈完改姓为田。

往事回顾结束。

最近临淄城的街头巷尾都弥漫着浓浓的八卦气氛，而引起大家关注热情的，是关于上流阶层的命格运势。这没什么不正常，老百姓们大都喜欢揣测自己无法触及的生活，因神秘而好奇嘛。起因是有一则旧闻凭空冒了出来，也不知道是谁第一个传的，具体是这样的——

陈完当年在陈国出生时，正好赶上东周第一神棍——太史大人来访。其父陈厉公当然不会错过这好机会，当即恳求太史给新出生的宝贝儿子算上一卦，测测此生福祸。人情世故嘛，在人家串门哪有不给主人面子的道理，太史是满口答应。然后弄了几根草，在手里一顿捣鼓，整出来一卦象，名曰《观》之《否》。然后这权威人士就开始解卦："别看这孩子是太子，可他并没有君王命。不过他的后代倒是会拥有一国，但却不是陈国，而是一个以'姜'为国姓的国家。"（其实，整个东周就一个"姜"姓国家，那就是齐国，姜子牙的后裔。）（《春秋左氏传·庄公二十二年》：其少也。周史有以《周易》见陈侯者，陈侯使筮之，遇《观》之《否》。）

先不说宫闱秘闻是怎么搞到路人皆知的，就说它怎么会默默流传了一百七八十年，却突然在这么个"奇妙"的时间点上被踢爆，已足够让人觉得疑点丛生。而此时的奇妙在于，田氏于齐国民众心中，与君王距离的只是"天命所选"。

田乞搞的粮食大派送已进行了很多年，而在那之后不久，他又利用职务之便，把国内大宗商品的价格给调了下来，比如盐、铁或是木材。这些都是国家垄断行业，从开采到定价，全都由政府把持。一般来说，按成本价翻倍卖，都能让老百姓觉着占了大便宜。而田乞却宣布：一切按成本价交易！这就叫不是自己的钱，不知道心疼。但不管怎么说，老百姓可都乐坏了，无不觉得有田大人的明天会更好。

还有一点需要提一下，将来会成为著名人物的孔子，这会儿也正好溜达到了齐国。和在其他国家一样，他那套理论遭到了政客们的鄙视和抵制。但来都来了，总不能白来，所以他也与以往一样，就地办班讲学。免费永远是最好的宣称，老百姓没事都会来听孔子讲大道理，虽然大多时候听不懂，但当解闷也不错。不过有个逻辑却被很多人听了进去，总结起来很简单：君主应有德行，爱民。

孔子当然不是在给田氏做软营销，但无心之举，却真的让民众开始浮想联翩了……

之后没过多久，又一则旧闻冒了出来，还是关于田氏祖宗陈完的：陈完当初刚到齐国，想赶紧找个“姜”姓的姑娘结婚，用以增加自己在他国的安全系数。鉴于陈完的身份（落魄的凤凰也是凤凰），对象倒是不难找，很快就有了名门闺秀主动示好。但在订婚前，女方的父亲提出要先给陈完算一卦。这可以理解，嫁女儿嘛，总该谨慎点。只是这次算命的人有点让人无语，是女方的妈。所谓丈母娘看姑爷，咋瞅都顺眼：“这孩子的命数忒华丽了。我敢断言，他的子孙五代后，将昌盛非凡，八代后，将在齐国政坛所向无敌。”然后，这门亲事就成了。（《春秋左氏传·庄公二十二年》，初，懿氏卜妻敬仲，其妻占之，曰：“吉，是谓‘凤皇于飞，和鸣锵锵……八世之后，莫之与京’。”）

PS：田乞正是陈完的第六代传人。一切尽在不言中了吧……

其实说实在的，在齐国的老百姓看来，谁当领袖一点都不重要。重要的是，谁能让自己过上好日子。再加上这是个对“天”有着无上敬畏感的年代，民众太容易被这种胡诌蛊惑了，更何况轰炸式的营销仍在接二连三地投放。很快，又一则旧闻出现了……

③ 播种计划

田乞有个儿子，名叫田恒。他从刚成年开始，就忙着不停地娶媳妇，这当然都是他老子给安排的。选媳妇的硬性标准是高挑漂亮，数量则不设上限。所以田恒到了二十出头的年纪，已有了一百多个媳妇。虽说没谁去做过统计排名，但这事在整个东周来讲，肯定是数一数二的。

虽然有钱任性这种事也用不着少见多怪，但真正让人目瞪口呆的是，田恒的儿子数量居然以每年两位数的规模疯狂增长。从生物学的角度来讲，想做到这点倒也不是没可能，不过就算身体再好吧，夜夜劳作的人总不该每天都能精神饱满面色红润地出现在人前吧。可田恒就是能如此逆天。

对这事儿，好奇的人那真是太多了，大家都想知道田恒到底是天赋异禀，还是有啥灵丹妙药。前者是可望而不可即，但若是后者，去讨个一颗半粒来用，总归是不错。所以每日田家迎来送往的客人那是太多了，众人都带着满脸的好奇与向往步入深宅大院，又在几个时辰后，统统衣衫不整步履虚浮地跨出门槛，垂头疾行离去。很快，人人都明白了其中的奥妙，但事实却仍旧是不能说的秘密。

这一切都出自田乞的意思。田恒在年少时还有些反感，但慑于老爹的威严而不敢多嘴，可随着年纪的不断增长，他慢慢改变了看法，甚至后来还深表赞同。因为在他看来，以绿帽子换权力，太值了。

十几年后，田恒数量惊人的儿子们陆续长大成人。他们在祖父与父亲的帮助下，开始分批次地前往各级政府机关担任要职。别看这些弟兄们长相各异，但却因为拥有共同的姓氏，而抱团排他。很快，齐国整个公务员系统的十之七八，就被田氏所掌控了。（《史记·田敬仲完世家》：田常乃选齐国中女子长七尺以上为后宫，后宫以百数，而使宾客舍人出入后宫者不禁。及田常卒，有七十余男。）

至此，实权与民心，田氏应有皆有！

现在让我们回归主线剧情，来看看开头的齐简公是如果走投无路的。

公元前489年，齐景公自觉年老体衰命不久矣，因此赶紧指定了王位的继承人，他最喜爱的小儿子——姜荼。然后趁着自己还有口气在，把其他那些年长的儿子都撵出了国都，以防他们欺负弟弟。把事都办妥后，了无牵挂的齐景公在第二年一命呜呼，享年58岁。唉，一直到死他也没搞明白谁才是真正的危险。

田乞这会儿年纪也已不小了，但身体还是倍儿棒。他跟新上位的姜荼打了几个月交道后，得出结论：这小孩不够听话，留不得！所以在十个月后，他以“为民请命”为由发动宫廷政变，将姜荼杀死，并流放了其母芮子。然后从外地把齐景公的一个稍年长的儿子——姜阳生给接了回来，并扶上国君宝座。史称，齐悼公。

听这名，就能知道齐悼公没啥好结果。他倒霉的主要原因是，田乞在公元前485年死了，然后田恒理所当然地接替父亲，成了田氏家主。与父亲不同，田恒一点都不喜欢齐悼公，或许是因为两人年纪相差不多吧，想掌控齐悼公不大容易。就这样，田恒撺掇了与齐悼公有矛盾的另一政治家族——鲍氏出手，将其毒杀。此时的田恒还多少有点顾虑，不敢过于张狂，所以才搞这种不上台面的伎俩。之后，他又装作好人，帮齐悼公的儿子上了位，也就是齐简公。

其实田恒这套把戏并不高明，别说是齐简公了，就是田边地头的老百姓们都看得一清二楚。当然，田恒也明白自己玩得不高端，但他一点都不急，因为他本就是要看看人们的反应。而很快，他就发现根本没人在乎齐国君的死活更替，甚至还有些人对田氏有着盲目的崇拜，认为姓田的干啥都对。再看齐简公，这哥们儿对不停祸祸自己家人的仇敌是满含怨愤，成天耷拉个脸，没个好情绪。故此，在公元前481年，田恒再次动手了。

这次田恒可以说是创造了历史，因为不管是他爸，还是别国的臣子造反先例，都一定会找个看似高大上的理由，为自己的犯上行为正名。可田恒这次却明目张胆地向齐简公表示：不为啥，就是看你丫不顺眼，就是想弄死你，怎么的吧。

这叫什么？耍横！耍横凭什么？实力！齐简公当然知道死磕不过人家，所以是撒腿就跑，以期能逃得一命。但可惜啊，终究没逃过这一劫，然后就上演了开篇的那一幕。最后横死在通往薛城的那条官道上，忒惨。

齐简公死后，田恒并没有取而代之，主要是为了尊重当初的“旧闻”，以证明那真的是“天命”。他仍找了个姜族人继位，那就是齐简公的弟弟，史称齐平公。但齐平公是彻底沦为了一个摆设，因为连国君最基本的权力——封官，都被田恒给剥夺了。田恒给自己弄了个新头衔——太宰，也就是执政大臣。就这样，“姜齐”已名存实亡，而“田齐”即将诞生。

田氏，只用了短短几十年，就将一国盗为己有。堪称，盗王之王！

作者按：

对于春秋时代的结束时间点，公元前481年是主流观点之一，而划分时代的重大事件就是田氏盗齐。这在今天看来，或许只是一个不错的谈资，但在当时却影响深远，因为这标志着人伦礼乐的彻底崩塌，更为混乱的年代已举目可及了。战国时代，正缓缓走来……

嗯，还有一个主流观点需要提一下，那就是春秋以公元前479年为止，而发生的重大事件非常简单——孔子死了。

商圣的爱情

首先，我要感谢作者把我安排在最后一个出场，压轴就是爽。相信很多人都认识我，我叫范蠡。嗯，不认识也没关系，再跟你们提个人——我媳妇，她叫西施。这回都认识了吧。

想八卦是吗？那往下看。

① 屌丝年代

我吧，小时候是个混混儿。嗯，听说后来不少人传说我少年时有奇遇，拜了个牛的师父，叫计然。其实那就是我笔名好吗，咱可是正儿八经的自学成才。

当然了，谁也不想当混混儿，但我那时确是没办法，因为不管去哪儿找工作，哪哪儿讲究的都是你老子是谁，或者你老子的老子是谁。面对这种问题，我真是没啥能说的，逼急了只能说：我老子是我爸。所以呢，找不着工作也只能去当流氓，因为就这行入行槛低嘛。

既然当流氓，那就得有当流氓的样子，不能天天窝在家读书当宅男，那就太丢范儿了。故此，我一般读书读累了就会跑出去泡妞。别看我这会儿说得挺轻松，但当时咱真就是一屌丝，泡妞这事一直停留在愈挫愈勇的阶段，且是有点漫漫无期无尽头的意思。好在呢，我还有朋友，不然生活真会无聊死。

我这哥们儿叫文种。因为他老子不仅仅是他老子，还是世族出身的官员，所以他也理所当然地在俺们当地混了个小官当。按说俺俩根本不在一个阶级上，有着天然的敌对立场，本不该成为朋友。但事实却是，走出几百里都再找不到能聊得来的人了，所以大家也只能互相“将就”一下。有句大俗话怎么讲来着……知识为我们架起了友谊的桥梁！

嗯，一直忘了交代，我是楚国人。一说起祖籍吧，我就总忍不住地感慨：真是没赶上好时候啊！从西周末年开始算，楚国一口气就牛了几百年，可惜我都没赶上啊。打我记事起，所看见的国家那真叫一天不如一天。其实也不光我这种平头老百姓在骂，就连文种那样的体制内人员，也是常常牢骚挂在嘴边。这也正常，老百姓往多了说，看见的就是灰嘛；可他们在内部能瞅着的，那就是真的黑啦。

这不，有天文种又鼻子不是鼻子脸不是脸地来找我骂政府了。回头一想，我真是有点嘴欠，听着听着就不知怎么突然插了一句：“要么咱俩叛国吧！”跟一政府人员建议叛国！当时脑袋真是抽了。刚说完，我就立马从神游状态清醒了过来，赶紧改口：“逗乐逗乐，别当真啊。”可文种的反应是吓了我一跳——他一把就攥住了我的胳膊，我正以为这是要把我扭送到司法机关严肃处理呢，他开口道：“我也一直这么想啊！咱们哥儿俩好，一起走吧！”

我确定了一下他不是在扯淡，长出了口气。叛国这事我是无所谓的，反正混混儿到哪儿都能当，再惨也惨不过现在。所以呢，我看着一脸期盼的文种说：“那就走呗。”然后又合计了一下，赶紧按住雀跃的他：“但路费得你出！”（《越绝书・外传记范伯》：昔者，范蠡其居于楚，曰范伯。自谓衰贱，未尝世禄，故自菲薄……于是要大夫种入吴。）

就这样，在叛国的同时，我也人生第一次出国了。感觉有点紧张也有点刺激，但心情还是美美哒。

出门在外最重要的是什么？不是钱，而是目的地。知道该往哪儿走才是最重要的。按文种的意思，我们该先去吴国碰碰运气，理由很简单：北方咱俩都不熟悉，而且一想到自己从相貌就能被看出来是外地人，心里难免怕怕的；而南方目前发展最好的国家就是吴国。但其实我并不完全苟同，在我看，既然要应聘，那还是找个有潜力但还没发展起来的公司比较好。大公司看起来实力是强，可人员配置都太稳定了，新人很难有机会出头。不过呢，我也没反对，去见见世面总归是好的，毕竟再应聘时，也能有点吹牛的材料。

于是，我们就到了吴国。那是我这只土鳖第一次见到大人物。

去吴国应聘最好的资历就是自己是楚国人。因为吴人的吴国梦就是干倒楚国，称霸南方，向来对楚国叛徒都采用拉拢政策，更何况文种还有在楚为官的经历。故此，我们很顺利地得到了高层的接见。那天我见到了时任吴王阖闾，跪坐在他两旁的，有很多是当时堪称传说的军政两界的大神，比如伍子胥、孙武或是伯嚭。不得不说，人家真挺给面子，好吃好喝好招待。但是呢，也就仅止于此。

筹备多年的吴国正准备去跟楚国死磕，根本没时间也没人手去对我们进行背景调查，而且也没人想把心思花在名不见经传的小人物身上。故此，我和文种工作没搞到，反而开始了无所事事。与此同时，吴楚大战爆发了。

对这场战争我只想说一点：太走运了！楚国被灭，想到如果我此时仍在老家，弄不好也得跟着领便当。接下来就发生了著名的“伍子胥鞭尸楚平王”事件，口味重得让我不忍直视。（往事详见《复仇者之路迢迢》）

关于成天闲着，我是没啥意见，反正过去我也是这么过日子的，但文种可受不了。这可以理解，毕竟他是有政治抱负的人，而且……官做久了，可能会成瘾吧。总之，他开始找我商量跳槽的事：“我觉着咱俩在吴国是没前途了。

比如你也爱研究干架，但你能有孙武更懂吗？”说实话，虽然我这人脾气好，但不耽误我很自傲。所以我毫不谦虚地如实回答：“还好啦，我觉着大家的水平差不多。”文种有点无奈地瞥了我一眼，继续讲：“好吧。那咱说经济学，这你也懂点，但吴国已经有伯嚭这种理财高手了……”这话我不爱听，赶紧表示不屑：“就那样也能被称为高手？这么算，我就是理财的神仙了。”

我这就属于标准的不会聊天，所以惹得文种大怒：“我还觉着自己不比伍子胥差呢，但有用吗！好岗位都被他们这些人坐稳了，咱们不可能在吴国出人头地了。”正说话呢，外边突然响起了哀乐，让人备觉晦气。出门一打听才知道，吴王阖闾在征楚后，又去伐越，结果一不小心死在了阵前。这会儿正在举国哀悼。

“咱们去越国吧。”我转头看文种。他皱起眉：“越国比吴国实力差太多，这次能胜，绝对只是侥幸。等吴国再去复仇之时，恐怕有灭顶之灾啊！”我笑了：“富贵险中求。想出头，不冒点险怎么行！倘若我们能帮越国熬过难关，甚至正面击败吴国，那就是真的功成名就了。再说，我们还有别的选择吗？”

多年后再回头看这个决定，我总是不禁要为自己的明智点个赞，因为人生打那儿起，就转了个弯……

2 倒霉年代

时任越王是勾践，实话实说，我对他的第一印象并不好。但这都是无所谓的，找工作嘛，毕竟选的是公司不是挑老板。

我和文种在越国受到的待遇要比在吴国时好很多，衣食住行肯定不是问题，重要的是，我人生第一次当官了。没错，我们在越国并没有接受多严格的背景调查，因为只要不脑残都明白，吴国要真想抽越国一顿，根本没必要搞什么阴谋诡计。鉴于我们曾在“敌营”混过，所以我们很受勾践的重视，很快就进入了决策层。当然了，也仅是能参与进去而已，还绝谈不上有多大的话语权。直到那次灭国危机的降临。

吴王阖闾死后，其子夫差即位。爹被人家弄死了，儿子没不报仇的道理。所以没多久吴军就大举来袭。那是我第一次亲身参与战争，然而经历相当不愉快，被吴军是一路追着屁股揍，最后被困在了一座山上。那山名曰会稽。此时勾践的身边还有五千残兵，说反击无异于痴人说梦。看着身边其他谋士大臣们垂头丧气的熊样儿，我跟文种不禁在暗地里击掌：出头的机会来了！

在投奔越国前，我与文种就想到了此时的情况。这也没什么好显摆的，因为哪怕是个蠢货，也能预料到现在的情况——夫差的复仇，越国的不堪一击。而我们明知险途在前还敢上路，只因为早已想好对策。不然你当我俩缺心眼儿吗……

把那群吓尿的废物挤开，我和文种就到了勾践的面前，然后就开始支着儿。先是我说："看今天这牌面儿，咱们想赢有点难啊！"勾践阴冷的目光扫来，吓得我赶紧止住调侃："但若是想全身而退，倒也并非不可能。"勾践的特点是翻脸比翻书快，这也是我对他印象不好的原因之一。见我不像是在胡诌，他的脸色立马阴转晴："爱卿有何妙计？"不能总是我表现，所以文种插嘴了："我们可以投降。"见勾践脸上现出不屑，他继续说："正常来讲，您与夫差有杀父之仇，投降肯定也死路一条。但重点在于，夫差这人不正常。"

因为我俩在吴国那会儿太无聊，所以没事找事，就把政坛的各色人物都研究了个遍。而作为当时元首继任者的夫差，就更是研究中的重点。这是个并不怎样的角色，不仅好大喜功，而且贪婪无知。只要马屁能拍正，那找他办啥事都会无往不利。故此，在我们的建议下，勾践向夫差求和，表示：愿意举国称臣纳贡，只求活命，否则就把越国的财富统统毁掉，让夫差什么都捞不到。

与此同时，文种携重礼去敌营拜会了吴国第一宠臣伯嚭。这就是一地道的贪官，根本没有是非观，拿谁钱给谁办事。所以他立马去夫差那儿扯了段"宽容是美德"。于是，在钱与谗言的双重攻势下，夫差最终决定：饶勾践不死！

对这事，听说伍子胥强烈反对，但却挨了夫差一顿臭骂。唉，伍子胥这人我们也研究过，他是啥啥都好，就是不懂得该怎么伺候一个昏君。

勾践当然是乐坏了，死中得活嘛。而我与文种的地位也因此直线上升，成了王的左右手，但这也并不完全是个好事。因为，我们得陪着勾践去吴国做家政。这是夫差的要求，他可不会让勾践拍拍屁股就走人。毕竟再傻的人也明白，把仇人摆在眼前，才最安全。况且，拥有一个曾经为王的仆人，感觉肯定很爽。

就这样，我又来到了吴国，但待遇跟之前可就没法比了。（《吴越春秋·勾践入臣外传》：越王勾践五年五月，将与大夫种、范蠡入臣于吴。）

身陷敌国的勾践，最大的念想就是赶紧回国。但这真的太困难，因为私自旷工？这肯定不行，越国正处于国力极衰之时，绝对经不起夫差的又一次征伐；请假离职？那就是纯粹玩笑了。所以关键点还是在于，怎么能让夫差觉得勾践是个人畜无害的存在，然后主动让他滚蛋。

不得不说，勾践的演技是很好的。每当他要去王宫朝见夫差，都是臊眉搭眼地跟在侍从身后，不与任何人对视，以期别人不会注意到他（装尿）。但当进了宫殿，他又会立马换上了一脸的媚笑，朝着年纪小他不少的夫差行大礼，然后顿足捶胸：我竟然敢跟英明神武的您干架，真是不作不死的蠢人啊（扮贱）！但这么装傻充愣的效果并不明显，三年时光很快就过去了，可生活却没发生什么变化。直到有次夫差生病……（《吴越春秋·勾践入臣外传》，于是入吴，见夫差，稽首再拜称臣，曰："东海贱民勾践……臣勾践叩头顿首。"）

文种很聪明，但节操这东西经常会限制他的思维，所以脑洞大开的事总是由我来操刀。咱是混混儿出身嘛，从来不给自己设底线。不过勾践听了我支的着儿，真差点儿跟我翻脸，因为……我让他去吃屎。这也是没办法，毕竟人能做的事都已做过，但没效果，那只能走非人的路子了。很多病症能在大便里找出原因，故此我让勾践进宫去尝夫差的屎，以示忠诚。

勾践当然不懂医术，但病人都喜欢听好话，所以只要在最后说"问题不大，不日即可痊愈"就行了。就这样，勾践把夫差感动得热泪盈眶，再加上"外援"

伯嚭（我们一直在给这货送礼）在一旁的竭力怂恿，夫差终于打消了最后的一丝疑虑，宣布解除软禁，放勾践回国！（《吴越春秋·勾践入臣外传》：王召而见之，适遇吴王之便……吴王大悦，曰："仁人也。"乃赦越王……）

当然了，做什么都是有代价的，勾践从此患上了严重的心理疾病，动不动就咳到吐血呕得胃痛。

3 为爱而战

回到越国，看着百废待兴的国家，勾践明白想逆袭还需要很长的准备时间，所以拍马屁这事还得再接再厉。也正因此，我将遇到我媳妇。说起来，我与她的相遇并不浪漫，因为当时我的角色相当于人贩子，而她呢，则是被拐少女。事情是这样的——

夫差好色，所以勾践要献美。但这并不是单纯的拍马屁，因为里面还隐藏着坑人的属性。我作为选美大使，周游全国，要寻找的可不是一般的美色，而是能倾城倾国的极品美女。（《吴越春秋·勾践阴谋外传》，十二年，越王谓大夫种曰："孤闻吴王淫而好色……可乎？"种曰："可破……惟王选择美女二人而进之。"）

在苎萝山下，我遇见了她。当时她正与一帮姐妹淘在溪边洗衣服，我驻足在几十步开外，目瞪口呆。这些年我自认也见了不少世面，但我觉得与此时面前的这些姑娘们的美貌相比，什么都不值一提了。因为那是整个世界都盛不下的美丽。等回过神儿来，我知道自己的任务完成了。

她们这个组合一共有八个人，其中以西施和郑旦最美。嗯，其实西施是我媳妇的外号，她原名施夷光，因为住在村西头，所以被叫作西施。不过那时候我对她没啥感觉，因为她一点都不活泼，总皱着眉，性格很不讨喜。

然后就是找家长谈话了。我当然不能像土匪似的把人直接抢走，虽然如有必要也会这么干，谁让这是国家需要呢，对吧？

扯淡一向是我的强项。跟这帮家长晓之以情——你不能不爱国吧，爱国就得奉献，这是美德；又晓之以理——其实结局是没法改变的，但如果服从安排听指挥，那还能弄到点国家奖励。否则呢，后果就不可预料咯。群众嘛，都是明白事儿的，轻易不会跟政府死扛。就这样，我顺利地带着美女团回了国都。

接下来就是才艺培训。毕竟要伺候的是一代君王，光有颜值是肯定不行的。也是在这个过程中，我得知西施有先天性心脏病。（《庄子·天运》：西施病心而矉其里。）

惜香怜玉可能是男人的“通病”，虽然郑旦也美得惊人，但于我而言，却更喜欢跟成天没个笑模样的西施相处，在向她嘘寒问暖的同时，心里总会泛起莫名的喜悦。俗话说日久生情，又所谓郎才女貌，我们互生情愫简直是顺理成章。不过当我意识到这点时，着实被吓了一跳，因为——倘若我敢在此时与西施拍拖，肯定会被扣上“误国”的罪名，毕竟她现在是关乎国运的秘密武器。

所以直到她要被送去吴国的那天，我才趁四周没人时向她告白：放心，我会尽快帮勾践灭了吴国，接你回来！

唉，这就是玩政治的悲哀，生活中的一切都与其难脱关系，身不由己……

美人计是个分分钟见效果的招数。到了吴国后，西施和郑旦很快就把夫差迷得神魂颠倒，这哥们儿甚至不惜掏空国库去修建姑苏台用以炫富，为的只是能博美人们开心一笑。钱花光了咋办？加税呗！所以没多久，吴国民间怨声载道，政府的支持率直线下降。但夫差可没空理这些，因为他成天忙着调情，连班都不怎么上了。

但想击败吴国，光靠耍阴谋诡计是不行的，毕竟打架这事最后还得靠实力说话。而战争说白了就是拼钱，所以我赶紧拿出一套研究了多年的经济学绝技——计划经济，让勾践去实施。别鄙视啊，这在你们看来或许是老旧过时的破玩意儿，但在我的年代，那可是太先进了。就这样，靠着国家的宏观调控，越国的GDP每年都翻着番地往上涨，以惊人的速度缩小着与吴国的国力差距。

（《史记·货殖列传》：则农末俱利。平粜齐物，关市不乏，治国之道也。）

与此同时的是，我不光改革了越国的城防布置，还开设了多家兵工厂，将武器制造进行了产业化升级。是不觉着我太有才了？很简单，咱在屌丝年代读的书可不是用来逗乐的，况且爱情也把我逼得智力大爆发。总之，越国在我的亲手打磨下，即将迈向巅峰！

公元前484年，这是勾践回国的第六个年头，此时的越国已今非昔比，再不弱于吴国分毫。勾践亢奋地找到我："咱们跟它干吧！"说实话，我心里比他还着急，但都已等了这么多年，还不如尽力去做到万无一失："再等等吧，吴国的真正实力其实只是两个人——伍子胥与孙武。估计伯嚭很快就会帮我们解决掉他们了。"没错，我们一直都没跟"外援"断了联系。

果然没多久，二货夫差就在伯嚭的蛊惑下，逼伍子胥自杀了。而孙武呢，倒是很识时务，辞官归隐而去①。"这回行了吧！"勾践再也按捺不住自己复仇的欲望。我摆摆手："时机还不对，还要等。"

公元前482年，好大喜功的夫差举兵北上，去赴在中原举办的"黄池之会"，意图夺取东周霸主的称号。情报机构传来准确消息，吴国国内极度空虚，驻防部队都是老弱病残的杂牌军。这次面对勾践渴望的眼神，我没再继续阻止："走，咱们抽丫去！"（《史记·越王勾践世家》，居三年，勾践召范蠡曰："吴已杀子胥，导谀者众，可乎？"对曰："未可。"至明年春，吴王北会诸侯于黄池………蠡曰："可矣。"）

这种我强敌弱的偷袭战本该没什么悬念，但意料之外的是，居然遭遇到了留守在家的吴国太子的顽强抵抗，大大减慢了我军的推进速度。所以当我们杀到吴王都城门前时，夫差也带着主力部队从北方灰头土脸地赶回来了。勾践转头看我，问："是死磕还是怎样？"虽然吴军疲惫不堪士气不振，但我们也是征战多日了，况且从装备和人数上来讲，双方的差距并不算大。所以我说："勒索他一下吧。"

就这样，勾践向夫差索要巨额战争赔款，否则就开打，不死不休。夫差整个人都蒙了，他想不通眼前这个曾经吃屎的家伙，怎么一转眼就变得如此不可一世。已被吓得毫无胆气的他都没想要讨价还价，就立马签署了赔款协议。因为数目过于巨大，拉出整个国库都不够赔，所以只好办理了分期付款。至此，吴国一蹶不振。（《史记·越王勾践世家》：越自度亦未能灭吴，乃与吴平。）

我望着吴国王都的城墙，不禁湿了眼眶。多少年了，这是我离她最近的一天，却仍旧无法相见。但我知道，真的再用不了多久，思念的煎熬就可以结束了。

4 不问天下

与日益衰败的吴国相反，越国随着时间的流逝，已现出顶级强国的模样，强得不能再强。公元前476年，越王勾践再次兴兵伐吴。这次就是碾压式战争了。在装备精良且彪悍勇猛的越军面前，吴军完全不堪一击，节节败退不说，甚至最后所剩的领土，也只有王都而已。

兵临城下，夫差胆战心惊，他赶紧派出使者找勾践谈判："做人得感恩啊，当年我对你不错吧，没杀你也没灭国。现在风水轮流转了，你是不也得讲究点？"勾践不屑一笑："你当我跟你一样脑残吗？再说了，当年是怎么欺负我的，你忘了吗！老子今天不光要灭了你的国，还要掘了你的祖坟！"（《吴越春秋·夫差内传》，吴王困急，使王孙骆稽首请成，如越之来也……越王曰："吾将残汝社稷，夷汝宗庙。"）

虽说吴国也曾经牛过，王都的防御设施相当坚固，想破城而入并不简单，但困兽之斗也无非是苟延残喘。在经过长期的围困后，越军终于公元前473年攻破了吴王都的大门。绝望的吴王夫差横剑自刎，享年五十五岁。

至此，历经几十年，没完没了的吴越恩仇以吴被灭国而告终，彻底落下了帷幕。当然了，于我而言这都无所谓的，因为我终于又一次见到了她。

多年来，我一直在夜里想象她会变成怎样的模样，岁月让她胖了？还是让她老了？但直到再相逢我才发现，胖的老的是我，而她，却依然如初相识时般美丽。重逢并没有让我们哭泣，淡淡地相视一笑，情意已尽在不言中。

故事讲到这儿，或许你会觉着会是夫妻双双把家还的美满大结局。说实话，当时我也是这么希望的，但可惜事与愿违，勾践……居然看上了西施，想把她娶入宫中！

这事让西施哭得够呛，可我却毫不在意，因为我早已做好了打算。自我认识勾践的那天起，我就知道，他是个功利欲望极强的人。或许这十几年来，大家在一起共患难，关系处得很好，但我很清楚，他绝不是一个能同富贵的朋友。别看在得胜之后，他把我封为了上将军，但倘若被他知道他看上的女人却爱着我，那估计我是分分钟得嗝屁。所以我找到西施："咱们私奔吧。"

——官你不做了？这可是大官耶。

——别跟我提当官，早烦死了，看着像是挺牛，其实干啥都不自由。其实我当年远走他乡也只是为图个新鲜罢了，从没想过要走到今天。行了，咱赶紧走吧！

就这样，在一个月不黑风不高的夜晚，我给文种留了封信，就带着漂亮媳妇猖狂逃出了越王城！哈哈哈哈！

给文种的信除了告别之外，还提醒他要小心勾践，最好也赶紧辞官回家得了。至于他听不听，那就不是我能管得了的了，反正做朋友，我是仁至义尽了。（《史记·越王勾践世家》，范蠡遂去，自齐遗大夫种书曰："飞鸟尽，良弓藏；狡兔死，走狗烹。"）

——我们去哪儿？

——齐国。听说那里的商业政策很好，我想做点买卖，然后……试试富可敌国。

船在湖面平稳前行。我坐在甲板上，左手揽美人右手抓酒壶，遥望北方。如是说。（《越绝书·外传记吴地传》：西施亡吴国后，复归范蠡，同泛五湖而去。）

故事讲完了，这就是我的前半生。问啥？之后我怎么样了？我当然是到了齐国啊，改名叫“鸱夷子皮”，就是酒壶的意思，因为我太有名了嘛，想低调点。还问啥？我有没有富可敌国？必须的啊，不过那可是战国年间的事情了，若是以后还有机会，我再来跟你们吹牛吧。哈哈。

对了，最后还要说件事，文种的下场很惨，勾践到底是杀了他。唉！

作者按：

其实导致吴国崩溃的因素有很多，比如夫差下令开凿了古运河邗沟，将长江和淮河连接起来，这也是后世隋朝大运河的雏形。众所周知，如此浩大的工程对什么样的国家都会造成极大的经济压力，所以不论是吴还是以后的隋，都是在完工后不久便亡国了。但无论怎么讲，夫差个人都要为国家的覆灭承担绝对的责任。

春秋时代就这么结束了，谢谢观赏，再会。

---

①孙武归隐是推测，因为在这个年代左右，史书上已再不见对他的记载。所以也可能是死了。

后记

这是个平凡的午夜，东北地区的盛夏初至，草窠里传出不绝于耳的虫鸣，偶尔还掺杂着一两声猫叫。站在窗口看天空，明月高悬，完全感觉不到有风，但仍见月下的轻云在缓慢浮游，不见来处，也不见去途，正如我笔下那些属于遥远过去的身影。这是我第一次尝试写历史题材，用时一年半有余，终于今天告一段落。但并没迎来预想中的欢愉，所感到的，只有轻松。

在我看来，历史像个不断扩张，但又异常简单的迷宫，随着时间的流逝，能从入口走到出口的线路会变得越来越多。也正因如此，就再难辨出在最初时，那曾是唯一的通路。所以，真相？这词根本与历史无关。我们能确定的真实，仅仅是历史那简陋又破损的骨骼，至于筋肉，至于皮毛，就只能去推断，甚或想象了。就像A确实干掉了B，但为什么呢，没人能言之凿凿地给出答案。

哲学家卡尔·波普尔曾提出过一个严肃的问题：“历史有意义吗？”很多人在无法觅得真相后，都会发出没有意义的感慨。但我想，一定要真的摸到了那坚硬的事实，才算是有意义吗？并不吧，就像提问者在之后的自问自答：“尽管历史没有意义，但我们可以赋予它意义。”所以明知没有真实，我也仍然坚持写出了自己眼中的答案。

这就是我看到的春秋！虽然于文字间，偶尔会玩世不恭，偶尔会调侃无忌，但确是一直在认真地讲。讲这些遥远的事。

春秋是我喜欢的时代之一，原因很简单，卡夫卡说：“在人与世界的战斗中，该赌世界赢。”我不同意，而这些身处乱世中的人们，貌似也与我一样。

生活嘛，如果不战不逃，不是被平淡搞得窒息，就是被混乱带入绝望。而乱世呢，逃是肯定逃不开了，那就只能去战咯。没人想打败仗，所以我们当然都赌自己赢。

最后说一下，关于这本书的写作，我要感谢两个人。其一是我的编辑，也是朋友——罗斐，因为我本是个写推理小说的，没他的建议和支持，我或许永远都不会尝试这种风格和题材；另一个要感谢的人就是我的女友，在写作的过程中，她于文字于内容都给了我太多有用的意见和帮助，让我在孤灯下时，却不觉孤单。

这一刻，没有历史，没有问题，也没有思想。

2015年7月6日，凌晨

图书在版编目（CIP）数据

戏诸侯：把历史活成段子的春秋狂人们 / 闫达著.
— 北京：中国友谊出版公司，2016.6
ISBN 978-7-5057-3625-2

Ⅰ.①戏… Ⅱ.①闫… Ⅲ.①中国历史—春秋时代—通俗读物 Ⅳ.①K225.09

中国版本图书馆CIP数据核字（2015）第272552号

书名　戏诸侯：把历史活成段子的春秋狂人们
作者　闫达
出版　中国友谊出版公司
发行　中国友谊出版公司
经销　新华书店
印刷　北京鹏润伟业印刷有限公司
规格　700毫米×980毫米　16开
　　　17印张　225千字
版次　2016年6月第1版
印次　2016年6月第1次印刷
书号　ISBN 978-7-5057-3625-2
定价　32.00元
地址　北京市朝阳区西坝河南里17号楼
邮编　100028
电话　（010）64668676

如发现图书质量问题，可联系调换。质量投诉电话：010-82069336